KB122082

외로움의 해부학

연결을 회복하는 법

틸 스완 지음 | 김지연 옮김

사일런스북

외로움의 해부학
—연결을 회복하는 법

지은이 | 틸 스완
옮긴이 | 김지연
펴낸이 | 박동성
내지 편집 | 박지선
표지 디자인 | 곽유미

펴낸 곳 | **사일런스북** / 16311 / 경기도 수원시 장안구 송정로 76번길 36
전화 | 070-4823-8399
팩스 | 031-248-8399
홈페이지 | www.silencebook.co.kr
출판등록 | 제2016-000084호 (2016.12.16)

2019년 5월 30일 초판 1쇄 발행
ISBN | 979-11-89437-09-1 13180
가격 | 14,000원

목차

약속해주세요…

언제나 약속해주세요…

증오와 폭력이 당신을 쓰러뜨리더라도,

당신을 해체하고 파괴하더라도,

누구도 미워하지 않겠다고 약속해주세요.

유일하게 가치가 있는 건 사랑뿐이에요.

조건 없고 강력하고 한계 없는 사랑이요.

언젠가 공포와 증오와 탐욕을 내려놓고

이 세상을 마주할 때

사람들은 당신을 우러러볼 거예요.

수없이 반복되는 삶과 죽음의 윤회를 넘어

영원한 기쁨을 누리게 될 거예요.

한 번 떠오른 해와 달은

두 번 다시 지지 않을 거니까요.

〈지금 약속해주세요〉, 틸 스완

서론
외로움을 지탱하는 세 가지 기둥

우리는 연결 속에서 잉태됐다. 어머니가 우리를 품에 안던 바로 그 순간부터 우리는 안전하고 따뜻한 관계, 즉 연결 속에서 젖을 빨았다. 그때 우리는 어머니와 우리 자신을 서로 다른 존재로 인지하지 못했다. 이 같은 일체성 속에 머물던 유아기는 우리가 본모습에 가장 가까운 상태로 존재하던 시절이었다. 너무나 가까운 나머지 '나는 누구인가?'라는 질문조차 하지 않았다. 어머니와 나의 존재가 **구별되지** 않았으므로 굳이 그런 질문을 할 필요조차 없었던 것이다.

이 같은 연결의 황홀경 속에서 존재는 고요함을 얻는다. 우리 삶에 동기를 부여하는 것은 결핍을 채워야 한다는 불안감이 아니다. 행위doing는 그저 존재being의 자연스러운 한 가지 표현일 뿐이다. 이때 존재란 자기가 구별되지 않고 타자他者와 하나로 연결된 가장 자연스러운 상태를 뜻한다. 우리 안에서 이러한 연결 상태가 끊어질 때 우리는 **타락**한다.

이 책에서는 우리 잘못이 아닌데도 어떻게 이런 타락이 일어났는지, 그리고 이에 맞서 우리가 할 수 있는 일은 무엇인지를 설명한다. 자연스러운 연결의 상실에서 오는 외로움과 고통은 끔찍하다. 하지만 이를 극복하고 숭고한 연결을 회복할 수 있는 길이 존재한다.

외로움이라는 전염병

오늘날 세상에는 수십억 인구가 함께 살아간다. 그러나 대부분의 사람은 마음속 깊은 곳에서 자신이 철저히 혼자라고 느낀다. 내가 여러 해에 걸쳐 세계 각국을 다니며 다양한 사람들을 만나 영적인 가르침을 전하면서 고통스럽게 깨달은 사실이 하나 있다. 바로 외로움은 단순히 눈을 마주치거나 사람들에게 둘러싸여 있는 것만으로 해소되지 않는 복잡한 감정이라는 것이다. 외로움은 치료가 필요한 깊은 고독감이다. 처음으로 이 외로움이라는 전염병을 인지했을 때 나는 치료법을 알지 못했다. 나 또한 똑같은 감정을 느끼고 있었기 때문이다.

외로움이라는 단어는 친밀감에 굶주린 고통스러운 상태를 묘사하기에는 불충분해 보인다. 내 삶은 외로움으로 점철돼 있었다. 경력을 쌓으면서 자연스레 따라온 명성은 돋보기처럼 그 외로움을 확대해서 보여줄 뿐이었다. 나는 살면서 단 한 번도 타인이 내 참모습을 보고 듣고 이해하고 원한다고 느낀 적이 없었다. 명성은 내가 그토록 갈망하는 친밀감을 얻는 것이 어렵다는 사실을 깨닫게 해줬을 뿐이다. 겉보기에는 모두가 나를 인정하고 원하는 것 같았지만 실상은 전혀 달랐다. 사람들이 나를 보고 느끼고 이해해주는 정도는 유명해지기 전과 크게 달라지지 않았다. 나는 사람들에게 둘러싸여 있었다. 하지만 그들에게 나는 그들이 제멋대로 투영한 모습 그 이상도 그 이하도 아니었다. 사람들이 나를 원하는 이유는 단지 나를 통해 얻을 것이 있기 때문이었다. 그것이 나의 유일한 가치였다.

정답이 정해져 있지 않은 문제를 맞닥뜨릴 때는 스스로 정답을 찾는 수밖에 없다. 나는 미지의 영역을 개척해야 하는 처지였다. 내가 보기에 이 땅에서 가장 큰 고통의 근원은 외로움이었다. 우리는 모두 이 고통에 대처하려고 발버둥 치고 있었다. 그러나 고통스럽다고 해서 계속 회피하면 아무것도 배울 수 없는 법이다. 그래서 나는 외로움을 피하지 않고 마주 보기로 했다. 과거 영적 스승들은 우주에 대한 깨달음을 얻으려고 사막이나 동굴로 고행을 떠나곤 했다. 나도 똑같은 접근법을 택하기로 결심했다. 다만 나는 동굴 속으로 들어가는 대신 외로움 속으로 들어갔다. 중앙아메리카에서 무속 신앙을 탐구하며 외로움이라는 악마를 직접 대면했다. 일 년이 조금 넘게 걸렸다. 외로움의 실체와 그 해부도를 눈으로 확인하자 그 반대를 이해할 수 있게 됐다. 외로움을 똑똑히 보고 나니 그 정반대에 있는 연결도 똑똑히 보였다. 그래서 나는 외로움과 연결에 대한 가르침을 전하고자 다시 사람들 앞에 섰다. 이 책 역시 내 마음과 정신과 육체에 새겨진 새로운 깨달음을 전하고자 쓴 것이다.

《외로움의 해부학》은 두서없이, 때로는 눈물 젖은 쪽지에다가 휘갈겨 쓴 토막글을 다듬어서 엮은 책이다. 무속 신앙을 찾아 떠났던 시절에 내 배낭에는 그런 쪽지 글이 가득했다. 이 책은 비록 내가 쓰기는 했지만, 어찌 보면 저절로 쓰인 거나 다름없다. 나는 이 책에 담긴 정보를 활용해 내 삶에서뿐만 아니라 내가 속한 공동체 구성원 모두의 삶에서 외로움을 연결로 변화시킬 수 있길 바란다.

무의식은 바이러스와 같아서 한 세대에서 다음 세대로 퍼져 나가다가 어느 순간 발현될 수 있다. 이 책에 담긴 내용이 무의식을 타고 널리 널리 퍼져서 지구상에 있는 수십억 인구 가운데 외로움을 느끼는 사람은 단 한 명도 없다고 선포할 수 있는 날이 오길 바란다.

단절에서 오는 트라우마

개인마다 단절을 경험한 방식은 모두 다르지만, 유년기를 지나오면서 우리 모두는 어느 순간 본능적이고 끈끈한 연결에서 단절되는 경험을 한다. 그 결과 우리 가운데 대다수는 남은 삶 동안 무슨 수를 써서라도 그 연결을 **회복**하려는 자아와 무슨 수를 써서라도 그 연결을 **거부**하려는 자아 사이에서 끝나지 않는 싸움을 벌이며 살아가게 된다.

이 연결의 상실에서 오는 고통은 우리가 경험할 수 있는 트라우마 가운데서도 가장 극심하다. 이 트라우마는 우리를 조각내고 분열시킨다. 균형을 혼돈으로, 고요를 공포로, 평화를 전쟁으로, 기쁨을 고통으로 바꾼다.

이러한 트라우마를 맞닥뜨리는 것은 마치 회색 안경을 쓰는 것과도 같다. 이 회색 안경을 쓰면 자신이 주변에 있는 사람 및 사물과 분리된 것처럼 보인다. 우리 대부분은 남은 평생을 이 회색 안경을 낀 채로 살아가면서 안경알 너머로 고통스럽게 세상을 바라본다. 자신이 **혼자**라고 생각하면서….

우리는 수십억 명이나 되는 타인과 함께 살아가지만 결국은 혼자라고 느낀다. 바로 여기서 고통이 시작된다. 단절의 트라우마 탓에 '타자other'라고 규정하는 모든 것과 연결이 끊어졌다고 인식하게 된다.

이러한 단절만으로도 **우리는** 무척 고통스럽다. 그러나 실상은 거기서 그치지 않는다. 단절의 고통으로 인간뿐만 아니라 지구 전체가 피를 흘리고 신음하게 된다. 태초에 우리는 모든 것과 연결돼 있었다. 이 연결이 끊어졌다는 것은 곧 나뿐만 아니라 나와 연결돼 있던 **모든 것**이 고통받게 됨을 뜻한다. 이 연결이 끊어졌다고 느낄 때 우리는 우리의 근원적 진실인 일체감을 상실한다. 우리는 더 이상 다른 모든 것이 우리에게 미치는 영향과 우리가 다른 모든 것에게 미치는 영향을 느끼지 못한다. 그 결과 다른 무언가 또는 다른 누군가를 타자로 인지하고 고통을 주게 된다.

단절의 고통스러운 본질

단절이 위험하고 고통스럽다는 개념은 자칫 이론적이고 추상적으로 보일 수 있다. 오랜 세월 동안 여러 인구 집단이 차별을 당한 이유가 곧 단절 때문이라는 사실을 깨닫기 전까지는 말이다. 흑인들이 피부색이 검다는 이유만으로 가족과 생이별을 당하고 노예가 되어 갖은 구타와 학대를 당한 것도 단절 때문이다. 1940년대에 유대인을 비롯해 나치 정권에 반대하는 인구 집단을 말살하고자 아우슈비츠 같은 죽음의 수용소가 생겨난 것도 단절 때문이다.

1945년 미국이 히로시마에 원자 폭탄을 투하한 것도 단절 때문이다. 1979년 이래 폴 포트 정권이 캄보디아 전체 인구의 21%를 학살한 것도 단절 때문이다. 그리고 오늘날 누군가 자기 마음대로 적이라 규정한 대상을 위협하고 파괴하고자 하는 일념으로 수년에 걸친 훈련 끝에 자살 폭탄 테러를 감행하는 것도 단절 때문이다.

모든 범죄는 범죄자가 자기 자신을 범행 대상에게서 분리·단절된 존재로 인지하기 때문에 발생한다. 따라서 단절은 우리가 삶에서 경험할 수 있는 가장 큰 고통이자 지구상에서 가장 큰 위험요소다.

분리의 가장 극심한 형태

오늘날 고도로 발전한 사회에서 이런 절망적인 상황이 계속 발생하는 이유는 무엇일까? 그 이유는 단순히 주변에 사람이 많다고 해서 해결되지 않는 종류의 외로움이 있기 때문이다. 사실상 가장 고통스러운 종류의 외로움은 군중 속에서도 사라지지 않는 외로움이다. 이런 외로움은 대형 마트 안에서 굶어 죽는 고통과도 흡사하다. 이 책에서는 바로 **이러한** 종류의 외로움을 다룰 것이다.

'**흰색**을 알아야만 **검은색**을 알 수 있다'는 말이 있다. 달리 말하면 오직 대조를 통해서만 정반대를 진정으로 인식해 나갈 수 있다는 뜻이다. 따라서 **외로움**을 제대로 알아야만 **연결**을 제대로 알 수 있다.

이 책은 이러한 보편적인 인식 원칙을 완벽히 따라간다. 연결을 이해하려면 먼저 외로움을 이해해야 한다. 연결을 회복하려면 먼저 맑은 눈으로 외로움을 보고 맑은 가슴으로 외로움을 느껴야 한다. 외로움을 완전히 이해해야만 연결을 완전히 이해할 수 있다.

외로움을 지탱하는 세 가지 기둥

연결은 일종의 조화harmony를 암시한다. 따라서 외로움에는 조화가 아예 없다고 가정하기 쉽다. 그러나 외로움에도 조화의 요소는 존재한다. 숫자 3은 조화를 암시한다. 여기서 조화란 양극단을 포용하고 통합함을 뜻한다.

숫자 3으로 상징되는 완전성unity은 단순히 숫자 2(양극단을 나타내는 숫자)를 제거하거나 부조화를 일으킨 주체를 제거한다고 해서 생겨나지 않는다. 오히려 숫자 3은 숫자 2의 혼돈을 통합해서 새로운 주체, 즉 양극단을 조화롭게 포용하는 숫자를 창조한다. 따라서 숫자 3은 통합을 나타내는 수라고도 볼 수 있다.

양극단을 합치려면, 즉 여기서는 숫자 1과 2를 합치려면 또 다른 주체나 공통된 목표가 있어야 한다. 나는 이 또 다른 주체 또는 공통된 목표를 '숫자 1, 2보다 큰 3'이라고 하겠다. 이 등식이 당장은 추상적으로 보일지라도 이 책을 읽다 보면 이 개념 안에 내재한 신성한 조화뿐만 아니라 연결에 대한 시사점 또한 발견하게 될 것이다.

잠시 숫자 1이 선good을 상징하고 숫자 2가 악evil을 상징한다고 상상해 보자. 선과 악은 양극단이다. 숫자 3은 통합을 뜻한다. 선과 악을 가르는 이분법을 넘어 보다 큰 공통의 목표를 이루기 위해 통합이 필요함을 나타낸다. 이 공통의 목표는 연결의 궁극적 형태인 일체성oneness이라 할 수 있다.

흥미롭게도 외로움을 지탱하는 기둥도 세 개다. 숫자 3이 지닌 고유한 힘을 통해 바라보면 외로움이라는 보편적 감정에 내재한 이 세 가지 기둥이 외로움을 끝내는 해답이 될 수도 있다. 해답은 외로움 안에 있다.

외로움을 지탱하는 세 가지 기둥

1. 분리
2. 수치심
3. 두려움

이 세 가지 핵심 기둥이 삶과 어떻게 연관되는지를 설명하고 난 뒤, 이 책의 나머지 부분에서는 다시 연결을 맺고 모든 관계 속에서 이 연결을 튼튼하게 유지하는 데 도움이 되는 실질적인 방법을 제시하려 한다.

1부

분리

우리는 울부짖는다. 마치 전쟁이

인류의 창조물이 아닌 것처럼.

인간의 영혼,

가장 폭력적인 전쟁의 시너고그.

선과 악 사이.

그 사이에서 수백 년 동안 축적된 피바다.

둘은 서로의 죽음을 부르짖는다.

그러나 장송곡은 없다.

둘 다 죽어야만 끝이 나므로.

이 전쟁을 끝낼 수 있는 건 오직 사랑뿐.

그러나 전쟁은 끊일 줄 모르고,

전쟁의 소음은 바로

신성모독.

인간의 심장이라는 성역에 대한 신성모독.

〈분리〉, 틸 스완

분리

외로움을 지탱하는 첫 번째 기둥은 분리다. 이 분리에 관한 이야기는 인간이 존재하기도 전으로 거슬러 올라간다. 분리라는 개념을 이해하려면 먼저 실존적 진리의 외연에서 벗어나야 한다. 우리가 흔히 신God 또는 근원Source이라고 부르는 개념을 통합적인 의식 차원에서 생각해보자. 즉 모든 개념이 의식의 한 덩어리라고 생각해보자.

아마 말처럼 쉽지 않을 것이다. 왜냐하면 우리 뇌는 원래 물리적 세계, 즉 개별성singularity의 세계를 이해하도록 설계됐기 때문이다. 우리 뇌는 일체성을 이해할 수 있도록 설계되지 않았다. 우리 뇌는 **하나**one를 **하나의 사물**a thing로 인식한다. 하나의 사물로 인식한다는 것은 곧 다른 사물과는 동떨어진 별개의 사물로 인식한다는 것을 뜻한다. 다른 사물이 그저 텅 빈 공간을 가리킬지라도 말이다. 하나의 사물은 뚜렷하게 구별되는 형체가 있고 시작과 끝이 있다. 그렇다면 시작도, 끝도 없는 의식으로 정신을 확장하는 것이 가능할까? 존재하는 모든 것이 의식의 일부가 될 만큼 포괄적으로?

이해에 도움이 될지는 모르겠지만 이 의식이 사고 능력과 인지 능력을 갖춘 무한한 바다라고 상상해보자. 세상 모든 존재가 그저 이 바다를 구성하는 물방울일 뿐이라고 가정해보자. 독자 여러분 또한 이 무한한 바다를 이루는 물방울일 뿐이며 절친한 친구도, 철천지원수도, 반려견도, 방금 먹은 당근도, 지금 읽고 있는 이 글자와 머릿속을 맴도는 생각도 죄다 물방울일 뿐이라고 생각해보자.

존재하는 모든 것은 저마다 생김새가 다르다. 하지만 그건 단지 동일한 에너지가 다르게 표현된 것일 뿐이다. 모든 존재는 결국 같은 바다를 구성하는 물방울이다. 따라서 그 안에 깃든 의식은 동일하다. 근원이 아닌 것은 아무것도 없다. 이것이 **일체성**의 진정한 의미다.

이해를 넓히기 위해 텔레비전 화면에 존재하는 정전기static를 떠올려보자. 정전기는 단순히 잠재적 에너지일 뿐이다. 정전기를 잠재적 에너지라고 부를 수 있는 이유는 정전기가 바로 화면에 나타날 이미지의 **잠재적** 형태이기 때문이다. 텔레비전 화면에 아직 이미지가 나타나지 않은 상태, 즉 이미지가 정전기 위로 떠 오르지 않은 상태에서는 이 둘을 구별하는 것은 무의미하다. 그러나 일단 화면에 나타나기 시작한 이미지는 나머지 정전기와는 구별된다. 우리는 화면에 나타난 이미지를 배경에 깔린 정전기나 화면에 나타날 다른 이미지와는 별개라고 인식한다.

정전기 일부가 특수한 모양 및 형태로 응축되고 나면 나머지 정전기와는 구별되는 것처럼 근원 의식 내부에서 일어나는 생각도 마찬가지다. 물리적 세계에 존재하는 사물에 적용해서 생각해보자. 실상은 이 책을 읽고 있는 당신이나 커피 테이블이나 나무 같은 사물도 근원 의식에서 일어난 (또는 구별된) 하나의 생각일 뿐이다. 이 같은 하나의 생각에 의식이 충분히 집중되면 나머지 의식과 구별되기 시작한다. 다시 말해, 물질성physicality의 차원으로 들어서게 된다. 물질성이란 밀도가 가장 높은 차원을 뜻한다. 정전기 비유로 다시 돌아가 보면 물질성이란 정전기로 이루어진 그 어떤 형태보다도 가장 '분리된' 상태를 뜻한다. 그러나 잠시 분리된 상태에서 구별돼 보일 뿐 여전히 정전기의 일부일 뿐이다. 당신이 자신의 내면을 바라볼 때, 근원 의식에서 분리된 것 같은 측면만을 바라보려 할지라도 당신은 근원 의식에서 벗어날 수 없다. 근원 의식은 확장될 수 있는 성질의 것이 아니다. 이미 그 자체로 온전한 전체이기 때문이다. 대신 근원 의식은 분해된다. 새로운 생각 하나하나는 근원 의식에서 분해되어 생긴 새로운 조각이다.

이제 근원에서 **나는 무엇인가?**라는 생각이 떨어져 나왔다고 상상해보자. 이 생각은 근원 내부에서 탄생한 자의식에 대한 자각이라고 볼 수 있다. 이 생각은 근원과는 본질적으로 구별되며 **일체성**과도 완전히 상반된다. 고작 이 하나의 생각이 보편적 일체성에 균열을 일으킨다. 이 지점에서 근원은 최초로 관계의 단절에서 오는 괴로움을 느낀다. 근원 내부에서 균열이 일어나자마자 스스로 고립됐다고 인지하는 것이다. 표현할 수 없을 만큼 고통스러운 외로움이 침묵과 함께 찾아온다. 이 생각은 일체성에 균열을 일으키기 시작하고 걷잡을 수 없이 분열에 분열을 거듭하는 암세포처럼 또 다른 균열을 불러온다. 곧이어 이 균열은 본래 자신이 무엇의 일부였는지를 망각하기 시작한다.

이 같은 분리의 환상은 일종의 분기점이다. 이 분기점 이후에 일체성 안에서 일어난 모든 균열은 더는 일체성을 인지하지 못한다. 오로지 '자기self'와 '타자other'라는 인식만 존재할 뿐이다. 이로써 **자아**ego가 탄생한다. 자아는 곧 분리된 자의식이다. 여기서 또 **관계**가 탄생하고 **애착**이 탄생한다. 근원의 다른 측면들은 적이나 다름없는 존재가 되고 만다. 근원 내부의 균열로 탄생한 여러 조각의 자아는 자신들을 **하나**로 인지하지 못한다. 서로를 단절된 존재로 인식한다. 따라서 서로가 서로를 집어삼키고 서로가 서로에게서 도망가기 시작한다. 서로가 서로를 밀어내고 당기기 시작한다.

이 뿌리 깊은 외로움에서 오는 고통, 즉 '타자'의 부재가 아니라 자기 안에서 일어난 일체성의 상실 때문에 고통이 발생했다는 사실은 우리 개개인에게 커다란 시사점을 던진다. 우리는 근원과 다르지 않다. 왜냐하면 궁극적으로는 근원 의식에서 분리된 조각이기 때문이다. 외로움을 지탱하는 첫 번째 기둥은 이 분열과 관련이 있다. 이 분열은 자기 결속이 아니라 자기 분리인 셈이다. 외부 세계에서 일어난 분열은 내부 세계에서 일어난 분열을 비추는 거울일 뿐이다.

내면에서 일어나는 분열

임신 기간이나 출산 중에 트라우마를 경험하는 경우를 제외하곤 우리 대다수는 온전하게 태어난다. 그러나 이 온전함은 오래가지 않는다. 왜냐하면 우리는 어느 가정에 구성원으로 태어나 그 안에서 사회화 과정을 거치기 때문이다. 게다가 사회화 과정을 거쳐 편입되는 사회 또한 아직 완전히 진화하지 않은 곳이다. 그래서 문제가 발생한다. 기본적으로 우리는 이 사회화 과정에서 우리 모습 가운데 사회적으로 용납되는 측면은 무엇이고 용납되지 않는 측면은 무엇인지를 배운다.

용납되는 측면과 용납되지 않는 측면을 결정하는 기준은 어떤 가치관을 지닌 가정에서 태어나 자라느냐에 따라 달라진다. 가족 구성원은 우리 모습 가운데 (긍정적이든지 부정적이든지 간에) 용납되지 않는 측면은 거부하거나 배척한다. 용납되는 측면은 배척하지 않고 포용한다. 본질적으로 우리는 주변 사람들이 우리 모습 가운데 특정 측면을 포용해줄 때 사랑받는다고 느낀다.

따라서 우리는 유년기에 각자가 지닌 모습 가운데 **불인정** 받는 측면은 무슨 수를 써서라도 끊어내고 부정하고 억누른다. 반면에 **인정** 받는 측면은 부풀린다. 이는 주변 환경에 대한 통제권을 획득하고 자신을 보존하기 위한 생존 차원의 노력이다.

이것은 곧 불인정 받는 측면을 자신에게서 분리해내는 행위기도 하다. 그 결과 우리 내면에서는 의식과 잠재의식 사이에 분리가 일어난다. 이로써 '성격'이 탄생한다. 사실 이 자아 보존 본능은 생애 첫 자기 거부 또는 자기 분열 행위라는 점에서 모순적이다. 이 과정은 태초에 근원 의식 내에서 일어났던, 자아를 확립하려다가 결국에는 일체성을 상실하고야 마는 과정을 거울에 비춘 듯 그대로 보여준다.

일반적으로 우리는 사람의 성격이 가끔 모순되는 특성을 보일 수는 있어도 기본적으로 하나라고 생각한다. 그러나 사실은 한 사람이 여러 가지 성격을 지닌다. 그중에서 가장 지배적인 성격은 성장 환경에서, 특히 거절당했을 때 상처받지 않고 자기 자신을 보호하고자 방어 기제로 나타나는 성격이다.

샴쌍둥이에 비유할 수 있는 이 지배적 성격은 우리가 인식하진 못하지만, 우리 안에 분명히 존재한다. 우리 내면에 존재하는 이러한 성격을 나는 '**내면적 쌍둥이**'라고 부르겠다. 내면적 쌍둥이 성격을 겉으로 드러냈을 때 큰 트라우마를 겪은 사람일수록 자아 내부에서 심각한 분열을 경험한다. 만성적으로 깊은 외로움을 느끼고 있다면 내면에서 극단적인 분열이 일어났다는 뜻이다.

우리 안에는 저마다 존재 목적이 다른 수많은 내면적 쌍둥이가 존재한다. 앞으로 이 책에서 이 내면적 쌍둥이라는 개념은 수차례 언급될 것이다. 그만큼 중요한 개념이기 때문이다. 일단 그 역학을 이해하고 나면 세상을 보는 눈이 송두리째 달라질 것이다.

내면적 쌍둥이 성격의 발달 과정

분노라는 감정을 표출하는 것을 허락하지 않는 가정에 태어난 아이가 있다고 가정해보자. 이 가정에서는 아이가 화를 내면 수치스럽게 여긴다. 따라서 아이는 이런 집안 분위기 속에서 살아남으려고 분노를 억누르고 부정한다. 그러나 분노 자체는 사라지지 않는다. 의식적으로 부정할 뿐이다. 이제 분노는 아이의 잠재의식이 된다.

이 아이가 자라서 어른이 되면 자기 내면에 분노가 존재한다는 사실을 인식하지 못할 가능성이 크다. 분노가 자신의 일부임을 부정했기 때문에 자신을 제대로 직시하지 못한다. 그래서 다른 사람에게 '너는 정말 화를 잘 내는 사람이야'라는 말을 들으면 전혀 이해하거나 공감하지 못한다. 심지어 자신이 유순한 사람이라고 생각할지도 모른다.

그러나 무언가를 부정하거나 억누르거나 끊어낸다고 해서 **그 대상이 사라지는 것은 아니다.** 그저 의식 속에서 희미해질 뿐이다. 다시 인정하라고 하면 처음 거부당했을 때 느꼈던 공포가 똑같이 되살아나 죽을 것만 같은 기분이 든다. 자기 인식이 쉽지 않은 이유다.

거의 모든 인간은 사회화 과정을 거친다. 자기 자신을 분열케 하는 이 부정의 과정 또한 모두가 똑같이 거친다. 이 과정에서 본연의 모습 가운데 일부는 그대로 간직하고 일부는 끊어낸다. 이러한 자기 거부self-rejection에서 자기 증오가 탄생한다. 자신의 일부를 거부하거나 끊어낸 결과 깊은 외로움이 찾아온다.

우리 영혼이 원하는 것은 한 가지다. 바로 우리가 다시 온전해지는 것. 인생을 살아가면서 다시 온전해질 기회가 반드시 한 번은 주어진다. 그러나 다시 온전해지려면 우리가 끊어내고 부정하고 거부했던 자신의 일부를 똑바로 들여다보고 받아들여야 한다. 이 과정은 고통스럽다.

우리 내부에서 일어나는 가장 큰 분열은 잠재의식과 의식 사이에서 일어나는 분열이다. 그러나 잠재의식과 의식 안에도 수많은 조각이 존재한다. 겉으로 드러나 보이는 부풀려진 성격의 이면, 즉 잠재의식 속에는 정반대의 성격이 존재하기도 한다. 예를 들어 어린 시절 **연약함**이 용납되지 않는 약점이었다고 해보자. 그래서 연약함을 내보일 때마다 거부당하거나 고통스러운 벌을 받았다고 해보자. 그래서 자기 자신을 분열시켜 이 연약한 부분을 의식 저편 깊숙한 곳에 묻어두고 겉으로는 강인한 척 했다고 해보자. 이 경우 강인함이 바로 바깥에서 보이는 성격이 된다.

그러나 내 원래 성격인 **연약함**은 사라지지 않는다. 그저 의식 속에 묻어두었을 뿐이다. 그리고 묻어두었기 때문에 나는 이 연약한 자기의 욕구를 충족해줄 수 없다. 그 결과 억눌린 자기의 욕구는 은밀하고 교묘하게 표출된다. 결국 두 가지 상반된 성격 사이에서 누가 내 몸을 '차지할지'를 놓고 한바탕 싸움이 벌어진다. 내면에서 벌어진 이 싸움은 육체적 질병으로 이어질 수도 있다. 즉, 외면적으로 강인해 보이는 자기를 교란함으로써 그 결과 육체적인 **연약함**으로 몰아갈 수도 있다. 이 두 가지 상반된 성격은 서로 완전히 다를 뿐만 아니라 서로 평행하는 지각 현실 속에 존재한다는 사실을 기억하라.

우리는 보통 정신과 의사에게 다중인격으로 신단받은 사람만이 하나가 아닌 여러 개의 성격을 지닐 수 있다고 생각한다. 그러나 사실 우리 모두가 다양한 내면적 성격, 즉 여러 '내면적 쌍둥이'를 지니고 있다.

이러한 내면적 성격들은 서로 다른 인격으로 나타나지 않는다는 사실을 기억하라. 오히려 외부 세계에서 맞닥뜨리는 상황에 따라 번갈아 가며 지배적 위치를 차지하는 '실존 상태'에 가깝다. 예를 들어 어느 날 오전에는 사랑하는 연인과 함께하는 미래를 그리다가도 오후가 되면 다른 내면적 성격이 지배적 위치를 차지하면서 **갑자기 관계를 정리하고 혼자 달아나고 싶은 충동**이 들 수도 있다.

우리가 스스로 끊어내거나 부정한 측면은 자기 자신한테는 전혀 **보이지 않지만** 다른 사람들에게는 명백하게 보인다는 사실을 기억하라. 물론 어떤 특성을 강하게 혐오할 때 그 특성을 자기 안에서 발견하기란 쉽지 않다. 여기서 또 다른 중요한 사실은 타인에게서 보이는 **어떤 모습**을 유독 싫어한다면 그 모습은 오래전 내 안에서 거부한 특성일 가능성이 높다는 점이다. 그 반대도 성립한다. 즉, 내가 타인에게서 보이는 어떤 모습을 각별히 좋아한다면 그 모습은 내 안에서 **뼈아프게 끊어낸** 특성일 가능성이 크다. 따라서 타인에 대한 극단적으로 긍정적인 반응과 부정적인 반응은 둘 다 자기 인식self-awareness을 발전시키기에 더할 나위 없이 좋은 기회가 된다.

분열 과정 거슬러 올라가기

분열 과정을 거슬러 올라가려면 자아의 모든 측면을 받아들일 수 있도록 의식 내부에 공간을 만들어야 한다. 이 과정을 원활히 진행하려면 다음 단계를 순서대로 실행하라.

1. 당신이 싫어하는 타인의 부정적인 특성을 떠올려보라. 가령 배우자나 연인의 어떤 면이 당신의 신경을 거슬리게 하는가?

2. **당신이 싫어하는 특성** 이면에 어떤 순기능이 숨어있는지 찾아보라. 당신이 싫어하는 그 특성이 무언가로부터 당신을 안전하게 보호해주는 순기능을 하고 있지는 않은가? 그 특성이 당신의 삶에서 어떤 긍정적인 역할을 하고 있는가? 물론 이 질문에 대한 답은 당신이 상처받지 않으려고 항상 멀리하는 것이 무엇인가라는 질문에 대한 답과 다르지 않다.

3. 이처럼 어떤 특성을 부정적으로 여기면서도 선뜻 그와 반대로 행동하기를 꺼리는 이유는 무엇인지 스스로 물어보라. 예를 들어 당신이 게으른 특성을 띠게 되었다면, 왜 부지런히 뭔가를 하는 건 불편하다고 (혹은 괜찮지 않다고) 생각하게 되었는지 자신에게 질문해보라.

4. 설사 부정하고 싶을지라도 당신이 싫어하는 타인의 특성이 자아 내부에서 거부한 특성임을 인정하라. 자아 내부에 엄연히 존재하는 어떤 특성으로부터 자신을 과잉보호할수록 타인에게서 해당 특성을 발견할 때마다 자신과는 전혀 상관없는 것이라고 부인하는 정도가 심해진다. '난 전혀 저렇지 않아'라고 생각하는 자기 모습을 발견하게 될 것이다. 당연한 이치다.

5. 약점을 드러내 보이더라도 마음을 열고 내가 싫어하는 타인의 특성, 특히 내가 싫어하는, 배우자나 자녀나 부모의 특성과 **비슷한** 특성이 내게도 있다는 사실을 인정하라. 이때 두 가지 경우가 있을 수 있다. 하나는 그토록 싫어하는 타인의 특성과 비슷한 특성을 나도 가지고 있는 경우다. 다른 하나는 극도로

싫어해서 깊이 묻어두고 거부한 나머지 병적인 수준으로 해당 특성을 **절대** 내보이지 않는 경우다.

6. 후자라면 다른 사람의 도움을 받아라. 겸손해지는 첫 단계다. 스스로 무언가를 억누르고 있진 않은지 확인할 수 있는 가장 좋은 방법은 주위에 그래 보인다고 말하는 사람이 한 명이라도 있는지 확인해보는 것이다. 주변 사람들이 당신에게 공통으로 불평하는 점을 생각해보라. 또 다른 방법은 가장 가까운 사람들에게 당신의 부정적인 특성을 적어달라고 부탁한 다음 그들이 언급한 점을 눈여겨보는 것이다. 그중에 특히 당신의 신경에 거슬리는 점들을 주목하라.

7. (3단계에서 긍정적인 특성에 주목했던 것과는 달리) 이제는 부정적인 특성에 주목해보라. 다시 말해 왜 게으르면 불편한지 혹은 괜찮지 않은지 자문해보라.

8. 당신이 싫어하는 타인의 특성 또는 자신의 특성을 인정하기 시작하라. 단 자신을 속이면 안 된다. 좋아하지 않는 것을 좋아한다고 말해선 안 된다. 당신이 싫어하는 부정적인 특성에도 당신이 좋아하는 긍정적인 측면이 있을 수 있다. 예를 들어 잔인함이라는 부정적인 특성을 지닌 사람일수록 타인의 평가를 개의치 않는다는 긍정적인 특성을 동시에 지닐 수 있다.

9. 당신이 싫어하는 타인의 특성 가운데 자기 안에서 애써 억누르고 있는 특성을 자신에게 이로운 방식으로 채택하라. 이 말은 게으름을 부리거나 잔인하게 굴라는 뜻이 아니다. 휴가를 가고, 모두에게 '예스'라고 대답하지 말라는 뜻이다. 생각해보라. 게으른 사람의 긍정적 특성이 무엇인가? 게으른 사람들은 자기 자신을 위해서 쉬거나 휴가를 떠나는 일을 두려워하지 않는다. 따라서 당신이 자신에게서 끊어낸 특성을 다시 채택하는 것이 휴식을 취한다는 형태

로 나타날 수 있다. 그러면 당신 내면에서 내면적 쌍둥이 사이에 일어나는 싸움을 잠재우고 이들을 통합해 온전한 상태로 다가갈 수 있을 것이다.

자기 인식

우리는 오래전 내면에서 스스로 거부했던 특성을 타인에게서 발견할 때마다 으레 상대방을 부정적으로 평가하곤 한다. 그러한 평가가 언제나 나쁜 것만은 아니다. 이 거부된 자아, 즉 상처받고 감추어진 내면적 쌍둥이를 인정하고 직시할 때 우리는 그 억눌린 욕구를 충족시킬 기회를 얻을 수 있다. 이 거부된 자아의 측면이 다시 온전해지려면 어떻게 해야 하는가? 사랑해야 한다. 거부된 내면적 쌍둥이를 다시 사랑으로 포용하는 것이야말로 우리가 자신뿐만 아니라 타인을 대할 때 필요한 접근법이다.

이해를 돕기 위해 우리를 둘러싼 피부가 그릇이라고 생각해보자. 이 그릇 안에는 크기가 작은 그릇이 여러 개 들어 있다. 사람마다 가지고 있는 그릇의 개수는 다르다. 어떤 사람은 다른 사람보다 훨씬 더 많은 그릇을 가지고 있다. 각각의 작은 그릇 안에는 서로 다른 성격, 믿음, 공포, 트라우마, 기호, 욕구를 지닌 인격체가 들어 있다. 이 인격체는 저마다 서로 다른 자아를 지니고 있다. 따라서 우리는 단일한 인격체가 아니다. 우리 모두는 복합적 인격체다. 작은 그릇에 든 인격체는 저마다 우리 내면에 존재하는 자아의 **일부분**이다.

트라우마 때문에 우리 의식이 분리될 때 우리 자아 또한 둘로 분리된다. 그리고 자아는 끊임없이 분리될 수 있다. 우리 자의식은 분열됐다.

따라서 비록 몸은 하나일지라도 그 안에는 여러 개의 자아, 즉 여러 개의 내면적 쌍둥이가 존재한다. 우리는 그중 몇몇에게만 그릇 안에서 나와 우리 몸을 매개로 겉으로 행동을 표출하고 다른 사람들과 상호작용하도록 허락한다. 이렇게 허락받은 내면적 쌍둥이들이 그릇 밖으로 나와 우리 몸을 '차지할' 때마다 우리는 이 내면적 쌍둥이들의 인지, 믿음, 공포, 트라우마, 욕구, 필요가 우리 자신의 정체성을 결정하는 **전부**라고 착각한다. 그러나 아주 작은 일부분일지라도 우리 안에는 엄연히 숨겨진, 그래서 욕구가 충족되지 않아 불행한 내면적 쌍둥이가 존재한다. 따라서 내 안에 억눌린 내면적 쌍둥이가 존재한다는 사실을 인식하는 것만으로도 인생이 송두리째 바뀔 수 있다.

내면적 쌍둥이가 작동하는 과정

지금까지 논의한 내용에 비추어 이제 우주가 거울처럼 기능한다는 사실, 즉 모든 생명체가 하나의 세계를 비추는 거울이라는 사실을 이해했으리라 생각한다. 같은 맥락에서 인생에서 몸과 마음이 쇠약해질 정도로 외로움을 겪고 있다는 것은 곧 내면세계에서 내면적 쌍둥이들이 서로 단절되어 조화롭게 공존하지 못한다는 뜻이다. 그 이유는 내면적 쌍둥이 중 일부가 **서로 완전히 다른 현실**을 경험하고 있기 때문이다.

　이해를 돕기 위해 예를 하나 들어보자. 나와 함께 일했던 여성 동료가 있었다. 그녀는 내면적 쌍둥이 중 하나가 항상 자신을 지켜주는 역할을 하고 있음을 깨달았다. 그녀가 마음의 눈으로 봤을 때 이 내면적 쌍둥이는 마치 기사 같았다. 그녀 안에는 이 내면적 쌍둥이 기사에게 보호받는 또 다른 내면적 쌍둥이가 있었다. 그녀가 보기에 이 또 다른 내면적 쌍둥이는 지하 감옥에 갇힌 지체 높은 숙녀 같았다. 내면적 쌍둥이 기사는 자신이 내면적 쌍둥이 숙녀를 안전하게 지켜주고 있다고 생각했다. 내면적 쌍둥이 기사가 느끼는 현실은 그랬다.

이 두 명의 내면적 쌍둥이를 통합하고자 우리는 등을 돌리고 서 있던 내면적 쌍둥이 기사가 내면적 쌍둥이 숙녀를 똑바로 마주 보도록 했다. 그러자 내면적 쌍둥이 기사는 내면적 쌍둥이 숙녀가 괜찮지 않다는 사실을 깨달았다. **괜찮지 않은 정도가 아니었다.** 내면적 쌍둥이 숙녀는 감정에 굶주린 채 바닥에 축 늘어져 죽어가고 있었다.

그뿐만이 아니었다. 내면적 쌍둥이 숙녀가 갇혀 있는 지하 감옥 뒤편에는 커다란 구멍이 있었다. 이 구멍으로 **내부 평가자** 인격을 비롯한 다른 내면적 쌍둥이들이 들락날락하며 내면적 쌍둥이 숙녀를 구타하고 있었다. 이게 바로 내면적 쌍둥이 숙녀가 수년째 겪고 있던 '현실'이었다. 내면적 쌍둥이 숙녀가 피를 흘리며 숨을 헐떡일 동안, 내면적 쌍둥이 기사는 그저 내면적 쌍둥이 숙녀가 자신의 보호 아래 아무 일 없이 안전하게 잘 지내고 있다고만 생각했다.

이 동료는 어느 날 내게 찾아와 극심한 외로움을 호소했다. 우리는 함께 그녀의 내면세계를 들여다봤고 서로 다른 현실을 살고 있는 이 두 내면적 쌍둥이를 동일한 현실로 데려올 방법을 찾아야 한다는 사실이 명확해졌다. 내면적 쌍둥이 기사와 내면적 쌍둥이 숙녀가 서로의 관점을 깨닫고 현실을 같이 인식하도록 만들 방법을 찾아야 했다. 이 방법을 찾는 일은 비단 내 동료뿐만 아니라 극심한 외로움을 느끼고 있는 사람 모두에게 필요하다.

서로 다른 현실에 있는 내면적 쌍둥이들을 같은 현실로 데려올 방법은 마음속에 둘 다 모일 수 있는 공간을 만드는 것이다. 앞서 언급한 동료의 사례를 계속 예로 들어보자. 일단 내면적 쌍둥이 숙녀가 처한 현실이 자신이 처한 현실과는 아예 다르다는 사실을 인정하자 내면적 쌍둥이 기사는 내면적 쌍둥이 숙녀의 감정, 필요, 생각, 속마음을 **수용**할 수 있었다. 이윽고 둘은 함께 호빗 랜드로 떠나기로 했다. 호빗 랜드는 내면적 쌍둥이가 기사의 보호를 받으면서 내면적 쌍둥이 숙녀가 아늑한 호빗의 보금자리에서 쉴 수 있는 상징적 장소였다. 둘은 가장 믿을 수 있는 다른 내면적 쌍둥이들에게도 도움을 받기로 합의했다.

당신의 내면에서 분열이 일어날 때마다 서로 다른 내면적 자기가 **동일한 현실**을 경험하거나 인지하고 있지 않을 가능성이 높다. 서로 다른 현실을 수용할 수 있도록 잘 이끌어주기만 하면 내면적 쌍둥이들은 제3의 현실에 함께 거주하자는 합의에 도달할 수 있다. 그러면 마침내 그들은 보이고 들리고 이해받고 느껴질 수 있다. 무엇보다 같은 공간, 같은 현실에 **함께** 있어 줄 사람이 생긴다.

당신 안에 있는 내면적 쌍둥이가 모두 한곳에 모여 이제는 서로 다른 현실에서 외롭지 않게 될 때 당신 또한 인생에서 더는 외로움을 느끼지 않게 될 것이다. 애초에 외로움을 느끼는 가장 큰 이유는 당신의 내면, 즉 당신 안에서 일어난 분열 때문이다. 당신 안에 존재하는 내면적 쌍둥이들이 서로에게서 분리되어 외로움을 느끼며 본질적인 자아의 일부라는 소속감을 상실하기 때문이다. 이 내면적 쌍둥이들끼리 연결되고 통합될수록 주변에 있는 친구들이나 사랑하는 사람들과도 친밀하고 지속적인 연결 관계를 유지할 수 있다.

여기서 제시한 사례가 단지 추상적인 관념으로밖에 들리지 않을 수도 있다. 그러나 시간이 지날수록 서서히 당신 안에 다양한 성격 또는 인격체가 존재하며 그들이 서로 싸우고 있다는 사실을 깨닫게 될 것이다. 명상, 묵상, 일기 쓰기 등이 이 내면적 자기에게 가까이 다가가는 데 도움이 될 수 있다. 덧붙여 타인의 어떤 성격 특성이 너무 싫다거나 너무 좋다면 이는 곧 자신의 마음속 어딘가에 해당 특성을 가진 내면적 쌍둥이가 관심과 치유와 통합을 갈구하고 있다는 증거다.

동일시하는 대상 이해하기

정체성이란 독립적인 자기 자신으로 존재할 수 있는 조건이다. 정체성을 가리키는 또 다른 말은 자아다. 타자 없이는 자아도 인식할 수 없다. 동일시는 자기 자신을 다른 대상과 연관 짓는 행위다. 타자가 자신의 일부가 되는 것. 타자를 자신과 같게 생각하는 것이다. 애착은 곧 동일시 identification다.

여러 위대한 영적 스승들은 자신의 외부에 존재하는 대상, 즉 타인과의 탈脫 동일시가 중요하다고 강조한다. 그러나 나는 개인적으로 우리에게 가장 큰 고통을 유발하는 원인은 우리 외부에 존재하는 대상과의 동일시 때문이 아니라 **우리 내면**에 존재하는 대상과의 동일시 때문이라고 생각한다.

다시 말해 우리가 주로 동일시하는 대상은 자기 자신의 신체와 정신과 감정이다. 이 세 가지 측면은 본질적으로 근원 의식이 서로 다르게 표현된 것일 뿐이다. 그러나 우리는 이 세 가지가 정체성을 구성하는 전체라고 착각하곤 한다. 마치 어떤 예술가가 자신이 그린 그림에 너무 심취한 나머지 자신이 궁극적으로는 그림 **이상**의 존재라는 사실을 망각하는 것처럼 말이다.

인간인 우리는 자신의 감정과 신체와 생각이 곧 자기 자신이라고 생각한다. 자신의 감정과 신체와 생각에 애착이 깊어지면 고통이 뒤따른다. 자신이 지닌 감정, 생각, 신체 때문에 고통을 느끼는 사람에게 삶은 고문이나 다름없다.

따라서 자아를 거부하게 되는 위험을 무릅쓰더라도 장미 꽃잎 떨어내듯 감정, 생각, 신체를 자기 자신과 탈 동일시해야 한다. 그 방법은 자신의 감정, 생각, 신체를 의식적인 인식 속에 노출하는 것이다. 이때 공격적으로 밀어내지 않으면 내면에서 더 단단하게 굳어버려 우울하고 부정적인 감정에 빠지는 결과를 초래할 수 있으니 주의해야 한다. 그렇게 될 경우 자기 거부에 대한 반작용으로 내면에서 격렬한 생존 반응이 일어날 수 있다.

동일시하는 대상 인식하기

무엇보다 가장 좋은 방법은 동일시하는 대상을 **인식**하는 것이다. 종이를 한 장 꺼내서 스스로 동일시하고 있다고 의심되는 대상을 모두 적어라.

예를 들어 친구들을 가리킬 때 항상 '내' 친구들이라고 말한다면 친구들과 자신을 동일시하고 애착을 느끼는 상태다. 또한 '나는 [무엇]이다' 또는 '나는 [어떠]하다'라는 문장을 완성할 수 있다면 무엇에 해당하는 대상이나 속성과 자신을 동일시하고 있는 것이다. 가령 '나는 섹시하다'라고 생각한다면 섹시함을 나와 동일시하고 있다는 뜻이다.

어떤 생각과 신념을 자기 자신과 동일시하는지 알아내라. 예를 들어 평소에 '돈은

나무에서 열리지 않아'라는 생각을 자주 한다면 그 생각을 자기 자신과 동일시하고 있을 가능성이 있다. 어떤 감정을 자기 자신과 동일시하는지 알아내라. 만성적으로 또는 가장 자주 느끼는 감정일수록 자기 자신과 동일시할 가능성이 높다. 예를 들어 자주 실망한다면 실망감이라는 감정을 나 자신과 동일시하고 있을 가능성이 있다. 이제 어떤 신체적 특징을 나 자신과 동일시하는지 알아내라. 예를 들어 스스로 뚱뚱하다고 생각한다면 뚱뚱함이라는 신체적 특징을 스스로와 동일시하고 있을 가능성이 높다.

동일시하는 대상이나 속성은 그게 무엇이든 격렬한 반응을 불러일으킬 수 있다. 자아는 동일시하는 대상을 정체성을 이루는 구성요소로 생각한다. 따라서 그 대상이 위협받을 때마다 자기 방어기제를 작동시킨다. 자아는 동일시하는 대상이 고통을 유발한다 할지라도 이를 상실하는 것은 곧 존재의 소멸로 이어진다고 간주하기 때문에 유지하고자 한다. 심지어 동일시하는 대상이 고통일 경우 자아는 우리를 끊임없는 고통 속에 빠뜨리려고 한다.

실상에서는 동일시하는 생각이나 감정 등이 내 안에서 떠오르는 순간에 이를 인식할 수 있다. 감정이 아무래도 인식하기가 가장 쉽다. 강렬한 감정은 내가 동일시하는 대상이 있다는 사실을 알려주는 경고음이다. 내 안에서 지금 무슨 일이 일어나고 있는지에 온 정신을 집중해야 한다고 알려주는 경고음이다. 동일시하는 대상을 인식하고 나면 관찰이 가능해진다.

강렬한 감정이 일어나면 섣불리 반응하거나 회피하는 대신 똑바로 마주하라. 강렬한 감정을 느끼면 전기 울타리에 전원이 켜지듯 정서적 몸emotional body이 활성화되거나 충전되었다는 신호로 생각하라. 고통을 유발하는 것은 감정 그 자체가 아니라 감정을 자신과 동일시하기 때문이라는 사실을 명심하라.

동일시하는 대상이 무엇인지를 깨닫고 느끼는 순간 탈 동일시 과정은 끝난 것이나 다름없다. 감정을 애써 무시하거나 바꾸려 들지 마라. 그저 감정을 인지하고 있는 그대로 내버려 두어라. 그렇게 자신이 느끼는 감정을 관찰하다 보면 어느 순간 깨달음이 찾아온다. 그런 감정을 유발하는 요인이 무엇인지, 그 요인에 스스로 어떤 의미를 부여하고 있는지, 어떤 상황에서 그 감정이 수그러드는지 깨닫게 될 것이다.

동일시하는 대상이 감정이 아니라 생각일 때도 탈 동일시 과정은 같다. 우선 자기 자신과 동일시하는 생각을 인식한 뒤에 있는 그대로 관찰하라. 그러면 그 생각이 꼬리에 꼬리를 물고 걷잡을 수 없이 번지는 것을 막을 수 있다. 부정적인 생각의 소용돌이를 그칠 수 있다니, 이 얼마나 강력한 능력인가?

동일시하는 대상이 몸일 수도 있다. 몸이 곧 자기 자신이고 따라서 몸이 바뀌면 정체성을 잃는다고 생각하는 경우다. 이때는 몸이 **자기 자신**이라고 생각하지 말고 현재 진행 중인 **경험**이라고 생각하면서 관찰하는 연습을 하라. 자신의 몸을 인식하고 보고 느끼고 의식적으로 경험하다 보면 몸과 자기 자신을 분리할 수 있는 순간이 찾아온다. 이때가 바로 탈 동일시가 이루어지는 순간이다.

같은 방식으로 자아와 독립적인 자기와도 탈 동일시를 할 수 있다. 자아나 독립적인 자기를 인식하는 순간 **이러한 개념**과 탈 동일시가 이루어진다. 나는 더 이상 자아나 독립적인 자기로만 규정할 수 있는 존재가 아니게 된다. 나는 누구/무엇이고 나는 누구/무엇이 **아닌지**를 날카롭게 인지할 수 있게 된다. 자신과 진정한 자기true self 사이를 가로막고 있던 가장 큰 장애물이 사라지고 다시 한번 의식의 통합을 경험하게 된다.

선택적 동일시

탈 동일시는 엄청나게 유용하지만 선택적 동일시의 도구로 사용해서는 안 된다. 자아의 여러 측면 가운데 사회적으로 용납되지 않는 측면은 탈 동일시를 하고 용납되는 측면은 동일시하는 것이 수천 년 동안 이어진 인류의 관행이었다. 과거에 영적 스승이란 자아의 **오직 한 가지** 측면에만 동일시하고 동일시한 자아의 욕구만 충족시키는 사람을 가리켰다. 이들은 오직 한 가지 내면적 자기만을 외부로 표출했다.

예를 들어 사회적으로 가장 크게 용납되는 측면이 (소위 깨달음에 이른 상태가) 절대 분노하지 않고 끊임없이 용서하고 모든 세속적인 욕구에서 벗어나 항상 순수하고 긍정적인 상태에 머무는 인격이라는 결론에 이른 영적 스승이 있다고 가정해보자. 이런 부류의 사람들은 분노나 세속적인 욕구나 부정적인 생각이 내면에서 고개를 들 때마다 스스로 만들어낸 영적 스승으로서의 인격에 빙의해 그런 욕구나 생각 따위를 부인하면서 자신뿐만 아니라 타인까지 속인다. 이들은 자신의 내면에 존재하는 영적 스승으로서의 인격 외에 다른 인격이 존재한다는 진실 혹은 현실을 부정한다. 이 자기 부인은 다른 모든 인격을 인식하지 못하게 되는 순간까지 계속된다. 자아의 다른 측면을 모두 배척하고 영적 스승으로서의 측면만이 자신의 정체성을 구성하는 전부라고 착각하는 지경에 이른다. 이는 곧 자기 유기self-abandonment다. 좋고 나쁘고를 떠나 스스로 부인한 측면들 또한 결국에는 **자기 자신**이기 때문이다. 그러나 스스로 규정한

'깨달은 존재'만을 정체성으로 선택한 이들은 내면에 존재하는 다른 자아의 존재를 인정하지 않는다. 따라서 모든 것이 깨달은 존재, 즉 영적 스승으로서의 자아로 설명 가능해야 한다. 이는 가장 극단적인 형태의 애착이다. 통합이 아니다. 선택적 동일시다.

그러나 나머지 자아는 사라지지 않는다. 억압을 견디다 못해 결국에는 인식 및 의식으로는 제어할 수 없는 상태에 이른다. 이 지점에서 영적 스승이란 사람들은 대개 자기 자신을 합리화하며 이중적인 삶을 살기 시작한다. 가령 앞에서는 윤리를 설파하면서 뒤에서는 소아성애에 빠지는 식이다. 그러나 자신의 내면에 존재하는 다른 모든 성격을 배척하고 '영적 스승' 성격이랑만 동일시했기 때문에 소아성애를 저지르면서도 성관계를 통해 피해 아동에게 축복을 내린다는 식으로 자기 합리화를 한다.

진정한 자기self는 내면에 존재하는 여러 자아 가운데 어느 하나가 아니다. 그 **모든 것**인 동시에 **아무것**도 아니다. 진정성은 흩어진 내면적 자기가 본질을 중심으로 모두 한곳에 모일 수 있게 해준다. 이것이 바로 통합의 진정한 의미다. 그렇다면 우리는 왜 진작에 통합하지 않는 것일까? 그 이유는 고통받고 있는 자아를 내면 깊숙한 곳으로 추방해버리는 것보다 나머지 자아와 통합하는 것이 훨씬 어렵기 때문이다. 고통받지 않는 자아를 선택해 동일시하는 것보다 고통받는 자아를 통합하는 것이 훨씬 어렵기 때문이다. 선택적 동일시로 선과 정의와 치유와 덕에 이를 수 있다고 믿는 세상에서 고통받는 자아와의 통합을 실천하기란 정말 어렵다. 그러나 외로움과 고독에서 벗어나려면 선택적 동일시의 시대에 종말을 고해야 한다. 이제는 통합의 시대, 즉 진정성의 시대다.

사랑이란 무엇인가?

사랑은 대부분의 사람이 동일시하기를 원하는 감정이다. 그런데 도대체 사랑이란 무엇일까? 우리는 종종 인정받는 느낌을 사랑이라고 착각한다. 사랑과 인정은 가까운 형제 관계다. 무언가를 인정할 때 우리는 그 무언가를 끌어당겨 우리 자신의 일부로 받아들이기 때문이다. 인정한다는 것은 본질적으로 거부하지 않는다는 것이다.

그러나 가장 근본적인 수준에서 이야기하자면 사랑한다는 것은 곧 자신의 일부로 받아들인다는 뜻이다. 이는 개념화할 수 있는 수준을 넘어선 경험이다. 사랑은 포용이다. 사랑은 하나가 되고자 하는 움직임이다. 무언가를 사랑하게 되면 그 대상을 정열적으로 끌어당겨 자기 자신의 일부로 포용한다.

사랑의 정반대는 **두려움**이다. 무언가에 두려움을 느낄 때 우리는 그 무언가를 밀어낸다. 두려움은 배척이다. 두려움은 혼자가 되고자 하는 움직임이다. 무언가에 두려움을 느낄 때 우리는 그 무언가를 밀어내고 배척한다. 두려움에 대해서는 3부에서 더 자세히 다루기로 하고 지금은 사랑으로 돌아가자. 사랑은 우리가 우주에서 가장 근본적인 현실 가운데 하나인 일체성에 접근할 수 있게 해준다. 이 세상에 홀로 떨어져 존재하는 것들이 있다는 생각은 환상에 불과하다. 우리 모두는 같은 에너지가 다르게 표현된 존재일 뿐이다.

앞서 우리는 내면에 존재하는 서로 다른 자아를 **조각** 또는 **내면적 쌍둥이**라 부르기로 했다. 가끔 이 내면적 쌍둥이 가운데 하나가 다른 내면적 쌍둥이를 긍정적으로 인식하고 동일시할 때가 있다. 이게 바로 사랑이다. 분리는 환상이라는 사실을 기억하라. 우리가 환상이라고 착각하는 것도 사실 근원 의식의 일부다. 근원 의식은 그 자체로 온전한 전체이므로 그 **일부가 아닌 것**은 존재하지 않기 때문이다.

　다시 생각해보면 사랑의 정반대가 얼마나 해로운지 깨닫게 될 것이다. 우리가 '정말 싫어'라든가 '원하지 않아'라든가 '마음에 안 들어' 따위의 부정적인 판단을 내릴 때 **배척하는** 에너지가 발생한다. 이 부정적인 에너지는 우리를 일체성에서 밀어내 외로움에 빠뜨린다. 사랑과는 정반대되는 상태에 빠지는 것이다. 여기서 고통이 발생한다.

　이 우주에는 오직 한 가지 종류의 고통만이 존재한다. 바로 분리의 고통이다. 이 우주에는 오직 한 가지 종류의 행복만이 존재한다. 바로 일체성의 행복이다. 고통을 느낀다면 그게 무슨 종류의 고통이든지 간에 무언가에서 분리됨을 느낀다는 뜻이다. 행복을 느낀다면 그게 무슨 종류의 행복이든지 간에 무언가와 일체감을 느낀다는 뜻이다.

　완전하게 살아가기 위해서는 공포나 증오를 느끼는 대상을 향해 다시 질문해야 한다. "어떻게 하면 사랑할 수 있을까?" 이 새로운 질문에 대한 궁극적인 대답은 '어떻게 사랑하지 않을 수 있단 말인가?'다. 지금 당장 어떤 대상을 증오한다고 하더라도 결국에는 그 대상도 당신의 일부다. 왜냐하면 세상 만물은 근원 의식에서 분리될 수 없기 때문이다. 좋든 싫든 당신도, 당신이 증오하는 대상도 근원 의식의 일부다. 사랑이란 이를 깨닫고 증오의 대상을 당신의 일부로 받아들이는 것이다. 아무리 밀어내도 증오의 대상 또한 우주의 일부라는 사실은 변하지 않는다. 세상 모든 존재는 하나다. 따라서 증오의 대상 역시 당신의 일부다.

사랑을 인생의 핵심 사명으로 채택하기

우리가 함께 살아갈 수 있는 길은 사랑을 인생의 핵심 사명으로 채택하는 것이다. 근원 의식의 긍정적인 측면은 부정적인 측면을 밀어내는 대신 사랑하는 연습을 해야 한다. 부정적인 측면은 이 사랑을 온전히 받아들이는 연습을 해야 한다. 수천 년 동안 이 우주에는 이중성이 존재했다. 이중성은 서로에게서 자신의 모습을 보기를 끝끝내 거부하는 선과 악의 전쟁과도 같았다.

그러나 위대한 영적 스승들은 이 문제를 완전히 다른 관점에서 바라봤다. 석가모니나 예수처럼 신이 인간의 모습으로 이 세상에 내려왔다는 인물들은 선과 악을 가르치지 않았다. 대신 사랑을 가르쳤다. 이들은 또한 **선택적으로** 사랑하라고 가르치지 않았다. 사회에서 배척당하던 나병 환자를 사랑으로 품었던 예수는 제자들에게 **모든 것**을 사랑하라고 가르쳤다. 지금 당신이 밀어내고 있는 대상을 사랑하라고 가르쳤다. 조건 없이 사랑하라고 가르쳤다. 예수는 사랑에 예외가 있다고 말하지 않았다. 왜냐하면 예외가 없기 때문이다.

석가모니는 불교에서 말하는 악마인 마라를 자신의 일부로 여겼다. 깨달음에 이르는 데는 마라의 역할도 똑같이 중요하다고 가르쳤다. 게다가 석가모니는 마라를 추방하거나 무찔러서 분리해야 한다고 가르치지 않았다. 대신 제자들에게 비유적인 의미로 각자 내면에 있는 마라를 초대해서 함께 차를 마시라고 가르쳤다. 불교뿐만 아니라 다른 모든 종교 지도자들의 사랑에 관한 가르침을 들여다보면 핵심은 다르지 않다.

우주는 우리가 다시 한번 일체성을 실현하길 원한다. 우주는 우리더러 고향으로 돌아오라고 부른다. 이 우주의 부름은 수 세기째 석가모니와 예수 등 깨달음에 이른 수많은 영적 지도자들의 입을 빌려 계속되고 있다. 그러나 청중은 이 부름을 제멋대로 왜곡한다. 문화적으로 각인된 저항심에 끼워 맞추려 한다.

다시 한번 말하지만, 우주는 우리를 비추는 거울이다. 우리는 거대한 우주의 축소판이다. 우리는 신의 축소판이다. 우주가 하나가 되려면 우리가 하나가 돼야 한다. 하나가 될 방법은 통합, 즉 현재 사랑하지 않는 우리의 일부를 사랑하는 것이다. 우리는 밀어내고자 하는 우리의 일부분에 가까이 다가가 그 안에서 우리 자신의 모습을 봐야 한다. 조건 없는 사랑이 필요한 때가 왔다.

나는 앞서 외로움과 숫자 3의 관계를 설명했다. 3은 양극단을 통합해서 조화롭게 **포용하는** 새로운 주체를 탄생시킨다. 따라서 3은 통합의 수라고 할 수 있다. 선과 악이 양극단이라면 일체성은 이 둘을 모두 포용하는 주체다. 통합은 이 새로운 제3의 주체가 실현되는 과정이다. 일체성을 쟁취하는 일, 그래서 연결을 회복하고 오랫동안 우리를 병들게 한 외로움을 극복하는 일은 우리 개개인에게 달려 있다.

2부

수치심

모든 허울은 벗어버리고, 알맹이만 간직한 채,

때 묻은 인생 여정 가운데서도 자기 자신을 사랑하는 일은 결코 거짓 예
 술이 아니다.

그런데 과연 그토록 미묘한 일에 신경을 쏟을 가치가 있을까?

복잡한 거미줄처럼 뒤얽힌 인생의 우여곡절 속에 칭칭 감겨

우리는 어쩌면 자신을 사랑하는 일의 잠재적 가치를

잊었을지도 모른다….

그러나 모든 허울을 벗어버려도

알맹이는 영원히 변하지 않는다.

〈가치〉, 틸 스완

수치심

외로움을 지탱하는 두 번째 기둥은 수치심shame이다. 수치심은 사회적 행동 가운데 사람들이 가장 많이 오해하는 측면 중 하나다. 사람들은 대부분 수치심이 자기 비하적인 경험, 믿음, 생각에 대한 정신적·감정적 반응이라 생각한다. 그러나 수치심은 훨씬 더 원초적이고 해로운 감정이다. 분열을 일으키기 때문이다.

수치심을 이해하려면 말미잘을 상상해보자. 말미잘은 손가락으로 건드리면 곧바로 움츠러든다. 이는 본능적인 **반응**이다. 다시 말해 생각을 거치지 않고 나오는 반응이라는 뜻이다.

말미잘의 이 같은 본능적인 반응은 위기 상황에서 순간적으로 싸울 것이냐 도망갈 것이냐를 결정하는 우리의 투쟁-도피 반응과 비슷하다. 달려오는 차를 보고 도망가야지라는 생각을 한 뒤에 움직이는 사람은 없다. 우리 몸은 위협을 감지하면 의식을 거치지 않고 곧바로 반응한다. 수치심은 투쟁-도피 반응처럼 우리 몸에 내장된 원초적인 반응이다. 흥미롭게도 **사랑도 그렇다.**

이 책의 주요 개념 중 하나는 이 우주 안에서 에너지는 기본적으로 밀어내거나 아니면 끌어당기거나, 이 두 가지 방향으로만 움직인다는 것이다. 어떤 사물, 예를 들어 귀여운 것을 보면 우리는 본능적으로 끌어당긴다. 반대로 위협적인 것을 보면 본능적으로 밀어낸다.

사랑은 어떤 대상을 자기 자신과 가까운 쪽으로 끌어당기려는 본능적인 반응이다. 두려움은 어떤 대상을 자기 자신과 먼 쪽으로 밀어내려는 본능적인 반응이다. 그리고 수치심은 **자기 자신**을 자기 자신과 먼 쪽으로 밀어내려는 본능적인 반응이다. 물론 자기 자신을 밀어내는 일은 불가능하다. 우리 의식이 경험하는 우리 육체는 하나이기 때문이다. **자기 자신**을 **자기 자신**에게서 밀어낼 유일한 방법은 분열뿐이다. 수치심이 분열과 억압을 불러일으킨다고 말할 수 있는 이유가 바로 여기에 있다. 나아가 수치심은 **내적 분리**를 일으킨다.

수치심의 증상

수치심은 '고유 감각signature feeling'을 동반한다. 즉, 사랑이라는 감정을 느낄 때와 마찬가지로 수치심을 느낄 때도 몸에는 특정한 감각 반응이 나타난다. 수치심이 동반하는 가장 흔한 감각은 가슴이나 심장 부근의 통증이다. 목덜미, 가슴, 뺨이 화끈거리거나 몸이 작아지는 느낌이 들면서 숨거나 사라지고 싶다는 생각이 들기도 한다.

신생아 때 우리는 말미잘에 가까웠다. 영유아기에는 주로 **감각적 인지**를 통해서 세상과 상호작용한다. 외부 자극에 본능적으로 반응하는 이 시기에 '각인imprinting'이 일어난다. 새로운 경험이 동반하는 고유 감각과 이 감각 경험에 대한 본능적 반응이 우리에게 각인된다.

신생아 시절에는 원초적 수준에서 학습한다. 인지적 존재가 되는 것은 훨씬 나중 일이다. 이때 경험하는 모든 감각이나 감정은 지문만큼이나 고유하다. 이성적 호감을 느끼는 사람에게 키스를 받을 때 나타나는 신체적·감정적 반응은 친구와 헤어지면서 포옹을 나눌 때 나타나는 신체적·감정적 반응과는 다르다. 우리가 서로 다른 이름으로 부르는 이러한 개별적 감정은 궁극적으로는 우리가 느끼는 감각이다. 이렇게 특정한 상황에서만 나타나는 감각 및 감정이 바로 **고유 감각**이다. 우리는 이 고유 감각을 학습하고 기억한다.

지금 당장 눈을 감고 머릿속에 레몬의 모습을 자세히 그려보자. 몸이 어떻게 반응하는가? 아마도 입안에 신맛이 돌면서 침이 고일 것이다. 지금 레몬을 먹고 있기라도 한 것처럼 몸이 반응할 것이다. 그러나 눈을 떠보면 실제로는 레몬을 먹고 있지 않다. 그저 레몬을 먹을 때 나타나는 **고유 감각**을 경험했을 뿐이다.

어린 시절에 우리는 주변 사람들과의 연결 또는 연결의 결핍 속에서 이러한 고유 감각을 경험한다. 자기 자신을 독립적인 주체로 개념화할 수 있을 만큼 인지 능력이 발달하기 전에도 우리는 다른 사람이나 사물에 반응한다. 예를 들어 신생아를 속싸개로 감싸지 않고 얼굴이 천장을 향하도록 눕혀 놓으면 아기는 마치 높은 곳에서 떨어지는 것처럼 허공에 팔을 허우적거린다. 이를 모로반사라고 한다. 요컨대 우리는 타자에게 어떤 대우를 받느냐에 따라 본능적으로 반응한다.

지구상에 있는 다른 수많은 종과는 다르게 우리 인간은 타인에게 생존의 상당 부분을 의지한다. 우리 생존을 가장 크게 위협하는 것은 굶주림이나 목마름이 아니라 고립이다. 고립은 우리를 죽음과 직결된 수많은 위험에 노출시킨다. 따라서 인류에게 가장 큰 위협 또는 공포는 타인과의 연결의 결핍에서 온다.

연결의 결핍은 다양한 형태로 나타날 수 있다. 단절, 학대, 무시, 유기,

불충분한 지원, 불인정 등 나열하자면 끝이 없다. 수치심은 이처럼 감정적·정신적·육체적으로 밀려나는 경험에 대한 본능적인 반응이라고 볼 수 있다. 본질적으로 누군가의 사랑을 잃는 외상성 자극을 경험할 때 우리는 수치심을 느낀다. 우리 안에 내재한 감각인 수치심뿐만 아니라 깊은 상실감도 뒤따른다. 그리고 우리는 이런 수치심과 상실감이 드는 이유를 인지적으로 이해하지 못하는 경우가 많다.

수치심의 뿌리

수치심은 자기 자신에 대한 **개념**이 전혀 없는 아주 어린 시절부터 시작된다. 영유아기에 우리는 타인이 내게 어떻게 반응하는지를 보고 자기 자신에게 본능적으로 반응한다. 자기 자신에 대한 이 본능적인 반응은 신생아일 때부터, 심지어 자궁 안에 있을 때부터 각인된다. 임신 중 주변 환경도 이 각인에 영향을 미친다. 문제는 이 본능적 반응에 대한 고유 감각(타인의 반응을 내면화한 것)이 한 번 각인되고 나면 잘 변하지 않는다는 점이다. 한 번 각인된 자기 자신에 대한 고유 감각과 반응을 기초로 다른 감정이나 생각들이 형성된다.

영유아기에 최초 양육자에게 경멸, 학대, 수치, 비난을 받거나 기본적인 욕구가 충족되지 않거나 애착 관계가 형성되지 않을 경우 우리는 세상을 불안전한 곳이라 느끼고 불신하게 된다. 그러나 무엇보다 우리는 타인의 반응을 통해 자기 자신을 학습한다. 예를 들어 지금 내게 누군가가 필요한데 그 누군가가 나를 (또는 내 어떤 부분을) 못마땅하게 여겨서 멀어지려 한다고 지각하게 되면 곧바로 **나는 원치 않는 존재구**나라는 학습이 일어난다. 본능적·신체적 수준에서 이 같은 지각이 일어나면 우리는 자신을 열정적으로, 감정적으로 밀어내게 된다. 환영받지 못하는 존재가 자기 자신이라면 결국 자신을 밀어낼 수밖에 없다.

이 감각에 기반한 경험, 즉 자기 자신이 본질적으로 상하고 부서지고 고장 나고 틀리고 못마땅한 존재임이 중추에 각인된 채 자기 자신을 밀어낼 유일한 방법은 내면적 분열뿐이다. 이때 우리가 느끼는 감정은 '자기' 개념 형성의 바탕을 이루는 고유 감각으로 우리 안에 확고히 자리 잡는다.

이렇게 생각해보자. 거울을 보지 않으면 내가 어떻게 생겼는지를 알 길이 없다. 바깥세상에 있는 사람들은 거대한 거울과도 같다. 누군가 당신에게 '넌 왜 항상 화를 내?'라고 질문하면 당신은 자신이 화를 잘 내는 사람이라고 생각하게 된다. 사람들이 당신을 문제가 있다는 시선으로 바라보면 당신은 자신이 결함이 있는 사람이라고 생각하게 된다. 누군가 당신에게 아름답다고 말하면 당신은 자신이 아름다운 사람이라고 생각하게 된다.

우리는 사람들이 어떻게 반응하는지를 거울삼아 자기 모습을 바라본다. 어릴 때는 타인의 반응 속에 투영되는 내 모습에 의문을 품지 않는다. 거울의 정확성에 의문을 품지 않는다. 대신 '거울 속 투영을 있는 그대로 **삼킨다**'. 내면적 자기 개념은 그저 외부에 투영되는 모습과 같을 뿐이다. 부모가 원치 않았는데 태어난 아이가 있다고 하자. 아이 엄마는 하고 싶은 일을 하면서 어디에도 얽매이지 않은 자유로운 삶을 살길 원했다. 이 경우 (엄마라는) 거울은 아이에게 자기 자신의 가치를 정확하게 투영해서 보여주지 못한다. 그 거울은 이미 '난 널 원하지 않아'라는 낙서로 더럽혀졌기 때문이다.

아이는 엄마라는 거울에 원치 않는 짐이자 하찮은 존재로 비치는 자기 모습을 보게 된다. 아이는 거울의 정확성을 의심하는 대신 거울에 비친 상을 있는 그대로 집어삼킨다. 아이는 살아남으려고 거울에 비친, 내면적 가치가 하찮은 자기 모습을 바라보며 이에 맞춰 처신한다.

우리가 수치심이라고 부르는 감정이나 수치심과 관련된 낙심, 투명 인간이 된 것 같은 기분, 굴욕감, 부끄러움, 당황스러움, 자의식 등의 감정은 사실 수치심에 뒤따르는 **부차적** 반응이다. 이제 막 걸음마를 떼기 시작할 때부터 우리는 수치심에 대한 훨씬 원초적이고 생물학적이며 타인에 의해 학습된 반응을 중심으로 인지적 자기 개념을 구축하기 시작한다. '분명 나한테 문제가 있는 거야' 같은 생각을 하기 시작하고 이는 자기혐오라는 감정으로 이어진다. 이런 자기 혐오적 생각이나 감정은 나중에 청소년이나 성인이 됐을 때 알코올 중독, 동반 의존증*, 분노 조절 장애 등으로 이어지는 경우가 많다. 수치심을 없애기 힘든 이유는 투쟁-도피 반응 같은 다른 본능적 반응과 마찬가지로 우리의 원초적 학습 중추에 각인돼 있기 때문이다.

수치심은 정체성의 핵심에 스민 얼룩처럼 자기 자신에 대한 근본적이고 때로는 추상적이지만, 매우 부정적인 감정으로 다가온다. 어떠한 치료법도 표면만 건드릴 뿐 얼룩이 스민 정체성의 핵심 근처에는 가지도 못한다.

수치심에 기반한 외로움에 대한 고찰

앞서 외로움을 지탱하는 첫 번째 기둥인 분리를 이야기할 때 분리가 일

---

* 감정적·심리학적으로 배우자에게 지나치게 의존하는 증상

어나는 유년기의 조건을 설명했다. 수치심이 일어나는 유년기의 조건도 같다. 우리는 집단적인 사회, 문화적 가치가 지배하는 사회에 태어나 사회화 과정을 거치면서 사회의 가치 체계를 따라 특정 가치를 받아들이고 그 반대 가치는 비난하게 된다.

예를 들어 자기희생을 가치 있게 여기는 사회에서는 이기심을 비난한다. 하나가 선이면 그 반대는 악이다. 사회 질서를 유지하려면 아이들을 사회가 용납하는 방식으로 행동하도록 훈련해야 한다. 우리는 아이들에게 사회·문화적 가치를 주입한 뒤에 이를 충실히 따를 때는 보상하고 모순된 행동을 할 때는 처벌한다.

따라서 어린 시절 기본적인 욕구를 충족 받고 사회에서 살아남아 사랑, 소속감, 공헌, 안전 같은 감정을 누릴 기회를 얻으려면 선택지는 하나뿐이다. 각자 태어난 사회의 가치 체계를 따르는 수밖에 없다.

예를 들어 어렸을 때 발가벗은 채로 거실에 뛰어 들어갔다고 상상해보자. 그리고 정숙함을 중시하고 다른 사람에게 알몸을 보이는 것을 비난하는 사회에 태어났다고 가정해보자. 어른들은 즉각 알몸으로 거실에 뛰어 들어온 행동을 야단칠 것이다. 화를 내거나 방으로 돌려보내거나 벌을 줄 수도 있다. 어른들의 불인정 반응에 아이는 당혹감과 굴욕감을 느낄 것이다. 무슨 수를 써서라도 다시는 겪고 싶지 않을 괴로운 경험이 될 수도 있다. 이 뼈아픈 경험을 통해 아이는 정숙함이라는 사회적 가치를 **자신의 기준**으로 받아들이게 된다.

유년기에 의도적이든 아니든 어른들이 '나쁜 행동은 곧 나쁜 사람'이라고 단정하며 아이를 훈육한 경우 이 아이는 나중에 어른이 됐을 때 만성적인 수치심에 시달릴 수 있다. 예를 들어 부엌에서 쿠키를 훔쳐 먹은 아이에게 '넌 정말 나쁜 아이로구나' 또는 '그러면 안 된다고 말했잖니, 너란 아이 도대체 무슨 문제가 있는 거니?'라고 혼낸다면 아이는 부모의 부정적인 반응과 자신이 나쁜 사람이라는 사실을 분리해서 생각하지 못하게 된다.

여기서 명확히 구별하고 넘어가자면 수치심은 자신이 나쁜 사람이라는 생각에서 비롯하고 죄책감은 자신이 나쁜 행동을 저질렀다는 생각에서 비롯한다. 나쁜 행동을 저질렀을 때 자신이 나쁜 사람이라고 생각하게끔 만드는 직접적인 반응이 돌아온다면 괴로울 수밖에 없다. 그러나 수치심이 영속적인 상태가 되어버리는 경우도 있다. 만약 방 안에 다른 사람들과 같이 있어도 해결되지 않는 종류의 깊은 외로움에 시달리고 있다면 수치심이 영속적인 상태로 이미 자리 잡은 경우다. 시간이 지나도 이런 외로움이 지속한다면 항상 자신이 불충분하고 열등하고 무가치하고 나쁜 존재라고 생각하게 된다. 그리고 수치심은 낮은 자존감의 뿌리가 된다. 스스로 설정한 기준에 맞춰 살 수 없기 때문이다.

예를 들어 동성애를 혐오하는 기독교 가정에 태어난 아이가 자신이 동성애자라는 사실을 깨달았다고 해보자. 이 가정에서 살아남고자, 아이는 성경에 기록된 가치관을 받아들이고 이성애를 자신의 기준으로 삼는다. 그러나 내면에서는 스스로 이성애자가 아니라는 사실을 알고 있기 때문에 아이는 평생 기준에 미달한 존재로 살아갈 수밖에 없다. 이 같은 경우에 수치심은 영속적인 상태가 된다.

수치심과 '당위'

수치심은 기준에 미치지 못할 때 드는 감정이지만 '당위shoulds'를 빼고서 기준을 논할 수는 없다. 예를 들어 내가 차를 몰고 있는데 어떤 남자가 트럭에서 떨어진 사다리를 주우러 전속력으로 도로에 뛰어들었다고 가정해보자. 그리고 이 상황이 불러올 수 있는 다양한 반응을 생각해보자. 어떤 운전자는 남자를 치지 않으려면 급하게 방향을 바꿔야 한다는 사실에 격분할 수도 있다. 어떤 운전자는 사다리 때문에 일어날 수 있는 2차 사고를 예방하고자 자기 목숨을 걸고 도로에 뛰어든 남자의 용기에 감사할 수도 있다.

만약 남자에게 아내와 자식이 있다면 이들은 남편이자 아버지라는 사람이 자칫 목숨을 잃을 경우 남겨질 가족들이 받을 고통은 안중에도 없이 무모하게 행동했다며 배신감을 느낄 수도 있다. 경찰관 또한 관계 당국에 신고하지 않고 혼자서 사다리를 치우려 한 남자의 행동이 어리석고 무모하다고 생각할 수 있다. 방송국에서는 남자를 저녁 뉴스에서 영웅으로 보도하려 할 수도 있다. 같은 사건을 놓고 이토록 반응이 천차만별인 이유는 모두가 서로 다른 필요, 경험, **가치**를 가지고 있기 때문이다.

가치를 결정하는 것은 필요다. 정시 출근이 필요한 사람은 효율적인 출근길에 가치를 둘 것이고 누구든 이 길을 방해하는 사람에게 화를 낼 것이다. 안전이 필요한 사람은 누구든 도로 안전을 담보해주는 사람을 가치 있게 여길 것이다. 남편이 필요한 사람은 남편을 잃지 않고 옆에 붙잡아 둘 수 있는 행동을 가치 있게 여기고 남편을 떠나게 만들 수 있는 행동을 무가치하게 여길 것이다. 치안을 책임지는 사람이라면 규칙을 준수하는 사람을 가치 있게 여기고 위험을 무릅쓰는 사람에게 화를 낼 것이다. 좋은 이야깃거리가 필요한 뉴스 아나운서라면 일반인의 영웅담을 가치 있게 여길 것이다.

대부분의 신념, 규칙, 가치는 필요에 따라 형성되며 개인마다 확립하는 기준의 기초가 된다. 기준이란 '당위'를 뜻한다. 당위란 어떤 생각, 감정, 말, 행동을 해도 되는지 안 되는지를 결정하는 기준이다.

'부모, 문화 또는 사회의 필요에 따라 형성된 것'이라는 관점을 통해 각자 자신이 따르는 신념, 규칙, 가치를 살펴보라. 그러한 신념, 규칙, 가치를 채택하게 된 이유는 부모나 사회에게 인정받고 사랑받고자 함이다. 부모나 사회의 가르침은 대부분 아무런 의심 없이 '당위'가 된다. 그러나 **필요**가 변하면 신념, 규칙 가치도 변한다.

수치심을 이해하려면 기억해야 할 중요한 사실이 하나 있다. 수치심을 극복하려면 수치심을 더 끌어내야만 한다는 점이다. 수치심이 들 때 우리는 놀라울 정도로 방어적으로 변한다. 주변 사람들이 보기에 깨진 유리 조각이나 살얼음 위를 걷는 것처럼 아슬아슬하다. 때때로 타인에게 공격적인 비난을 쏟아내기도 한다. 그러면 자기 자신의 불안감과 결점에서 주의를 돌릴 수 있기 때문이다. 누군가를 **틀렸**다고 하면 자신이 **옳다**는 느낌이 든다. 그래서 수치심이 들 때면 우리는 타인을 향한 경멸에 사로잡히곤 한다.

나르시시즘의 재해석

수치심을 자주 느끼는 사람들은 자기도 의식하지 못하는 사이에 나르시시즘(완전히 자기중심적인 상태)에 빠지곤 한다. 수치심을 의식하기 시작하면 더 큰 수치심이 밀려든다. 그러나 나르시시즘과 자기애를 혼동해선 안 된다. 자기애를 **제외한** 나머지가 나르시시즘이기 때문이다. 나르시시즘에 빠진 사람은 내면적으로 굶주려 있기 때문에 자기 자신의 이익, 필요, 욕구를 충족하는 일에 사로잡혀 있다. 그래서 외부에서 인정, 우월성, 칭찬, 의미를 찾으려 한다. 그러나 관심을 갈망하는 것은 자기 자신이 무가치하게 느껴지는 데서 오는 공허함을 메우려는 시도일 뿐이다.

오늘날 나르시시즘은 자기 파괴적인 자부심의 한 형태로 자만심 또는 자화자찬으로 만족감을 끌어내는 것을 가리킨다. 그러나 이는 **완전히 틀렸다.** 나르시시즘의 기원이 된 고대 그리스 신화 속 나르키소스는 선천적으로 아무런 문제가 없는 인물이었다. 수면 위에 비친 자기 모습을 사랑하고 만족을 느끼는 것은 아주 건강한 감정이다. 자기비판이나 지나친 자기희생보다 훨씬 건강하다.

그러나 지난 수천 년 동안 조직화한 종교의 영향을 많이 받은 우리 문화권에서는 자기애를 허영심이나 자만심으로 여기고 죄악시해왔다. 그래서 슬프게도 나르키소스는 허영심과 자만심뿐만 아니라 자기애를 상징하는 인물이 되어버렸다. 그 결과 우리는 자기애를 이기심과 혼동한다. 그러나 자기애와 이기심은 천지 차이다.

나르시시즘을 이해하려면 먼저 마음속에서 자기애를 이기심과 분리해서 생각하는 것이 가장 중요하다. 대부분의 사람은 나르시시즘이 자기애의 극단적인 형태라고 생각하지만 그렇지 않다. 나르시시즘은 자기애와는 전혀 무관하다. 나르시시즘은 정신적으로 자급자족할 수 있는 자원, 즉 사랑 같은 자원이 극단적으로 결핍한 상태를 뜻한다. 깊은 외로움을 느끼는 이유는 인생에서 사랑이 부족하기 때문이다.

자기애는 자기 자신에 대한 깊은 관심 또는 애정이다. 반면에 이기심은 타인에게 미칠 영향은 전혀 고려하지 않은 채 오직 자기 자신의 복지,

이익, 이해관계만 중요시하는 것이다. 이기심은 자연스러운 상태가 아니다. 인생에서 **결핍**에만 집중할 때 이기심이 생겨난다.

여기서 잠시 나르시시스트가 되는 가장 흔한 경우를 살펴보자. 나르시시스트는 역기능 가정*에서 탄생한다. 주로 유년기에 부모가 바라는 성격이나 행동 기준이 환상에 가까울 만큼 너무 높아서 부응하지 못할 때 나르시시스트가 탄생한다. 아이는 부모를 만족시킬 방법을 찾아내지 못한다. 그 결과 제멋대로이고 다루기 어려운 아이 취급을 받으며 '문제아'로 전락한다. 부모는 아이를 자기 기준에 맞추려고만 하다 보니 은밀하게 또는 공공연하게 아이에게 벌을 준다. 이런 주 양육자 밑에서 아이는 이기적이고 감사할 줄 모른다는 소리를 들으며 자랄 가능성이 매우 높다. 마음속 깊은 곳에서 분노를 키울 가능성 또한 매우 높다. 부모는 잠재의식 속에서 아이를 **위협**으로 여긴다.

역기능 가정의 부산물로서 나르시시스트가 탄생하는 경우는 아주 흔하다. 이 유형의 나르시시스트는 종종 동반 의존증을 보인다. 이들은 유년기에 부모가 바라는 환상에 가까운 성격이나 행동 기준에 **부응하는 데 성공했다.** 부모를 만족시킬 방법을 찾아냈다. 그러나 아이는 부모를 만족시키는 대신 자신을 포기해야 했다. 그래야만 가정에서 필요한 욕구를 충족 받고 정서적인 안정을 지킬 수 있었기 때문이다.

그 결과 아이는 '금지옥엽'으로 대우받는다. 이 아이는 있는 그대로의 모습으로 사랑받기란 불가능하며 자신의 욕구를 충족 받으려면 어떻게 해서든 다른 사람의 욕구를 충족시켜야 한다는 사실을 학습한다. 이 아이의 삶에서는 모든 것이 거래가 된다. 착한 행동 이면에는 보상에 대한

---

* 마땅히 담당해야 할 기능을 제대로 수행하지 못하는 건강하지 못한 가정

기대 심리가 깔려있다. 이렇게 자란 아이들은 겉으로는 이타적이고 자기 희생적으로 보일지라도 결국에는 오직 자기 자신의 이익을 좇아 행동한다.

역기능 가정에서 자란 아이와 주 양육자/주 애착 인물 사이에는 감정적으로, 심지어 신체적으로도 서로 적대적인 환경이 조성된다. 그 결과 주 양육자와 건강한 애착 관계를 맺는 데 실패한 아이는 이기적이고 적대적인 세계관을 발전시킨다. 마음속 깊은 곳에서 자기 자신이 있는 모습 그대로일 때는 사랑받지 못한다는 사실을 알기 때문이다.

이러한 유형의 역기능 가정에서 자란 아이가 어른이 되면 세상도 자기 부모와 다를 바 없다고 생각한다. 세상에는 따뜻함, 인정, 사랑 따위는 존재하지 않는다고 믿는다. 마음의 문을 걸어 잠근다. 세상은 위험하고 비양심적인 곳이며 모든 사람이 이기적이라고 믿는다. 사랑받을 수 있다는 희망을 잃는다. 스스로 무가치하다고 느껴서 오히려 자기 자신을 추켜세우는 일에 매달린다. 유년기에 축적된 수치심, 불신, 분노, 애정 결핍이 나중에 어른이 됐을 때 폭발하는 것은 놀라운 일이 아니다. 사랑이 없는 세상에서 사랑받을 자격을 박탈당한 채 자란 아이는 타인에게 사랑을 받을 수도, 자신의 욕구를 충족 받을 수도 없다. 따라서 타인을 교묘하게 조종해 필요한 것을 얻어낼 수밖에 없다.

지나치게 명예를 좇는 사람 중에는 이 같은 가정환경에서 성장한 사람이 많다. 이들에게 인생은 자기 가치를 끊임없이 인정받고자 하는 여정이다. 그토록 많은 할리우드 스타가 연인이나 배우자와 장기적인 관계를 유지하지 못하는 진짜 이유도 성장 과정에서 있는 모습 그대로 사랑받지 못했기 때문인 경우가 많다. 나르시시즘은 질병이 아니라 환경에 대한

적응의 결과다. 사랑받지 못했던 외부 조건에 맞춰 적응하다 보니 어느새 마음속에는 끝 모를 외로움이 들어찬다. 나르시시즘은 악한 상태가 아니다. 수치심에 터를 잡은 외로움으로 가득 찬 상태다.

발달 트라우마와 수치심에 기반한 외로움

발달 트라우마는 자연스러운 성장 과정을 지연시키거나 파괴한다. 묘목이 물과 햇빛을 공급받으면 커다란 나무로 자라듯이 인간도 자연스럽게 성장하려면 특정 욕구가 충족되어야 한다. 나무는 묘목 안에 있는 **잠재성**의 발현이다. 나무의 욕구가 충족되면 이 잠재성 또한 충족된다. 우리 인간도 욕구가 충족되는 이상적인 조건에서만 잠재성이 발현된다.

발달 트라우마는 시간 속에 우리를 가둔다. 그래서 신체는 성장하더라도 정서적이나 정신적으로는 성장하지 못한다. 우리는 흔히 유년기에 핵심 욕구가 충족되지 않아도 어른이 될 수 있고, 어른이 되면 그러한 욕구도 사라진다고 가정한다. 그러나 이 가정은 나무가 물과 햇빛 없이도 성장할 수 있다는 가정만큼이나 틀렸다. 유년기에 충족되지 않은 욕구는 어른이 된 이후에라도 충족되어야 한다.

우리 사회는 아직 발달 트라우마를 진지하게 인정하지 않기 때문에 이를 치료할 준비 또한 되어 있지 않다. 발달 트라우마를 치료하려면 이미 성인이 된 이후라도 영유아기에 결핍된 기본 욕구가 있다면 충족시켜주어야 한다. 개인적으로 다음 세대에는 이 발달 트라우마를 치료하는 영역이 엄청나게 발전하리라고 확신한다. 유년기에 핵심 욕구를 충족 받지 못한 채 성인이 된 이들을 위한 시설이 생겨날 것이다. 다음과 같은 질문이 사회적 화두가 될 것이다. "영유아기에 필수적인 경험을 건너뛰고 성인이 된 이들에게 이 경험을 재구성해줄 방법은 무엇인가? 영유아기에 결핍된 욕구를 지금이라도 충족해주어서 자연스러운 발달이 이루어지도록 도울 방법은 무엇인가?"

영유아 전문 부모 및 가족 상담 치료사들은 영유아기가 특히 힘든 시기라고 입을 모은다. 영유아기는 자율성, 즉 타인과의 관계 속에서 자기 감각이 발달하는 시기이기 때문이다. 이때 발달 트라우마가 생기면 자기 감각은 자연스럽게 발달·성장하지 못한다.

그러면 신체는 성인이 되더라도 자기 개념은 성장하지 못하는 결과를 초래한다. 자기 자신과 타인들로 이루어진 이 세상에서 조화롭게 살아갈 능력 또한 성장하지 못한다. 실질적으로 지금 우리 주위에는 겉은 성인이지만 속은 아기나 다름없는 사람들이 돌아다니고 있다.

정서적 방임의 뿌리

인류의 집단의식은 역사 속에서 진화해왔다. 우리는 수많은 암흑기와 계몽기를 지나왔다. 그리고 오늘날 우리가 살아가는 이 시대를 나는 '정서적 암흑기'라고 부른다. 지금 이 글을 읽고 있는 당신을 포함해 인류 일부는 이 암흑기에서 깨어나는 중이다. 그렇다면 정서적 암흑기란 무엇인가? 정서적 암흑기는 감정에 무지한 시대다. 대부분의 사람이 감정을 이해하지 못한다. 감정의 기능이 무엇인지, 감정을 어떻게 사용해야 하는지 알지 못한다. 감정이 인생 경험의 바탕을 이룬다는 사실을 고려할 때 이 문제는 정말로 심각하다.

감정을 이해하는 일과 관련해 깨달음이 필요한 부분은 많지만, 이 책에서는 그중에서도 특히 성인이 기능 장애를 겪는 핵심 원인을 설명하려고 한다. 감정 장애는 만성적인 불행과 자살의 가장 큰 원인으로 작용하고 있다.

우리는 대부분 정서적 학대의 형태에는 협박, 수치심이나 모멸감을 주는 일, 착취, 왕따 등이 있다는 사실을 알고 있다. 그러나 이는 극히 일부에 불과하다. 알아차리기도 더 힘들 뿐만 아니라 더 깊은 상처를 남기는 감정적 학대의 형태는 따로 있다. 바로 오늘날 만연한 **정서적 방임**이다. 수치심은 이 정서적 방임의 주요 부산물이다.

정서적 방임을 이해하는 가장 좋은 방법은 다음과 같다. 정서적 방임은 어떤 행동을 **했기** 때문에 발생하는 다른 트라우마와는 달리 어떤 행동을 **하지 않았기** 때문에 발생한다. 정서적 방임에는 전통적인 형태의 정서적 학대도 같이 따라올 수 있다는 사실을 기억하라. 그러나 표면적으로는 전통적인 형태의 정서적 학대가 없는 것처럼 보이더라도 정서적 방임은 여전히 일어나고 있을 수 있다.

성인에게서 보이는 정서적 방임의 흔적

정서적 방임은 유년기에 시작된다. 유년기에 정서적 방임을 겪은 메리라는 사람이 있다고 하자. 메리는 현재 로펌에서 근무하는 성공한 변호사다. 콜로라도주의 조그만 시골 마을에서 태어나 자란 메리는 삼 남매 중 막내였다.

메리는 누가 봐도 괜찮은 유년 시절을 보냈다. 경제적으로 부유한 가정에서 부족함을 모르고 자랐다. 부모님은 현재까지도 결혼 생활을 유지하고 계시고 자녀들 앞에서 단 한 번도 다투신 적이 없었다. 엄격했던 메리의 부모님은 자녀들이 떼를 쓰거나 불평을 늘어놓거나 울음을 터뜨리는 등 부정적 감정을 표출할 때마다 즉시 방으로 올려보냈다.

다시 현재로 돌아와 메리는 왜 자신이 지금 이런 지경에 이르렀는지 도무지 알 수가 없다. 왜 주말마다 술집에 가서 정신을 잃을 때까지 술을 마시는지, 왜 제대로 된 연애를 못 하는지 이해할 수가 없다. 그리고 가끔 자살을 꿈꾸는 자신이 너무나도 수치스럽다.

메리의 이야기를 들은 여러분 역시 혼란스러울 것이다. 그러나 **정서적 방임**이라는 관점에서 메리의 인생을 한번 들여다보자. 자녀의 욕구에 관심을 기울이는 것은 부모의 책임이다. 여기에는 의식주 같은 기본적인 욕구뿐만 아니라, 보이고 들리고 이해받길 원하는 정서적 욕구 또한 포함된다. 성장기에 정서적 욕구가 충족되지 않으면 부모와 친밀한 관계를 맺지 못하고 타인과 우정을 쌓거나 관계를 맺는 방법 또한 알지 못하게 된다.

정서적 욕구를 느끼고 부모에게 이를 충족시켜주길 원했단 이유로 수치심을 느껴야 했다면 아이는 자기 자신에게 사랑받지 못하는 근본적인 문제가 있다고 생각한다. 그러면 아이는 자신의 정서적인 욕구를 전혀 알아차리지 못할 뿐만 아니라 심지어 매우 두려워하는 어른으로 자라게 된다.

부모는 자녀를 자기감정을 있는 그대로 느낄 권리가 있는 독립적인 개인으로 바라보고, 자녀와 정서적 연결을 구축하고, 자녀가 원하는 관심을 전적으로 줄 책임이 있다. 그러나 부모 자신이 유년 시절에 정서적 욕구를 제대로 충족 받지 못했다면 자녀의 정서적 욕구를 충족시켜줄 방법을 어찌 알겠는가?

다시 메리의 유년기를 살펴보자. 메리의 부모님은 가정의 평화를 유지하고자 하는 좋은 의도로 자녀들에게 부정적인 생각이나 감정을 표출하는 것은 나쁜 행동, 용납받지 못하는 행동이라고 훈련했다. 메리는 부정적인 감정을 느낄 때마다 수치심을 느꼈을 것이다. 그럴 때마다 다른 가족 구성원의 눈에 띄지 않도록 고립을 자처했을 것이다.

청소년기에 접어든 메리는 극심한 수치심에서 벗어나려고 술을 마시기 시작했고 이 습관은 성인이 되고 나서도 이어졌다. 항상 수치스러운 모습을 감추는 데 급급한 나머지 남자와 세 번 이상 데이트를 해본 적이 없는 메리는 항상 극심한 외로움에 시달린다. 메리의 부모님이 메리를 진정으로 사랑했는지 안 했는지와는 별개로, 메리는 어린 시절 부모님에게 사랑받고 있다고 느낀 적이 없었다.

요약하자면 메리는 세상에서 고립되었다고 느꼈다. 마치 메리 자신은 세상의 바깥에서 세상 안을 들여다보고 있을 뿐, 아무도 자신의 존재조차 알아주지 않는다고 느꼈다. '살아서 뭐 하겠어?'라는 생각이 자주 들었다. 깊은 외로움에 허덕이던 메리는 어느 날 결국 자살이라는 극단적인 선택을 한다. 메리에게서 자살의 징후를 포착한 사람은 아무도 없었다. 아무도 메리가 얼마나 큰 고통에 빠져 있는지 몰랐기에 모두가 메리의 자살 소식에 충격을 받았다.

메리의 부모님은 메리를 비롯해 세 자녀를 모두 사랑했다. 겉으로 보기에 메리의 가족은 시기심을 자아낼 만큼 완벽했다. 단지 메리의 부모님이 자녀들의 정서적 욕구에 무지했던 탓에 그 욕구를 충족시켜주지 못했을 뿐이다. 그러나 결과적으로 메리는 부모님에게서 배운 인생 교훈에 따라 죽음이라는 선택을 하고 말았다.

결핍의 이해

유년기에 정서적 방임을 겪은 사람들 대부분은 이 같은 사실을 다른 사람에게는 철저히 숨기거나 아니면 자신에게 무슨 문제가 있는지 알고 싶은 절박한 심정으로 정신과 의사 또는 상담 심리사를 찾아간다. 이들은 대부분 깊은 자책의 바다에 빠져 허우적거린다. 자기감정의 이유를 모르기 때문이다.

자기감정인데도 원인을 알지 못하는 이유는 자기가 저지른 잘못된 행동의 결과가 아니기 때문이다. 감정적 방임은 받지 못한 격려다. 받지 못한 위로다. 받지 못한 애정 어린 지지다. 듣지 못한 애정 어린 말이다. 단한 번도 느끼지 못한 소속감이다. 받지 못한 이해다.

이 시대를 살아가는 부모라면 다들 자녀의 정서적 욕구를 충족시켜주는 데 실패한 적이 있을 것이다. 그러나 가끔 실패하는 것은 문제가 되지 않는다. 부모가 자녀의 정서적 욕구를 충족시켜주는 데 만성적으로 실패했을 경우에만 성인이 된 이후 자녀의 인생 근간이 무너질 수 있다. 정서적 방임은 전염성이 있다. 그 이유는 무엇일까? 한 세대에서 다음 세대로 전해지며, 누구 한 사람이 **의식하기** 전까지는 세대 안에서 정서적 방임이 존재한다는 사실조차 알지 못하기 때문이다.

실제로 정서적 방임을 대물림하는 집안 가운데 대다수가 자신들만큼 친밀한 가족은 없다고 생각한다. 습관처럼 '우리 가족이 최고야'라고 외치지만 정작 가족 구성원 개개인은 외로움, 공허함, 친밀한 관계를 유지하는 데 어려움을 겪는다.

유년기에 정서적 욕구를 충족 받지 못한 사람은 성인이 된 이후에 다른 사람의 정서적 욕구를 충족시켜주는 일에도 서투르다. 그래서 정서적 방임은 건강하지 못한 동반 의존증을 일으키는 주요 원인이 된다. 이제 '난 전혀 의존적이지 않아. 난 내가 아는 사람 중에 가장 독립적이야. 내가 정서적 방임을 겪었을 리 없어'라고 말하며 정서적 방임을 자신과는 전혀 상관없는 일로 치부하기 전에, 독립적인 사람일수록 타인과 친밀한 관계를 맺고 싶은 욕구를 충족시키는 데 가장 큰 어려움을 겪는 경우가 많다는 사실을 기억하라.

정서적 방임이 입힌 상처를 치유하려면 자기 자신, 그리고 타인에게 진솔해지는 방법을 배워야 한다. 진정한 친밀감은 성관계와는 관계가 없다는 점을 명심하라. 진정한 친밀감은 상대방을 보고 듣고 느끼는 것인 동시에 상대방에게 보이고 들리고 느껴지는 것이다. 진정성과 친밀감에 대해서는 4부와 5부에서 더 자세히 다룰 것이다.

위장 감정

태어날 때부터 자기 자신을 미워하는 사람은 아무도 없다. 이 진리는 오랜 시간 곱씹어 완전히 자기 것으로 흡수해야만 한다. 우리가 자신을 미워하게 되는 유일한 이유는 외부 세계에 투영된 자신의 모습이 거부당했기 때문이다. 현재 자기 증오에 시달리고 있다면 과거 마땅히 자신을 사랑해주리라 생각한 사람에게 자아의 일부 측면을 거부당하거나 미움을 받았기 때문이다. 게다가 자기 증오가 자신을 향한 외부 세계의 반응 때문이라는 사실을 스스로 깨닫지 못하면 겉으로 드러낼 수도 없는 감정이기 때문에 결국에는 이를 **내면화**하게 된다. 그래서 다른 사람에게 대우받는 대로 자기 자신을 대우하게 된다. 마치 자기 자신에게 타고난 문제가 있어서 벌을 받아야만 하는 것처럼.

증오는 **위장 감정**cover emotion이다. 위장 감정은 깊은 호수 표면을 덮은 얼음과 같다. 깊은 수심을 가린 얼음처럼 위장 감정은 내면에 있는 또 다른 감정을 감추려고 존재한다. 호수 위 얼음이 우리가 물속에 빠지지 않도록 막아주듯, 위장 감정은 우리가 숨기고 있는 감정에 빠지지 않도록 막아준다.

증오 같은 위장 감정은 더 깊은 감정에 빠지는 일을 막고자 존재한다. 위장 감정은 자연스러운 방어기제다. 화는 두려움을 감추려는 위장 감정이고, 절박함은 절망을 감추려는 위장 감정이며, 무기력함은 충격이나 혼란을 감추려는 위장 감정이다. 마침내 진실한 감정을 완전히 드러내게 되면 얼음 아래 감춰져 있던 깊은 물 속으로 가라앉듯이 그 감정의 나락으로 더 깊이 가라앉는 경우가 많다.

그렇다면 마음의 상처를 감추려고 드러내는 위장 감정인 증오를 생각해보자. 어떤 대상을 싫어하는 감정은 '그 대상에게 상처를 받았다'는 뜻이다. 자기 증오나 자기혐오 역시 **자기 자신에게 상처를 받았다**는 뜻이다. 그런데 '어떻게?'라는 질문이 남는다. 현재 자기 증오를 느끼는 이유는 과거 나를 마땅히 사랑해주리라 생각한 주 양육자에게 감정적으로 거부를 당했기 때문이다. 분노는 누군가에게 상처를 받았을 때 내가 할 수 있는 일은 아무것도 없다는 데서 오는 무력함을 가리려는 위장 감정이다. 내면에서 무력감이 커지면 결국 분노가 쌓인다.

자기 증오가 걷잡을 수 없이 심해지면 자해로 이어질 수 있다. 흥미롭게도 자해는 인간의 전유물이 아니다. 포획당한 동물도 자해한다. 이 사실이 우리에게 시사하는 바는 무엇일까? 바로 자해를 하는 사람은 포획당한 듯한 느낌을 받는다는 것이다. 우리에 갇힌 동물과 마찬가지로 자기 손목을 그은 사람들은 하나같이 겉으로 표출할 수 없는 절망, 증오, 분노 같은 부정적인 감정의 감옥 속에 갇혀있다. 그런 감정적 상태를 내면화하고 있다. 사방이 막힌 감옥 안에서 부정적인 감정의 에너지는 **자기 자신을 향할** 수밖에 없다. 그래서 결국 자기 자신에게로 분출되고 만다.

여기서 다루고 싶은 또 다른 주제는 자기 유기self-abandonment다. 앞서 분리를 이야기할 때 언급한 내면적 분열을 다시 떠올려보자. 내면적 분열로 우리 마음속에는 내면적 쌍둥이 성격이 여럿 생겨난다. 우리가 자기 자신을 단일한 인격체, 즉 통합된 존재로 생각한다면 이 자기 유기라는 개념을 이해하기란 정말 힘들다. 어떻게 내가 나를 유기할 수 있단 말인가? 그러나 우리 내면에 다양한 성격이 존재한다고 생각하면 그중 하나가 다른 하나를 완전히 유기한다는 개념을 이해할 수 있다. 이게 곧 자기 유기의 본질이다.

자기 유기에는 수많은 형태가 있지만 여기서 한 가지 예를 들어보자. 당신의 내면에 존재하는 여러 인격 중 하나가 극심한 공포를 느낀다고 상상해보자. 또 다른 인격이 그 공포를 무시하고 제멋대로 행동을 강행하도록 당신을 밀어붙인다. 이것이 자기 유기의 한 형태다. 내면적 인격 가운데 하나가 연약함을 느낀다고 상상해보자. 그러나 연약함은 용납되지 않는다. 당신은 '난 약하지 않아, 난 강해'라는 생각을 자기 자신과 동일시한다. 따라서 연약함이라는 감정을 부인하고 억압하며 겉으로 강인해 보이려고 열심히 운동한다. 외부 세계에서 약한 존재를 보면 그 누구라도 때려눕히거나 창피를 주고 싶어 한다. 그렇게 당신은 자신에게서 연약한 측면을 도려낸다. 그러나 잘라냈다고 생각한 연약한 자아가 잠재의식 깊숙이 억압된 채 남아있다고 상상해보라. 이것이 자기 유기의 한 형태다. 본질적으로 자기 유기란 내면적 인격 가운데 하나 또는 그 이상이 다른 내면적 인격의 필요를 무시하고 돌보지 않는 상태다. 짐작했겠지만 성인으로서의 삶은 끝없는 자기 유기의 연속이다.

어느 개가 남긴 교훈

지금부터 들려드릴 이야기는 개인적으로 꺼내기 쉽지 않은 이야기다. 하지만 수치심과 관련한 아주 중요한 진실과 교훈을 담고 있기에 용기를 내고자 한다. 이십 대 초반에 나는 사랑스러운 살구색 프렌치 불도그 새끼를 입양해 케이풋이라는 이름을 붙여주었다. 나는 아이들과 마찬가지로 개도 가족 구성원이라고 생각하는 가정환경에서 자랐다. 밤이면 개와 한 침대에서 같이 잤고 소파에 함께 앉아 TV를 봤다. 개도 최고의 대우를 받았다. 케이풋도 수년 동안 나와 함께 살면서 이런 대접을 받았다. 케이풋은 내 인생에서 어느 누구보다도 한결같이 내 곁을 지켜준 존재였다.

케이풋은 내 연애의 시작과 끝을 여러 번 목격했고 열일곱 번도 넘는 이사를 함께했다. 나는 케이풋에게 집착했다. 그러나 당시 나는 사람과의 **안정적인 연결**에 목말라 있었고 한 남자와 연애를 시작했다. 그러나 그 사람이 개를 대하는 방식이 우리 집과 정반대인 집에서 자란 탓에 이내 갈등에 부딪혔다. 그 사람은 개가 가구 위로 올라오는 걸 못마땅하게 여겼고 코를 고는 케이풋과 한 침대에서 자는 걸 힘들어했다.

어느 날 밤 유독 케이풋이 코 고는 소리를 못 견뎌 하던 그가 내게 다른 방에 가서 자겠다고 말했다. 나는 버려질지도 모른다는 유기의 공포를 느꼈다. 어린 시절 극단적인 분리 불안을 겪었던 나로서는 유기의 공포를 감당하느냐 아니면 케이풋을 다른 사람과 다른 방에서 자도록 보내느냐 선택의 갈림길에 섰다.

케이풋이야 잠자리가 바뀌면 혼란스럽긴 하겠지만 누군가 옆에만 있어 주면 괜찮겠지라고 자신을 세뇌했다. 그래서 나는 케이풋을 같은 공동체 구성원이었던 그라시엘라에게 데려갔다. 커다란 양심의 가책을 느꼈지만 연인 관계가 깨지고 홀로 남겨질지도 모른다는 공포가 그보다 훨씬 더 컸다. 케이풋은 평소처럼 여전히 나를 졸졸 따라다녔고 내가 집을 비울 때면 낑낑거렸다.

그달 말에 나는 유럽 여행을 가느라 처음으로 삼 주 동안 집을 비웠다. 여행을 마치고 돌아왔을 때 케이풋은 이미 나를 그라시엘라로 대체해버린 상태였다. 이제 케이풋은 그라시엘라를 졸졸 따라다녔고 집에 누가 있든 상관없이 그라시엘라만 집을 나서면 낑낑거렸다. **나는 배신감을 느꼈다.** 처음에 케이풋을 먼저 밀어낸 사람이 바로 나였다는 사실은 외면하고 싶었다. 내가 케이풋을 먼저 배신했고 케이풋이 원할 때 그 자리에 없었기 때문에 케이풋은 다른 사람과 애착을 맺었다.

이듬해 내가 속한 공동체 전체가 코스타리카로 이사했다. 우리가 키우던 가족이나 다름없던 반려동물들도 함께였다. 시시각각 변하는 예측 불가능한 상황 때문에 우리는 공동체를 둘로 나눠 일부는 코스타리카에 영원히 머물고 나를 비롯해 내가 가장 믿고 의지하던 공동체 구성원 몇몇은 여러 나라를 오가며 살기로 했다.

양쪽에서 갈팡질팡하던 공동체 구성원 중에는 그라시엘라도 있었다. 코스타리카 정부는 반려동물을 인간과 평등한 존재로 인식하지 않았기에 반려동물을 데리고 코스타리카 국경을 넘나들기란 거의 불가능에 가까웠다. 게다가 반려동물들에게도 트라우마를 안길 것 같았기에 코스타리카에 영원히 정착하기로 한 공동체 구성원들에게 케이풋을 맡기고 떠나는 것이 최선으로 보였다. 그라시엘라는 자기가 떠나도 누구든 케이풋을 돌봐줄 테니 괜찮을 거라고 생각했다.

그라시엘라가 떠나자 케이풋은 너무나 괴로워했다. 케이풋은 몇 주 동안 아무것도 먹지 않고 울기만 했다. 반복적으로 버림받은 케이풋은 유기 트라우마에 시달렸다. 그런데 그때 독일에서 내 상사가 도착했다. 열렬한 애견인이었던 그는 도착하자마자 케이풋과 애착 관계를 맺었다. 둘은 한 침대에서 잤고 케이풋은 그가 어딜 가나 졸졸 따라다녔다. 케이풋은 다시 안정을 찾은 것처럼 보였다.

그러나 또다시 상황이 변했고 상사는 나와 함께 떠나야 했다. 그가 떠난 다음 날, 케이풋은 울음을 그치질 않았다. 다른 공동체 구성원 몇몇이 케이풋을 위로하려 했지만 케이풋은 제정신이 아니었다. 케이풋은 과호흡 증상을 보이기 시작했다. 샤워실에 틀어박혀 멍하니 벽만 바라보며 식음을 전폐했다. 천둥 번개가 치면 소스라치게 놀라며 무서워했다. 그러던 어느 날 저녁 케이풋이 사라졌다.

공동체 전체가 몇 날 며칠, 몇 주가 지나도록 케이풋을 찾아다녔다. 공동체 거주 지역뿐만 아니라 마을 전체를 샅샅이 뒤졌다. 보상금을 내걸고 여기저기 전단지를 붙였다. 당시 케이풋은 열 살이었다. 케이풋은 평생 단 한 번도 주인이나 집을 떠난 적이 없었다. 케이풋은 내가 그때까지 알던 개 중에 가장 사람에게 의존적인 성격이었다. 그러나 이토록 노력했어도 우리는 케이풋을 찾지 못했다. 케이풋이 살았는지 죽었는지조차 알 길이 없었다. 나는 엄청난 죄책감에 시달렸다. 우리는 모두 케이풋의 실종이라는 비극이 남긴 교훈을 마주할 수밖에 없었다.

사건의 전말은 이러했다. 내가 케이풋을 그라시엘라와 재우기로 했던 날 밤, 나는 나만 케이풋에게 애착을 느끼지 케이풋은 내게 그다지 애착을 느끼고 있지 않다는 생각과 느낌으로 나 자신을 정당화했다. 그라시엘라가 케이풋을 공동체 구성원들에게 맡기고 떠나기로 결정한 날, 그라시엘라는 따지고 보면 자신은 진짜 주인이 아니기 때문에 케이풋이 그다지 애착을 느끼고 있지 않을 거라는 생각과 느낌으로 자신을 정당화했다. 내 상사가 공동체 구성원들에게 케이풋을 맡기고 떠나기로 했던 날, 그는 케이풋은 공동체에 속한 개이므로 자신에게 그다지 애착을 느끼고 있지 않을 거라는 생각과 느낌으로 자신을 정당화했다.

나 자신을 포함해 우리 공동체의 집단적 잠재의식의 그림자 속에는 케이풋이 우리 중 누구에게도 애착을 느끼고 있지 않을 거라는 생각이 깃들어 있었다. 그 결과 누구도 **케이풋이 우리와 맺은** 연결을 제대로 책임지거나 돌볼 수 없게 되었다. 이 모든 비극을 만든 집단적 잠재의식의 그림자는 수치심으로 이어졌다. 그리고 우리가 느꼈던 이 수치심은 우리 모두를 뿔뿔이 흩어놓았다.

수치심이 고립으로 이어지는 과정

수치심이 들 때면 나 자신에게 크나큰 문제가 있는 것 같아서 누군가 또는 무언가와 애착 및 연결 관계를 맺는 것이 불가능한 일처럼 느껴진다. 이런 느낌이 들면 자신의 가치 또는 **유기되지 않을** 권리를 찾아 필사적으로 노력하게 된다. 그러나 자신에게 연결될 가치가 있다고 생각하지 않기 때문에 언제라도 유기될 것만 같은 느낌이 든다. 자신이 타인에게 애착하고 있다는 사실만 인식할 수 있고 타인이 자신에게 애착하고 있다는 사실은 인식하지 못하는 상태가 된다.

그 결과 모든 관계가 불안정하게 느껴진다. 소속감을 느낄 수 있도록 나를 붙잡아 주는 것은 아무것도 없다. 무엇보다도 다른 사람이 내게 애착하고 있지 않다고 생각하므로 그 연결을 유지하려고 노력할 여지도 없다. 대신 정반대로 행동한다. 가령 내가 전화하든 말든 상관없겠지, 내가 가든 말든 상관없겠지, 내가 상대방 입장에서 무엇이 최선인지 생각하든 말든 상관없겠지 하는 식이다. 마음속으로 자기 자신이 타인에게 그 정도의 영향력을 미칠 수 있을 만큼 중요한 사람일 수 있다는 생각조차 할 수 없다. 이런 생각은 자기실현적 예언이 된다.

다른 사람들이 원하는 애착 및 연결의 깊이, 즉 상대방이 당신을 얼마나 원하는지를 인식하지 못하면 필연적으로 상처를 줄 수밖에 없다. 상대방은 당신에게서 '난 널 별로 신경 쓰지 않아'라는 인상을 받기 때문이다. 그러면 결국 당신에게 사랑받지 못한다고 느낀 상대방은 떠날 수밖에 없다. 그 떠나는 뒷모습을 바라보면서 당신은 혼잣말로 중얼거린다. "그거 봐, 아무도 날 사랑하지 않아. 모두가 날 버리고 떠나."

수치심이라는 자기 개념에 사로잡혀 인생을 살다 보면 다른 사람들이 나를 좋아하지 않는다고 믿기 때문에 외로울 수밖에 없다. 다른 사람들이 실제로는 우리에게 깊이 애착하고 연결되어 있으며 우리를 진심으로 원한다는 사실을 인식하지 못하기 때문이다. 우리를 향한 타인의 애착과 연결 욕구를 전혀 깨닫지 못한다. 이 사실을 깨닫기만 해도 고립감은 들지 않을 것이다. 그러나 우리는 깨닫지 못한다.

지구상에서 가장 큰 외로움을 느끼는 부류의 사람은 자살로 생을 마감하거나 자살을 시도한다. 타인에게 자신이 얼마나 가치 있는지를 볼 줄 아는 사람은 자살하지 않는다. 사람들이 자살하는 이유 중 하나는 타인이 자신에게 애착을 느끼고 있다는 사실을 인식하지 못하기 때문이다. 나 하나쯤 없어져도 사람들은 아무렇지 않거나 심지어 더 잘 살지도 모른다는 생각에 세상을 겉돌다가 결국 자살이라는 극단적인 선택에 이른다. 그러나 본인이 느끼는 절망감이 얼마나 깊은지와 상관없이 우리 모두는 타인과 연결되어 있고 연결될 가치가 있는 사람들이다. 궁극적으로 당신이 연결될 가치가 있는 사람이냐 아니냐는 중요하지 않다. 왜냐하면 어차피 사람들은 당신에게 애착하고 있기 때문이다. 우리가 봤을 때 '저 사람은 타인에게 애착 받을 자격이 없는 사람이야'라고 말할 수 있는 사람도 많다. 하지만 우리 생각은 중요하지 않다. 그런 사람조차도 타인과 애착 관계로 연결되어 있기 때문이다. 사람들은 당신과 연결을 맺고 있다. 그렇기 때문에 당신의 행동 또는 하지 않은 행동에 깊은 상처를 입기도 한다.

수치심을 반사하지 말고 받아들여라

수치심을 받아들이는 것이야말로 수치심을 끝낼 수 있는 첫 번째 열쇠다. 수치심을 받아들이는 것의 반대는 **수치심을 반사하는 것이다**. 반사 deflection는 어떤 말이나 행동이 도화선이 되어 상대방이 이를 받아들이는 대신 무시하거나 부인하거나 피해버리는 행위다. 심지어 도로 돌려줄 수도 있다.

보통 유년기에 입은 아물지 않은 상처를 건드리는 말이 도화선이 된다. 깊은 상처를 건드리는 말을 들은 사람은 이를 **반사한다**. 반사 대신 투영이라고 부르기도 한다. 자기 자신의 수치심을 다른 사람에게 투영하는 것이다.

가정 안에서 수치심이 어떻게 투영되는지 살펴보자. 엄마는 아기가 자신에게 부정적 감정을 표출할 때 수치심을 느낄 수 있다. 자신이 나쁜 엄마처럼 느껴지기 때문이다. 그러나 엄마의 자아는 이 수치심을 감당할 수 없다. 아마도 오래된 상처를 건드리기 때문일 가능성이 높다. 그래서 이 엄마는 수치심을 아기에게 반사한다. 엄마는 아기에게 무언가 심각한 문제가 있는 게 틀림없다고 결론짓는다. 또 다른 예는 아내가 바람을 피우는 경우다. 아내는 수치심을 감당할 수 없어서 남편이 자신에게 관심을 충분히 주지 않았기 때문에 바람을 피웠다며 자신의 잘못을 **남편의 잘못**으로 돌려버린다.

수치심을 반사하는 상황은 누군가 선을 넘을 때 가장 흔히 발생한다. 예를 들어 친구가 허락도 없이 무언가를 빌려 가는 바람에 짜증이 난 당신이 친구에게 그런 행동은 용납할 수 없다고 이야기했다고 하자. 그 말에 수치심을 느낀 친구는 당신이 쪼잔하고 이기적이고 형편없는 인간이라고 결론지어버린다.

이제 여기서 한 걸음 더 나아가보자. 이 친구에게 허락도 없이 물건을 빌려 간 행동을 용납할 수 없을뿐더러 애초에 그럴 생각을 했다는 것 자체가 믿기지 않을 정도로 어리석다는 말을 덧붙였다고 하자. 친구는 당신에게 **창피를 당했다**고 생각할 것이다. 이제 친구가 느낀 **수치심**이 당신에게 반사되어 되돌아올 가능성이 백 배 더 높아졌다. 친구는 당신과 완전히 멀어져 친구 사이로 남길 거부할 가능성이 크다. 이때 서로 수치심을 건드렸을 경우 상황은 더욱 복잡해진다. 서로가 서로를 비난하며 자신의 수치심을 상대방에게 반사하기 때문이다.

그러나 자신의 내면에서, 타인과의 관계 속에서, 나아가 세상에서 이 같은 행태를 끝낼 방법이 있다. 조화로운 관계를 맺고 연결을 유지할 방법이 있다. 그 방법은 다름 아닌 **자기 자신의 수치심을 받아들이는 것**이다.

가령 감정적 소통 문제로 연인과 말다툼을 할 때 방어적으로 변하는 남자가 있다고 하자. 이 남자는 관계의 모든 문제가 애정 결핍이 심한 연인 탓이라고 되뇔지도 모른다. 그래서 자기 자신의 수치심을 연인에게 반사해 지금 이 상황이 연인의 잘못인 것처럼 만들어버린다. 그러나 자신을 깊이 들여다본 결과, 남자는 자신이 **감정적으로 소통할 능력**이 없는 사람이며 수치심의 원인 또한 여기에 있다는 사실을 깨닫는다. 이러한 깨달음을 통해 이 남자는 자신의 수치심을 **온전히 받아들이**고 해결을 모색할 수 있게 된다.

지금 사귀는 사람이 있다면 갈등 상황에서 이처럼 자신의 수치심을 '온전히 받아들이기'를 실천해보라. 두 사람 다 잠시 각자 내면을 들여다보면서 지금 이 상황에서 자신이 무엇에 수치심을 느끼는지를 곰곰 곱씹어본 뒤 이를 드러내고 인정하라. 그러나 여기서 주의할 점이 하나 있다. 연인이 먼저 방어적인 태도를 내려놓고 수치심을 **인정**할 때 이를 약점으로 잡아 당신의 수치심을 더 깊이 투영하는 기회로 삼지 말라. 이는 상처에 소금을 문지르는 것만큼이나 폭력적인 행동이다. 막상 자신의 수치심을 인정하려 할 때 가장 큰 두려움은 다른 사람이 이를 이용해 나를 비난할지도 모른다는 생각임을 명심하라.

자기 자신의 수치심을 온전히 자기 것으로 받아들일 때 자기 자신과의 갈등을 끝내고 화합할 능력이 생긴다. 자기 자신의 수치심을 온전히 자기 것으로 받아들일 때 타인과의 갈등을 끝내고 안전하고 사랑이 넘치는 상태에서 서로 연결을 맺을 능력이 생긴다.

거울, 벽에 달린 거울

앞서 언급했듯이 수치심이라는 본능적인 감각은 거울을 **삼킨** 결과다. 우리의 내면적 자기 개념은 단순히 외부 세계, 즉 우리를 대하는 타인의 반응에 투영된 우리 모습일 뿐이다. 이제는 이 거울의 정확성에 의문을 제기해야 할 때다. 과거 또는 현재에 타인이라는 거울 속에 투영된 우리의 모습은 얼마나 정확한가? 어쩌면 거울 자체가 휘어지거나 왜곡되진 않았는가?

여기서 중요한 사실은 우리가 타인에게 반응할 때 그 반응이 타인과는 전혀 무관할 수 있다는 점이다. 예를 들어 업무 스트레스가 큰 직장에 다니면서 퇴근하면 가족들을 돌봐야 하는 엄마가 있다고 하자. 이 엄마는 항상 짜증이 가득 섞인 태도로 자녀들을 대할 가능성이 높다. 그러나 엄마의 이런 태도는 아이들 그 자체와는 전혀 무관하다. 짜증이 나는 이유가 자신의 스트레스 때문이지 아이들과는 아무런 상관이 없다는 사실을 엄마가 **받아들이지** 않을 경우, 그리고 아이들이 이 사실을 분명히 이해할 수 있도록 설명해주지 않을 경우, 아이들은 엄마의 계속되는 부정적인 반응을 내면화하며 성장하게 되고 엄마에게 자신들이 짐이라는 자기 개념을 발전시키게 된다.

엄마라는 거울을 있는 그대로 집어삼켜 자신에게 무슨 문제가 있다고 믿어버리는 것은, 곧 주 양육자가 아이에게 문제를 전가해버렸음을 뜻한다. 주 양육자는 자기 자신의 수치심을 죄 없는 아이에게 **반사해** 모든 것을 아이 탓으로 돌려버린다. 이때 아이가 주 양육자라는 거울에 비친 자신의 모습을 바라볼 때 자기 자신은 모든 부정적인 일에 책임이 있는 존재가 되고 만다.

이렇게 자란 아이가 어른이 되면 모든 것을 개인적인 문제로 받아들이게 된다. 다시 말해 누군가 부정적인 반응을 보일 때마다 혹은 어떤 부정적인 사건이 일어날 때마다 모든 것이 자기 잘못인 것처럼 느낀다. 모든 실수나 잘못된 일에 대한 책임이 자기 자신에게 있는 것처럼 느낀다.

그러면 이제 이 책을 읽고 있는 당신에게도 무언가를 자신의 문제로 받아들였던 상황을 떠올리며 다음과 같이 자문해보길 권한다. 타인의 이면에 그 사람의 모습을 왜곡하는 무언가가 있진 않은가? 나는 그 사람의 왜곡된 모습만을 보고 있지는 않은가? 왜곡을 일으키는 그 무언가에 해당하는 몇 가지 예를 들어보자. 누군가 무례하게 군다면 그 사람이 인생에서 연인과의 결별 등 다른 무언가 때문에 스트레스를 받고 있진 않은지 생각해보라. 누군가 길길이 화를 낸다면 내가 그 사람의 아직 아물지 않은 과거의 상처를 건드리진 않았는지 생각해보라. 누군가 날 걸레 취급한다면 그 사람이 자신의 문란한 성생활을 인정하고 싶지 않기 때문은 아닌지 생각해보라. 누군가 날 돈이 없다고 해서 무가치한 존재로 취급한다면 그 사람이 어린 시절 금전적 성공과 존재의 가치를 동일시하는 아버지 때문에 트라우마를 가지고 있기 때문은 아닌지 생각해보라.

이런 질문을 하다 보면 관점이 한층 넓어지고 또 앞서 '**거울 삼킴**'이라고 표현한, 타인에게 반사 혹은 투영된 자신의 모습을 맹목적으로 받아들이는 일을 막을 수 있다.

네 것과 내 것?

수치심에 시달리고 있다면, 예를 들어 원하든 원치 않든 모든 비난의 화살이 내게 돌아오는 것 같다면 내 책임과 타인의 책임을 분리하는 데 어려움을 겪고 있는 것이다. 그런 분들에게 어떤 갈등 상황이나 부정적인 상황에서 '네 탓과 내 탓'을 구분하는 훈련을 습관화하라고 제안하고 싶다. 만약 대인관계로 인한 갈등 상황이 아니라면 '내 탓과 내 탓이 아닌 것'으로 바꿔서 훈련할 수도 있다.

이 훈련을 시작하려면 종이 한 장을 꺼내서 목록을 적어 넣을 칸을 두 개 만들어라. 한쪽 상단에는 '내 탓'이라고 적고 다른 한쪽 상단에는 '네 탓' 혹은 '내 탓이 아닌 것'이라고 적어라.

이제 눈을 감고 제삼자의 입장에서 눈앞에 놓인 부정적 상황을 들여다봐라. 모든 정황을 속속들이 안다고 가정하고 객관적인 방관자가 되어 상황을 관찰하라. 그러고 나서 상황을 구성하는 요소들이 각각 어느 목록에 속하는지 분류하라.

여기 어느 고객이 남편과 이혼한 이후에 작성한 목록을 예시로 참조하라.

그의 탓

- 그의 부모님은 전형적인 동반 의존 및 나르시시즘에 기반한 부부 사이였고 아들도 같은 방식으로 양육하셨다.
- 그는 당시 철부지였고 결혼할 준비가 되어 있지 않았다.
- 그는 한 여자만 바라보고 정착하길 원하지 않았고 내게도 그렇게 말했다.

- 그는 공감 능력이 떨어졌고 자신이 다른 사람들에게 감정적으로 상처를 주든 말든 개의치 않는다고 말했다. 잔인한 '솔직함'이었다.

- 그는 내가 우울증을 앓고 있다는 사실을 알고서도 결혼을 결심했다…. 결혼 생활에서 내 우울증을 감당하겠다는 의지나 감당해야 한다는 의무감이 없었기 때문이다.

- 그는 나를 돌봐야 한다는 압박감을 이기지 못하고 '바로 포기했고' 이 문제에 대해서 소통을 하려고도 하지 않았으며, 함께 상담을 받으려는 노력조차 기울이지 않았다.

- 그는 남을 깎아내릴 때 기분이 좋아진다. 그는 남에게 창피를 주는 일을 사랑한다.

- 그는 부부 상담을 비롯해 결혼 생활을 유지하려는 노력을 일절 하지 않았다. 바로 이혼 서류를 접수했다.

- 그는 자신이 진지한 관계를 원하지 않았고 남들 보기에 그럴듯한 아내를 원했을 뿐이라는 사실은 인정하지 않고 이혼을 모두 내 탓으로 돌렸다.

- 그는 관계를 망쳐놓고도 자기에게 유리한 대로 해석한다. 예를 들면 이런 식이다. "관계의 주도권을 잡아야 할 사람은 나야. 빠지려면 걔네가 빠져야지." 그는 자기 자신에게서 나쁜 점을 볼 수도 없을뿐더러 보려고도 하지 않는 사람이다.

- 그는 헌신이라곤 모르는 사람이다. 상황이 힘들어지면 바로 도망가버린다.

- 그는 필요를 채워주어야 하는 사람, 그에게 바라는 것이 있는 사람과는 관계를 유지하지 못한다. 그의 말대로 '누군가에게 버팀목이 돼줄 생각 따원 없는' 사람이다. 그는 자신에게 전혀 기대지 않는 독립적인 여성을 원한다. 의존성을 '병'이라고 생각한다.

- 그는 너무 자기중심적인 사람이라 내가 아기를 낳을 때도 오로지 자신에게 닥칠 '수면 부족' 같은 불편함에만 신경을 썼다.

내 탓

- 나는 소속감이 절실했던 나머지 어떤 남자라도 상관없었다. 그래서 좋은 남자를 가려낼 분별력이 없는 상태였다. 마치 너무 굶주린 나머지 상한 음식도 마다하지 않는 상태와 비슷했다. 나는 그를 사랑하지 않았다. 그저 소속감을 느끼고 싶었고 그의 가족이 되고 싶었다.
- 나는 우울증을 앓고 있다. 어떤 남자들에게는 감당하기 힘든 짐이다.
- 나는 만난 지 한 달 만에 그와 결혼했다.
- 나는 임신해야 한다는 강박증에 시달렸다. 항상 임신이 됐는지 안 됐는지에 신경을 곤두세웠다. 그 나이가 되도록 남자친구를 서너 명밖에 만나보지 못했다고 거짓말까지 했다. 그러면 내가 그토록 절실하게 원했던 소속감을 느낄 수 있을 것 같았기 때문이다. 나랑 함께 있던 남자가 그걸 원했는지는 신경 쓰지 않았다.
- 나는 '정상적인 사람들'처럼 대처해나갈 수 없다는 사실에 수치심을 느낀다.
- 나는 당시 치료를 받을 돈이 없었기 때문에 내 배우자가 많은 부담을 느꼈다.
- 나는 그에게 딱히 도와줄 사람이 없으면 내가 집에 있으면서 육아를 전담할 수 있다고 말했다. 그러나 거짓말을 한 셈이 되고 말았다. 나는 내가 혼자서 육아를 감당할 수 없다는 사실, 즉 내 한계를 솔직히 드러내지 못했다.
- 정말로 솔직히 말하면 나는 나를 돌봐줄 수 있는 남자가 필요했다.

수치심의 해독제는 연민이다

연민은 연결의 한 형태다. 연민은 자발적이며 생각과 언어를 넘어선다. 연민이 연결의 한 형태라고 말할 수 있는 이유는 우리가 누군가에게 **동질감**을 느낄 때 생기기 때문이다. 다시 말해 연민은 **공통된** 고통을 경험하는 것이다. 공통된 이해 안에 조화로움이 존재하는 것처럼 공통된 감정 안에도 조화로움이 존재한다. 연민을 느낀다는 것은 곧 타인 또는 타자의 고통을 슬퍼하고 이해하고 걱정하는 것이다. 여기서 연민을 느낄 방법을 알려드리려 한다. **정말** 간단해서 한번 익혀두면 평생 잊어버리지 않을 것이다. 이 책을 읽고 나면 연민이라는 개념이 더는 추상적으로 느껴지지 않을 것이다.

연민은 타자의 고통에 공감할 때 자연스럽게 생긴다. 그러므로 연민을 느끼려면 자기 자신이 타자의 고통에 공감하는지를 신중하게 들여다보아야 한다. 자신이 타자와 어떻게 공감하는지를 들여다보기가 두렵다면 자신에게 '왜? 그 대상과 관련되거나 가깝게 느끼거나 동일시하면 어떤 나쁜 일이 생길 거라고 생각하는 걸까?'라고 물어보라.

다음 단계는 이런 질문을 자신에게 던졌을 때 떠오르는 생각을 관대한 마음으로 극복하고자 노력하는 것이다. 이렇게 하면 이런 두려움을 느끼는 **내면적** 자기가 무엇인지 깨닫게 되어 연민을 품을 수 있다.

따라서 어떤 대상에게 연민을 느끼기가 힘들다면 함께 시간을 보내면서 상대방을 이해하려고 노력하라. 일부러라도 그 **대상과 나 사이에 공통점**을 찾으려 노력하라. 그러고 나서 상대방의 고통에 공감할 방법이 있는지 살펴보라. 내 고통과 상대방의 고통 사이에는 어떤 공통점이 있는가? 상대방의 고통에 동일시할 수 있는가? 자신의 인생을 되돌아보라.

상대방이 지금 느끼는 감정과 비슷한 감정을 경험했던 때가 언제인가? 그 당시 느꼈던 감정과 생각을 떠올리려고 노력하라. 똑같은 종류의 고통을 느끼던 그때를 돌이켜보면 무엇이 가장 필요했는가?

이렇게 신중하게 자신을 분석해보라. 자연스레 연민이 생겨남을 느낄 수 있을 것이다. 상대방과 완전히 다른 분리된 관점이 아니라 공통된 관점에서 생각하다 보면 연민이 생겨날 수밖에 없다.

독자 여러분이 이 연민의 기술을 완전히 이해하시기를 간절히 바란다. 삶의 질이 획기적으로 달라지고 외로움이 덜 느껴지는 체험을 할 수 있기 때문이다. 인류가 개발해야 할 가장 중요한 감정적 능력을 딱 하나만 꼽으라면 나는 주저 없이 연민을 꼽겠다. 솔직히 인류의 생존이 연민에 달려 있다고 해도 과언이 아니다. 우리는 사람들이 자연적으로 연민을 느끼기만을 기다리고 있을 수 없는 시대를 살고 있다. 이제는 의식적으로 연민을 느낄 수 있는 능력을 가르치고 배워야 할 때다. 우리 각자가 내면에서 끊어낸 분열된 자아에 연민을 느끼는 연습부터 시작해야 한다. 그 방법을 지금부터 설명하려 한다.

의미, 자기 파괴 버튼

우리 내부에 존재하는 자기 평가자가 수치심에 반응해 활성화될 때 반드시 알아야 할 점은 우리가 필터를 통해 세상을 바라보고 있다는 사실이다. 그렇다. 우리는 수치심이라는 필터를 통해 자기 자신과 세상 만물을 바라본다. 이 말은 우리가 모든 경험을 실제 의미와 **다르게** 해석한다는 뜻이다. 그래서 항상 '분명 내게 무슨 문제가 있는 거야'라고 결론짓는다.

인류는 수천 년 동안 모든 경험에서 의미를 찾아왔다. 오늘날 이 사실이 시사하는 바는 무엇일까? 바로 우리가 인생에서 어떤 경험을 할 때마다 그 의미를 해석하려 한다는 뜻이다. 경험에서 의미를 찾는 일은 진보된 의식의 한 형태다. 그러나 우리 모두가 너무나 잘 알고 있듯이 모든 진보에는 함정이 숨어있다. 예를 들어 이타심에는 이기심이 숨어있다. 나는 인간을 가리켜 '함정의 종'이라고 부르길 좋아한다. 특정한 형태의 의식이 뛰어나면 꼭 그로 말미암아 몰락하기 때문이다. 의미를 끌어낼 수 있는 능력은 양날의 검이다. 이 능력은 의식의 한 측면을 진화시키고 급속도로 팽창시켜 인간을 다른 종과 구별되는 존재로 만들어주는 동시에 자기 파괴의 원인이 되기도 한다.

우리는 살면서 매일 다양한 경험을 한다. 그중에는 긍정적인 경험도 있고 부정적인 경험도 있을 것이다. 그러나 **경험의 질을 좌우하는 것은 우리가 그 경험에 부여하는 의미다.** 출산 경험이 주는 고통이 산모마다 판이하다는 사실은 이미 잘 알려져 있다. 경험에 부여하는 의미가 사람마다 다르기 때문이다. 두 사람이 같은 사건을 겪더라도 그 의미를 어떻게 해석하느냐에 따라 완전히 다른 경험을 할 수 있다.

이렇게 생각해보자. 지금 계속해서 구토가 나온다고 가정해보자. 그리고 이 경험이 주는 의미를 손을 깨끗이 안 씻어서 치명적인 바이러스에 걸린 것으로 해석했다고 가정해보자. 그러면 이 경험을 몸이 독소를 배출해서 건강한 상태로 되돌아가기 위한 과정으로 해석할 때보다 훨씬 더 괴로울 수밖에 없다.

실제로 일어난 일과 그 의미는 서로 다르다는 사실을 인식하는 것이 중요하다. 세상사 자체에 원래부터 존재하는 의미는 없다. 모든 게 해석일 뿐이다. 해석과 진리를 혼동해선 안 된다. 경험에도 원래부터 존재하는 의미는 없다. 단지 우리는 경험과 여기에 스스로 부여한 의미를 같은 것으로 착각하는 실수를 저지르고 있을 뿐이다. 땅콩버터와 잼을 생각해보라. 땅콩버터는 경험이고 잼은 우리가 경험에 부여한 의미라고 상상해보자. 이 두 가지를 섞어버리면 제3의 물질인 땅콩버터 잼이 원래부터 하나였던 것으로 착각하게 된다. 그러면 우리는 경험의 진실을 볼 수 없게 된다. 진실이 무엇인지에 대한 감각을 되찾고 우리에게 해가 아니라 득이 되는 의미를 선별해내려면 땅콩버터와 잼을 분리하는 법, 즉 경험과 의미를 분리하는 법을 배워야만 한다.

이 이야기가 진지하게 들리지 않는다면 각성하라. 어떤 사건에 자의적으로 의미를 부여했다가 인생 전체를 망가뜨릴 수도 있음을 명심하라. 사례를 하나 들어보자. 세 살짜리 소녀가 아빠에게 함께 인형 놀이를 하자고 말했다. 하지만 아빠는 통화 중이었다. 아빠가 소녀에게 귀찮게 하지 말라고 소리를 질렀다. 이 경험은 소녀에게 트라우마로 남았다. 소녀는 이 일을 자기 나름대로 해석했다. 소녀는 이 사건에 '나는 아빠에게 하찮은 존재야'라는 의미를 부여했다. 반면 아빠는 단지 '나는 지금 바빠'라는 뜻을 전하고자 했을 뿐이다. 같은 사건에 소녀와는 전혀 다른 의미를 부여한 것이다. 그러나 아빠가 자신을 하찮은 존재로 여긴다는 의미를 부여한 순간부터 소녀는 마치 눈에 컬러 렌즈를 낀 것처럼 변한다. 그리하여 아빠와 자기 자신 사이에 일어난 일을 이 렌즈 낀 눈으로 바라보게 된다. 이제부터 진실은 소녀가 자의적으로 부여한 의미에 의해 왜곡되기 시작한다. 이제 평생에 걸쳐 아빠와의 관계에서 기분 상하는 일이 생길 때마다 자기가 제멋대로 부여한 '아빠에게 나는 하찮은 존재야'라는 의미가 자동으로 강화된다.

　이 컬러 렌즈는 소녀가 성장할수록 계속 짙어지다가 결국에는 아무런 빛도 투과할 수 없는 지경이 된다. 실제로 아빠는 딸을 세상 무엇보다 사랑했고 모든 방법을 동원해 그 사랑을 표현했지만 아무런 소용이 없다. 아빠의 모든 행동은 소녀가 세 살 때 스스로 의미를 부여한 이 컬러 렌즈를 통해서만 보이기 때문이다. 아빠는 딸아이가 자신에게 왜 그토록 화를 내는지 이유를 전혀 알 수 없다. 이 사례에서 소녀는 자신이 아빠에게 하찮은 존재인 것처럼 세상 모든 남자에게도 하찮은 존재일 것이라고 믿으며 성장할 가능성이 크다. 그래서 감정적 소통 능력이 떨어지는 남자와 사귀고, 비참함을 감추려고 다양한 중독에 빠지며, 자존감이 이토록 바닥을 치는 이유를 몰라 괴로워하게 될 가능성이 높다. 이 컬러 렌즈 비유는 왜 서로 다른 두 사람이 같은 사건을 두고 이토록 다르게 인지할 수 있는지, 또 그 결과가 얼마나 참담할 수 있는지를 잘 설명해준다.

　여기서 내가 하고 싶은 말은 당신이 어떤 경험에 부여한 고통스러운 의미가 결코 실제 의미는 아니라는 점이다. 우리가 제멋대로 의미를 부여해놓고 이를 이유로 다른 사람을 단죄하거나 회피하는 경우도 많다는 사실을 깨달아야 한다. 삶에서 경험하는 대부분의 고통은 실제 경험 때문이 아니라 그 경험에 자의적으로 부여한 의미 때문이라는 사실을 깨달아야 한다. 타인과 의사소통 과정에서 생기는 오해는 대부분 자의적인 의미 해석을 둘러싼 갈등 때문이라는 사실을 명심해야 한다.

　각자 기억을 더듬어보라. 어떤 기억이 떠오를 때마다 자신에게 이렇게 질문해보라. "그때 내가 부여한 의미는 뭐였지? 그 경험이 주는 의미가 뭐라고 생각했지?" 그때 썼던 '의미 렌즈'를 성인이 될 때까지 벗지 않고 모든 사건을 그 렌즈를 통해 해석했다고 상상해보라. 비로소 이해가 되는 사건이나 인간관계가 있지 않은가? 만약에 어떤 사건에 당신이 부여한 의미가 부정확한 해석이었다면?

오늘부터 당신을 고통스럽게 하는 사건을 맞닥뜨리면 이렇게 자문해보길 권한다. "나는 이 사건에 어떤 의미를 부여하고 있는가?" 그러면 실제로 일어나는 사건과 자신이 해당 경험에 부여한 의미 사이에 어떤 차이점이 있는지를 분별할 수 있다. 이렇게 하다 보면 오해를 바로잡을 기회가 생긴다. 예를 들어 어떤 사람에게 소름 끼치는 생일 선물을 받고 가슴이 철렁했다고 가정해보자. '이 선물의 의미가 뭐라고 생각하는지' 자신에게 물어보라. 아마도 '이 선물을 준 사람은 내가 뭘 좋아하고 원하는지 알아보려 애쓰지도 않았군. 날 소중하게 생각하지 않나 봐'라는 대답이 나올 것이다. 여기서 상대방이 당신을 소중하게 생각하지 않는다고 성급하게 가정하는 대신 스스로 부여한 의미가 맞는지 의심해보거나 아니면 상대방에게 당신이 생각하는 선물의 의미를 솔직하게 털어놓고 실제 의미가 무엇인지 물어보라. 그러면 상대방에게 오해를 바로잡을 기회를 줄 수 있다. 또한 자기 자신도 컬러 렌즈를 벗어던지고 망상에서 벗어날 능력이 생긴다.

실제로 일어난 사건과 주관적으로 해석한 의미를 분리하고, 의미를 마음대로 가져다 붙이지 말고 질문하라. 오래전 썼던 컬러 렌즈를 벗어버려라. 그러면 당신을 둘러싼 세상이 훨씬 선명해질 것이다. 또한 인생에서 경험했던 일들이 실제로는 당신이 나쁘거나 틀렸다는 의미가 아니었음을 깨닫게 될 수도 있다.

사랑받아 마땅한 모습으로 변할 수 없어요
(내면에서 들리는 자기 평가의 목소리)

극심한 외로움에 고통받고 있다면 일종의 '추상적인' 수치심을 경험하고 있는 것이다. 추상적이라고 표현한 이유는 당신이 자신에게서 '잘못된' 점이 무엇인지를 일일이 나열할 수 있다고 하더라도 다른 사람들이 당신을 '원치 않는' 궁극적인 **이유**, 실존적 외로움을 느끼는 이유는 도저히 알아낼 수가 없기 때문이다. 우리는 어떤 이유에서든 무언가를 원하지 않을 때는 밀어낸다. 그러므로 다른 사람들이 당신을 밀어낼 때 그들이 '어떤 이유에서든 날 원하지 않는구나' 짐작하는 것은 당연하다. 자기 개념이 뭉개져 버릴 것만 같은 순간이다. 하지만 더 최악은 이를 자기 개념의 **기초**로 삼는 것이다. 오랫동안 다른 사람들이 자신을 원치 않는 이유를 찾아내 고치려고 노력해왔다. 그러나 **진짜 고통**은 내게 분명히 '무언가' 문제가 있는데 다른 사람들이 날 원할 만큼 충분히 바뀔 수가 없다는 데 있다. 그래서 자신에게 화가 난다. 이대로라면 평생 혼자일 수밖에 없기 때문이다.

사랑받을 수 없는 이유, 그 어떤 문제가 자기 자신에게 있다고 느낄 때 사람들은 종종 '너 자신을 사랑해야 해'라고 말한다. 하지만 이 말이 당신의 귀에는 '너한텐 딱히 사랑스러운 구석이 없어서 아무도 널 사랑하지 않으니까 너라도 너 자신을 사랑해야 해'라는 말로 들리기 때문에 열 배는 더 고통스럽다. 밤이면 혼자 무릎을 끌어안고 웅크리고 앉는다. 잠을 청하고 싶지도 않다.

우리는 타인과 연결되길 원한다. 그러니 자기 자신을 사랑하라는 말 따윈 잊어버렸으면 좋겠다. 그냥 그런 말은 쓰레기통에나 던져버려라.

그리고 걱정하지 말라. 인생에서 타인과 관계를 맺으려면 반드시 통과해야만 하는 잔인한 시험 따위는 없다. 자기 자신을 사랑하는 법을 깨쳐야만 비참한 외로움에서 벗어날 수 있는 건 아니다.

외로움을 지탱하는 기둥인 수치심이 주는 진짜 고통은 당신이 할 수 있는 게 아무것도 없다는 점이다. 자기 자신한테서 잘못된 점을 찾아 다른 사람들이 원하는 모습에 맞춘다 해도 해결될 문제가 아니다. 그래서 단점을 찾아서 고치려는 노력이 절망적으로 변해갈 무렵 자기 평가를 담당하는 내면적 인격이 점차 **자기 학대자**로 변한다.

다시 한번 말하지만 '자기'라는 개념은 한 육체에 깃든 수많은 인격이다. 인생에서 겪는 수많은 고통이 바로 이 내면적 인격 사이의 관계 (혹은 관계의 결핍) 때문에 발생한다. 내면적 인격 사이에 양극화가 심할수록 내면세계는 더욱 고통스러워진다. 양극화가 심할수록 내면적 인격들 사이에 불화가 커지고 서로를 더 강하게 부인하게 된다. 모든 사람 안에는 정해진 기준을 따르도록 통제하는 내면적 인격이 하나씩 있다.

우리는 태어나는 순간부터 한 사회의 일원으로서 주어진 체제 안에서 길러진다. 부모님, 선생님, 권위자에게서 우리는 옳고 그름, 선과 악을 배운다. 이들은 우리가 사회에서 정한 기준에 맞춰 성공할 수 있도록 가르치려 한다. 그래서 우리에게서 잘못된 점을 찾아내 고쳐주려고 애쓴다. 심지어 공교육도 같은 방식으로 설계되어 있다. 학교에서는 수학 성적이 부진한 아이가 있으면 일대일 교육이나 방과 후 학습으로 수학 실력을 향상하는 일에 집중한다. 이러한 유형의 집중적 문제 해결 방식은 서로를 고치는 일에 주력하는 사회를 낳는다. 누군가를 고쳐주고 싶어 하는 마음도 일종의 사랑이다. 사회에서 규정한 선과 옳음의 기준에 도달할 수 있도록 도와주고 그 기준에 도달하지 못했을 때 받을 사회적 불이익을 피할 수 있도록 도와주기 때문이다. 그러나 누군가 당신을 고치려 든다면 사랑받고 있다는 느낌보다 '나한테 무슨 문제가 있나 봐'라는 생각이 먼저 든다. 상대방에게 부정적인 평가를 받는 느낌이 든다.

가정이나 사회에서 타인에게 부정적인 평가를 받을 때 우리는 사람들이 나를 밀어낸다고 느낀다. 이런 느낌이 들면 괴로운 동시에 너무나도 두렵다. 불인정이란 내 생존권을 쥔 사람들이 나를 밀어내거나 처벌하는 것이다. 우리는 타인의 평가에 자신을 맞춰나가면서 적응한다. 즉 타인을 내면화한다. 이런 식으로 우리는 내면에 자신을 감시하는 경찰관을 두고 타인의 부정적인 평가를 회피하고자 한다. 우리가 맞춰 살려고 노력하는 평가 기준은 우리가 성장한 특정 사회집단의 평가 기준을 내면화한 것이다. 뛰어난 성과를 요구하는 사회에서 태어나 자랐다면 이러한 기대와 평가 기준을 내면화한 자아의 일부가 높은 잣대를 들이대며 하는 일마다 스스로 형편없다는 평가를 내릴 것이다. 반면에 겸손함을 요구하는 사회에서 태어나 자랐다면 이러한 기대와 평가를 내면화한 자아의 일부가 자신을 낮추는 일에 집중하고 자신이 조금이라도 특별하다는 생각이 들면 스스로 비난할 것이다.

자기 비난 같은 일정한 패턴에 에너지를 쏟다 보면 그 패턴이 우리 성격 스펙트럼에서 하나의 조각으로 자리 잡는다. 이 조각은 우리 안에서 독립적으로 기능하는 내면적 자기 또는 내면적 인격이 된다. 지역이나 사회에 상관없이 사회화과정을 거친 사람이라면 누구나 내면에 자기 자신을 비난하는 내면적 자기를 품고 살아간다. 이 내면적 자기는 부정적 평론가처럼 행동하며 우리 자신과 우리 인생을 쉴 새 없이 비난한다. 아무리 노력해도 이 내면적 자기의 기준을 만족시키는 삶을 살 수 없다. 아무리 자신을 변화시켜 내면적 자기에게 복종하려고 노력해도 절대 그 비난을 잠재울 수 없다. 반대로 이 내면적 자기를 만족시키려고 노력하면 할수록 비난의 목소리는 더욱 높아진다. 이 내면적 목소리는 내면에서 자기 자신에게 창피를 줌으로써 타인에게 창피를 당하는 일을 사전에 막아주려고 존재한다. 본질적으로 이 내면적 자기는 누구보다 먼저 자기 자신을 비난함으로써 타인이 비난할 기회를 미리 차단한다. 이 내면적 목소리는 사회에서 다른 사람에게 인정받는 사람이 되라고 우리를 필사적으로 다그친다. 이 목소리에 따라 세상을 살아가다 보면 어느덧 수치심이 삶을 지배한다. 이렇게 우리의 삶은 **설정**되고 굳어간다.

가장 슬픈 것은 이 내면적 자기 비난 목소리가 우리 안에서 일어난 적응 활동의 부산물이라는 사실을 다들 깨닫지 못하고 있다는 점이다. 우리는 이 내면적 자기 비난 목소리가 자기 자신이라고 생각한다. 대부분의 사람이 자신에게 무슨 문제가 있는지를 말해주는 내면적 독백을 경험한다. 이 독백이 바로 내면적 목소리다. 서로에게 창피를 주는 일이 당연한 환경에서 자랐다면 이 내면적 목소리는 폭력적으로 변한다. 그러면 내면에 존재하는 감정적 학대자와 함께 인생을 살아가는 셈이다. 우리모두 언젠가는 내면적 자기로 착각해온 **이 내면적 목소리에 대응할** 방법을 찾아야 한다.

누군가 당신을 끔찍한 사람이라 결론짓고 싫어하기로 작정했다면 달리 어찌할 도리가 없다. 그 사람은 당신이 달리기를 하면 수영을 하지 않으므로 실패자라고 비난할 것이다. 수영을 하면 달리기를 하지 않으므로 실패자라고 비난할 것이다. 이 내면적 자기 비난 목소리가 점점 폭력적으로 변하다 보면 어느 순간 내면적 비방꾼이 된다. 당신이 도저히 이길 수 없는 상대가 된다. 모든 것이 비난의 화살이 되어 당신에게로 돌아온다. 비방꾼이 되어버린 이 내면적 목소리는 당신이 누군가가 필요하다고 느끼면 한심한 동반 의존증 환자라며 비난할 것이다. 당신이 독립적으로 행동하면 아무도 널 사랑하지 않으며 넌 그 누구와도 관계를 맺을 능력이 없다며 비난할 것이다. 당신이 화를 내면 정신적 문제가 있다며 비난할 것이다. 당신이 마음먹기에 따라 현실을 바꿀 수 있다는 사실을 깨달을 즈음에 암에 걸렸다면 제 생각 하나 통제를 못 해서 암에 걸린 실패자라며 비난할 것이다. 당신이 어떤 일에 성공하길 원한다면 성공할 수 없는 오만 가지 이유를 들어 결국 실패에 대한 두려움으로 포기하게끔 만들 것이다. 이 내면적 목소리는 당신이 사랑받지 못하는 이유를 줄줄이 읊으며 고치라고 다그치지만, 오히려 당신은 수많은 결점을 고칠 능력이 없다는 생각에 스스로 고립을 선택하고 말 것이다. 이 내면적 목소리는 당신이 학습한 모든 것을 당신을 공격하는 무기로 사용한다.

이 내면적 자기 비방꾼은 사랑이 지나쳐 자녀를 학대하는 부모와 비슷하다. 자녀가 실패하고 상처받고 창피를 당하지 않도록, 그래서 사회에서 성공하고 돈을 많이 벌고 완벽한 인연을 만나고 번듯한 직장을 다니며 존경과 인정을 받는 사람으로 자라도록 키우는 일에 필사적인 부모와 비슷하다. 그러나 이런 부모 밑에서 정작 자녀는 숨이 막힐 정도로 괴롭다. 여기서 눈여겨보아야 할 중요한 사실은 당신을 끊임없이 수치심에 휩싸이게 하는 이 내면적 자기 비난 목소리가 사실은 당신에게서 최선을 끌어내길 원한다는 점이다. 이 분열된 내면적 자기의 동기를 알아야만 나머지 자아와 통합을 이룰 수 있다. 과거에 다른 사람들에게 무슨 말을 들었든지 간에 이 **분열된 내면적 자기는 실제로는 당신의 적대자가 아니**다. 언뜻 적대자처럼 보이지만 사실은 옹호자이다.

이 내면에서 일어나는 상황을 당신에게 유리하도록 반전시킬 방법이 있다. 기분이 좋지 않을 때는 내면적 자기에게 '주파수를 맞추고' 이 목소리에 귀 기울이자. 그리고 그 목소리 이면에 감추어진 연약함에 주목하라. 이 과정은 연기를 보고 불길을 찾는 과정과 비슷하다. 예를 들어 친구들과 저녁을 먹으러 나가서 당신이 어떤 말을 했는데 같은 식탁에 앉아 있던 친구 한 명이 시큰둥한 반응을 보였고 당신이 이를 부정적으로 해석했다고 가정해보자. 그러자 내면적 목소리가 이렇게 꾸짖었다고 하자. "넌 어쩜 이리 한결같이 멍청하니. 그러게 왜 그런 말을 했어? 네가 분위기를 망치는 바람에 다들 지금 이 순간에도 네 욕을 하고 있을지도 몰라."

이 내면의 목소리는 연기일 뿐 그 안을 들여다보면 연약함이라는 불꽃이 숨겨져 있다. 연약함은 '옳은 일을 하고 옳은 말을 하기에는 나 자신이 너무나 무력하게 느껴져. 그리고 행여나 틀린 말을 했다가 사람들이 날 거부할까 봐 두려워'라고 속삭인다. 이 속삭임이 들려오면 이제 몸에서 느껴지는 고통, 그리고 그 이면에 있는 생각과 내면의 목소리를 포착하라. 마치 연기를 감지하는 화재경보기처럼. 당신의 내면에서 자기 비난의 목소리가 터져 나올 때마다 어딘가 불이 났다는 경고로 받아들이면 된다. 마음속 깊은 곳에서 위협과 고통이 감지됐으니 빨리 수습해야 한다는 경고음이 울린 것이니까.

내면적 자기 평가자를 자아의 일부로 바라보자. 거부당할지도 모르는 상황을 즉각 바꿔 달라고 도움을 요청하는 자아의 목소리라 생각하고 경청하자. 그러면 그것이 고통스러운 감정 이면에 숨어 우리를 해치려는 의도가 없다는 사실이 보이기 시작한다. 그저 **우리에게** 도와달라고 비명을 지르고 있을 뿐이다. 그렇다면 우리는 무엇을 해야 하는가? 도와주어야 한다. 직접 불길을 진압해야 한다. 여기서 불길은 쏟아지는 비난 이면에 감춰진 연약함이다. 이렇게 상황을 직시하면 내면적 자기 비판자가 나머지 내면적 인격들을 그토록 비난하게 된 근본적인 원인이 서서히 이해되기 시작한다. 내면적 자기 비판자에게 수치심은 가장 피하고 싶은 감정이다. 그래서 이 내면적 자기 비판자는 우리 내면에 있는 연약한 자아를 들키지 않으려 애쓴다. 일종의 가림막처럼 연약함을 덮으려 한다. 내면적 비판자의 실체를 이해하면 두려움과 수치심에 사로잡힌 연약한 자아를 아이 돌보듯이 섬세하게 돌볼 수 있고 결국 내면적 통합을 이룰 수 있다. 우리는 보통 가리개에 속아서 내면적 비판자는 학대자이며 자기 자신의 적이라 생각하고 접근한다. 이러한 접근 방식으로는 그 밑에 숨겨진, 실제로 사랑과 지원이 필요한 연약한 자아의 측면을 절대 볼 수 없다. 내면적 자기 비판자의 횡포 아래 숨겨진 취약함을 돌보기 시작해야 비로소 그 횡포는 끝이 난다.

예를 하나 들어보자. 가벼운 접촉 사고에 휘말렸다고 가정해보자. 당신은 그 즉시 상대 운전자의 급정거나 부주의 때문에 사고가 났다며 분노한다. 그러나 내면적 자기 비판자에게 가만히 귀를 기울이면 아마도 이런 목소리가 들려올 것이다. "사고를 피할 수도 있었잖아. 제정신이야? 네 꼴 좀 봐라. 돈깨나 나가게 생겼는데 형편없는 직장에 빈털터리 신세라니, 꼴좋다." 내면에서 가해지는 이 정서적 폭력을 연기로 볼 수 있다면 그 아래 있는 연약한 진실을 볼 수 있다. 사실 이런 상황은 버겁다. 자아의 일부만으로 상대하기에는 너무 어렵다. 연약한 진실이란 이런 것이다. "너무 무서웠어. 충격이야. 그게 내 잘못인지 아닌지도 잘 모르겠어. 만약에 내 잘못이면 곤란해지고 고통스러운 결과가 닥칠까 봐 두려워. 지금 당장 뭘 해야 할지 모르겠어." 이 연약함을 인정하는 것만으로도 비판적 자아를 의식 속으로 끄집어내서 위로해주고 지원해줄 수 있다.

여기서 조금 더 나아가고 싶으면 두 눈을 감고 연약함을 느끼는 내면적 인격의 눈으로 봤을 때 어떤 모습이 떠오르는지 자신에게 물어보아라. 가령 구석에서 웅크리고 앉아있는 여섯 살짜리 아이의 모습이 보일 것이다. 그러면 그 아이에게 다가가 꼭 안아주면서 다음과 같은 말로 아이가 지금 느끼고 있을 감정을 인정해줘라. "내가 지금 그렇게 겁에 질려 있는 이유가 완벽하게 이해가 돼. 갑작스레 찾아온 이유 모를 두려움에 혼란스러울 거야. 게다가 곤란한 상황에 빠질지도 모른다는 느낌에 너무 무섭겠지. 지금 당장 무엇을 해야 할지 꼭 알아야 할 필요는 없어." 현재 느끼는 감정을 인정해주는 것이 가장 중요하다. 이 과정에서 우리 마음속 깊은 곳에서 느끼는 연약함을 마주할 수 있다. 그러면 비로소 이 아이를 달래줄 방법, 그 욕구를 채워줄 방법에 집중할 수 있다. 아이가 절대 곤경에 빠지도록 내버려 두지 않겠다고 설명해줘라. 천사나 할아버지나 할머니 같은 든든한 후원자를 언급하거나 어떤 상황이 닥쳐도 아이에게는 피해가 가지 않도록 다 알아서 하겠노라고 아이를 안심시킬 수도 있다. 상황이 덜 비관적으로 느껴지도록 '그런 일이 발생할 경우를 대비해서 괜찮은 보험을 들어 놓았으니까 아무 손해도 없을 거야'라든지 '다른 사람들도 두려운 건 마찬가지야. 사람들이 지금처럼 행동하는 건 다 너랑 똑같은 두려움을 느끼고 있다는 뜻이야'라고 달래줄 수도 있다. 아이의 모습으로 형상화된 이 내면적 인격은 실제로는 당신의 일부다. 따라서 연약함을 회피하고자 비현실적인 기준에 자신을 억지로 '꿰맞추며' 수치심에 빠지는 대신 이 내면의 아이를 위로함으로써 연약한 자아를 직시하고 돌볼 수 있다.

그러면 내면 평가자는 당신의 연약함을 대변해주는 대변인으로 변한다. 그러면 내면 평가자가 목소리를 낼 때마다 우리는 그 목소리에 귀를 기울이며 자신의 연약함과 그 원인이 된 과거의 상처를 인정하고 해결책을 직접 생각해낼 능력을 갖추게 된다. 수치심 속에서 평생을 살지 않아도 된다.

세 가지 자기 알아가기

1부에서는 우리가 보통 자신을 하나의 인격과 하나의 이름을 가진 단일한 존재로 생각하지만, 진실은 상당히 다르다는 사실을 설명했다. 이제 독자 여러분은 우리가 복합적인 인격체, 즉 여러 내면 쌍둥이를 품은 존재라는 사실을 이해했을 것이다.

수치심 속에서 성장한 사람은 내면에서 분열을 겪는다. 내면에서 자기의 일부가 떨어져 나와 수치심을 감당하거나 연약함을 느끼지 않도록 그 사람을 보호한다. 이 개념을 쉽게 이해하려면 우리 내면에는 창피를 당하거나 수치심 때문에 스스로 연약한 존재로 느껴질 때 이 같은 상황에 대응하고자 발전시킨 세 가지 서로 다른 자기가 있다고 상상하면 된다.

1. 우리는 수치심을 느끼는 대상을 내면에서 독립적인 인격체로 형상화해 발전시킨 다음 세상에 내보이는 인격과 분리해서 마음속 깊은 곳에 꽁꽁 감춘다. 이해를 돕기 위해 우리 안에서 수치심을 담당하는 이 인격체를 '수치스러운 자기Shame Self'라고 부르자.
2. 우리는 자신의 연약함을 내면에서 독립적인 인격체로 형상화해 발전시킨다. 이를 '연약한 자기Vulnerable Self'라고 부르자.
3. 마지막으로 우리는 바깥세상으로부터 자신의 연약함을 보호해주는 대상을 독립적인 인격체로 형상화해 발전시킨다. 이를 '보호자 자기Protector Self'라고 부르자.

이런 식의 사고에 익숙하지 않은 독자분들을 위해 내 인생에서 우러나온 개인적인 사례를 들어 각 개념을 설명하고자 한다. 나를 괴롭혔던 수치스러운 자기부터 시작하자.

나는 1960년대 페미니스트 운동에 앞장선 어머니 밑에서 자랐다. 어렸을 때부터 여성의 성적 대상화를 목격하며 자란 어머니는 이를 격렬히 반대했다. 내가 사춘기에 접어들어 여성성이 발현될 무렵 어머니는 화장하고 하이힐을 신고 섹시한 옷을 입은 채 남자애들과 시시덕거리는 나를 보고 본능적으로 부정적인 반응을 보이셨다. 어머니는 나를 혐오스러운 눈길로 바라보면서, 내가 어머니를 비롯해 그 시대 여성들이 힘들게 쟁취한 모든 것을 파괴하고 있다며 가시 돋친 말을 쏟아냈다.

어머니에게 아무리 모욕을 당해도 내 행동은 바뀌지 않았다. 나는 성적으로 보수적인 사람이 되고 싶은 마음이 전혀 없었다. 그러나 마음속 깊은 곳에서는 나 자신이 **성적인 존재**라는 사실이 너무나도 수치스러웠다.

게다가 내가 사는 동네는 보수적인 모르몬교도가 모여 사는 마을이었다. 마을 사람들은 나를 걸레 취급했다. 나는 비록 성생활을 숨기진 않았지만 내 안에 있는 수치스러운 자기가 **사이렌**의 형상으로 변한 사실을 알아차렸다. 내 마음의 눈으로 보면 사이렌은 돌섬에 나체로 누워있는, 고전적인 아프로디테를 닮은 아름다운 여인이었다. 그러나 사이렌은 절망에 빠져 있었다. 바위에 몸이 묶여 옴짝달싹할 수 없는 데다가 주변이 온통 남자의 해골로 뒤덮여 있었기 때문이다.

내 마음의 눈으로 보기에 사이렌은 결혼, 사랑, 안정적이고 영속적인 연결에 굶주려 있었다. 하지만 사이렌의 아름다움에 이끌려 남자들이 해변으로 접근해올 때마다 그녀의 의지와는 상관없이 눈에서 레이저 빔이 나와 남자들을 쓰러뜨렸다. 사이렌은 움직일 수 없는 신세였기에 자신의 아름다움을 숨길 수도 없었다. 따라서 끊임없이 남자들이 꼬이고 죽어나가는 것은 사이렌의 힘으로는 어찌할 수 없는 숙명이었다. 이 사실에 사이렌은 무력함을 느꼈다.

내 안에 존재하는 이 내면 쌍둥이 인격을 처음 봤을 때 나는 엉거주춤 뒷걸음질 쳤다. 사이렌이 악한 존재라고 생각했다. 그녀가 마음속에 품고 있던 절망감, 그리고 그녀가 남자들이 죽어 나가길 원치 않는다는 사실을 알고 나서야 비로소 그녀가 할 수 있는 일이 아무것도 없다는 사실을 깨달았다. 나는 내 성생활이 수치스러운 내면 쌍둥이의 진정한 뿌리라는 사실을 깨달았다.

사이렌을 만나고 나서 나는 내 성적인 매력은 숨길 수가 없었던 것임을 깨달았다. 그러나 나는 성적인 매력이 다른 사람들에게 해롭고 위험하다는 믿음을 강요받으며 자랐다. 성적인 매력은 곧 악이었다. 이 **나쁘다고** 혹은 **틀렸다고** 손가락질받은 내 일부는 내면에서 분열을 거쳐 사이렌의 모습으로 떨어져나와 하나의 수치스러운 자기가 됐다.

요약하자면 나는 명상으로 나의 내면을 여행했다. 사이렌을 바위에서 풀어주고 눈에서 레이저 빔이 나오지 않게 하는 묘약을 입안에 흘려 넣어주는 상상을 했다. 나는 사이렌을 작은 배에 태워 돌섬 밖으로 데리고 나와 도시로 데려갔다. 거기서 나는 사이렌의 영혼의 단짝이 되어 평생 소중히 아껴줄 남자를 찾아 그녀를 부탁했다.

이 세 가지 자기는 분열된 내면적 인격 가운데서도 우리가 통합을 가장 꺼리는 부분이다. 우리는 이 세 가지 자기를 불인정하고 거부한다. 이 세 가지 자기가 우리 안에서 고쳐지거나 달라지거나 멀리 가거나 아예 사라지길 원한다. 그러나 이런 태도는 우리 존재 안에서 수치심을 강화할 뿐이다.

다른 내면적 수치심 쌍둥이가 생겨나는 과정

내 경우에는 순진무구한 사춘기 소녀로 형상화된 연약한 자기(릴리라고 하자)를 나의 내면에서 키워갔다. 릴리는 용기를 내서 연한 눈 화장을 하고 립스틱을 발랐다가 크게 창피를 당한 이후에 내 안에서 자라난 인격이다. 릴리는 창백한 얼굴에 잔뜩 주눅 든 태도로 포대 자루 같은 갈색 긴소매 원피스를 바닥에 질질 끌고 다니는 조그만 소녀의 모습이었다.

릴리는 고작 어린아이일 뿐이었는데도 창피를 무릅쓰고 관심을 끄는 화장과 옷차림을 시도했다. 내가 느끼는 구체적인 수치심이 사이렌으로 형상화된 반면, 내가 성생활과 관련하여 느끼는 무기력한 연약함은 릴리라는 어린 소녀로 형상화된 것이다.

보호자 자기는 연약한 자기와 수치스러운 자기를 보호하려고 발달한 내면적 쌍둥이 인격이다. 내 경우를 예로 들면 내 보호자 자기는 외부 세계로부터 릴리(내 연약한 자기)와 사이렌(내 수치스러운 자기)을 보호한다. 이 보호자 자기를 시커라고 부르겠다. 내면적 쌍둥이는 무엇에도 굴하지 않는 굳건한 성격을 가진 등장인물, 즉 시커가 필요했다. 시커는 다른 두 자기의 수치심을 적절히 숨겨줄 수 있는 제3의 자기이다. 이 내면적 쌍둥이는 어렸을 때 본 〈전사 제나 공주〉와 닮아 있었다. 수치스러운 자기와 연약한 자기는 여성적이고 내가 속으로 수치스러워하는 성생활과 맞닿아 있었던 반면 이 보호자 자기는 남성적이고 성적인 매력과는 거리가 멀었다.

어릴 적 나를 알던 사람들은 보호자 역할을 하는 내면적 쌍둥이가 실생활에서 튀어나오는 모습을 목격했을지도 모른다. 이 전사 유형의 인격이 내 행동을 진두지휘하는 모습을 말이다. 내가 거칠고 남성적으로 반응하고, 전투화를 신고, 머리를 짧게 자르고, 소녀같이 행동하기를 거부하던 때가 그때였을 것이다.

수치심을 당한 트라우마로 내면에서 분열이 일어나면 이처럼 세 가지 내면적 쌍둥이가 탄생한다. 이 내면적 쌍둥이들은 저마다 다른 목적을 가지고 있으며 항상 서로에게 또는 전체에게 유익한 방향으로 작동하진 않는다.

그러나 다행히도 이 세 가지 유형의 내면적 쌍둥이 모두 저마다 장점도 있기 때문에 다음과 같은 활동을 통해 이들의 존재 목적을 바꾸면 내면의 혼란을 잠재우는 데 도움이 될 것이다.

더는 필요하지 않은 인격의 존재 목적을 바꾸는 방법

유년기에 발달시킨 '수치스러운 자기'가 지금의 나에게는 소용이 없다는 판단이 들 때 비로소 정답과 해결책을 찾을 수 있다.

먼저 당신의 내면으로 들어가 언제 기분이 나쁜지 혹은 언제 자기 자신이 수치스러워 견딜 수 없는지 살펴보고 그런 기분을 느끼는 내면적 인격을 찾아 직접 물어보아라. 마음속에 어떤 이미지가 떠오르든지 자연스럽게 떠오르도록 놓아두었다가 연민 어린 마음으로 당신의 수치스러운 자기를 대면하라. 이 수치스러운 자기를 완벽히 이해하고 싶다는 마음을 표현하며 이 또한 당신의 소중한 일부임을 받아들여라.

여기 이 단계별 절차가 도움이 될 것이다.

1. 우리 안에서 발달했을지도 모르는 수치스러운 자기, 연약한 자기, 보호자 자기 이면에 숨겨진 연약함과 과거에 받은 상처를 찾아내서 인정한다.
2. 우리 안에 있는 이 연약한 측면을 돌볼 전략, 즉 공감하며 이해해주고 그 욕구를 충족시켜줄 수 있는 전략을 직접 구상한다.
3. 이 세 가지 자기(또는 내면적 쌍둥이)가 가지고 있는 고유한 욕구와 재능에 착안해 각각의 존재 목적을 다시 설정한다. 그런 뒤에 우리가 이 세 가지 자기를 **원하고 필요로 한다**는 사실을 이해한다. 우리의 목표는 우리 내면에 있는 모든 인격이 서로 연결을 맺고 소속감을 느끼도록 해주는 것이다. 우리 안에 있는 내면적 인격들에 서로의 존재를 일깨워주면 연결과 통합이 자연스럽게 이루어질 것이다.

이 세 가지 단계별 절차를 나는 다음과 같이 적용했다. 먼저 내 내면적 쌍둥이 가운데 릴리라는 이름을 가진 연약한 자기에게 충족돼야 할 고유한 욕구와 인정받아야 할 특유의 재능이 있다는 사실을 깨달았다. 릴리는 예쁜 외모와 예쁜 옷을 입고 외모를 꾸미고 싶은 욕구가 그대로 받아들여지길 원했다. 나는 릴리가 뛰어난 스타일과 패션 감각을 지녔지만 이를 표현하지 못하도록 억압받았다는 사실을 발견했다. 하지만 이제 나도 성인이 되었으니 릴리에게 이 정당한 욕구와 타고난 재능을 표현하도록 허락해줄 수 있게 됐다. 나는 오랫동안 잊고 살았던 내 일부를 기꺼이 포용했다.

내 또 다른 내면적 인격인 사이렌은 앞서 말했던 것처럼 명상을 통해 치유했다. 머릿속으로 바위에 묶인 사이렌을 풀어주고 눈에서 레이저 빔이 나오지 않게 해 주는 묘약을 먹이는 모습을 상상했다. 사이렌은 내 관능미가 구체화한 내면적 인격으로 그 욕구와 재능이 오랜 세월 깊숙이 묻혀있었다. 사이렌은 절망적으로 사랑을 갈구하고 있었다.

나는 사이렌의 강렬하고 창조적인 관능미를 이용해 실제 삶에서 내 여성성을 표현하는 수단으로 아름답고 화려한 옷을 만들어서 사이렌의 욕구를 충족시켜주었다. 사이렌의 재능을 다른 목적으로 사용하기 시작하자 내가 만든 옷에도 더 아름다운 여성적인 에너지가 깃들기 시작했다. 나는 마음속으로 사이렌을 돌섬에서 구출해서 그녀를 완벽하게 보살펴줄, 그리고 사랑받고자 하는 욕구를 충족시켜줄 영혼의 단짝에게 데려가는 모습을 상상했다.

보호자 자기인 시커는 강인하고 주관이 뚜렷했다. 그래서 다른 사람들에게 주관을 잘 표현할 수 있는 더 강인한 사람이 되고자 이 내면적 인격은 그대로 유지하면서 다만 목적만 바꿨다. 시커에게는 평화롭고 안전한 환경을 유지하는 일이 필수였다. 그래서 나는 시커에게 내 주변 사람 중에 내게서 가장 좋은 모습을 끌어내길 바라지 않거나 내 겉모습에만 관심 있는 사람은 누구인지 분별하는 책임을 맡겼다. 그렇게 하니까 내가 인생을 살면서 마주하고 싶지 않은 위험들을 제거해 나갈 수 있었다. 이전처럼 나를 너무 걱정하거나 보호할 필요가 없어지자 시커는 지나치게 남자답게 행동할 필요가 없다고 나에게 일러주었다.

이런 식으로 나는 내면적 쌍둥이들 각자에게서 최선의 모습을 끌어내고 그 재능을 다른 목적으로 사용할 수 있도록 도와주었다. 내면적 쌍둥이들 각각의 욕구를 이해하고 그 욕구를 충족해주는 일을 실행에 옮겼다. 또한 내면적 쌍둥이들에게 서로의 존재를 일깨워주었고 예전 같은 극단적인 행동이 다른 내면적 쌍둥이들이나 나 자신에게 도움이 되지 않는다는 사실을 깨닫게 해주었다.

내면적 쌍둥이들에게 큰 그림을 한 번 보여주고 개별적 욕구를 충족해주고 나니 서로 자연스럽게 조화를 이루며 연결을 맺었다. 내 마음은 훨씬 평화로워졌고 내 인생은 훨씬 나아졌다. 이 단계를 따라서 실행하면 누구나 나와 같은 경험을 할 수 있다. 우리 마음속에 내면적 쌍둥이들이 몇 명이 있을지라도 누구나 이런 식으로 모두 통합해서 조화를 이뤄낼 수 있다.

수치심과 범죄

이 우주 안에 진정으로 사악한 행동이란 존재하지 않는다. 모든 행동에는 이유가 있고 그 이유는 딱 하나다. 그 행동을 하면 기분이 나아진다는 믿음 때문이다. 개인적인 고통을 덜고자 하는 욕망이 모든 살인, 마약, 강도, 다툼, 강박적 소비의 원인이다. 기분이 나아지고자 하는 욕망이 원래부터 악한 건 아니다. 이러한 행동을 저지르는 이유는 그 순간에는 당장 기분이 나아질 더 효과적인 방법을 알지 못하기 때문이다. 자기 자신의 연약한 부분을 직접 살피는 대신 당장 벗어나려고만 하기 때문이다.

그렇다. 모든 범죄는 범죄자가 자신의 연약함을 직접 돌보는 대신 피하려고만 하므로 일어난다. 예를 들어 아내가 바람을 피우자 남편이 질투심에 불타 아내를 살해했다고 하자. 이때 질투심은 스스로 가치가 없다고 느끼는 연약한 감정이다. 남편은 자신의 연약함이 너무 고통스러워서 그만 벗어나길 원했다. 자기 자신의 연약함을 인정하고 직접 대면하고 질투심을 가라앉힐 수 있는 전략을 찾는 대신 단순히 이 연약함을 유발한 요인을 인생에서 제거하고자 아내를 살해했다. 이런 사람들은 우리 같은 보통 사람들과는 달리 어린 시절에 발달한 복잡한 내면적 쌍둥이 인격을 폭력적으로 또는 반사회적으로 분출해 결국 처벌을 받게 된다.

범죄자를 처벌할 때 우리가 간과하는 사실은 보호자 내면적 쌍둥이뿐만 아니라 연약한 내면적 쌍둥이와 수치스러운 내면적 쌍둥이도 함께 처벌받는다는 점이다. 그러면 수치심을 강화하는 결과를 낳을 뿐이다. 이 세 내면적 쌍둥이가 동시에 사회에서 분리되고 고립되면 애초에 범행을 저지르게 된 원인인 억압된 연약함이 오히려 더욱 강화된다.

우리에겐 이 같은 고통의 악순환을 끝낼 기회가 있다. 자신의 모습 중에 수치스럽게 느끼는 측면일수록 밀어낼 것이 아니라 소속감을 느끼도록 가까이 끌어안아야 한다. 그러면 수치스럽게 느꼈던 측면들이 지닌 고유한 특성을 이용해 자신의 나머지 측면에 유익을 가져다줄 수 있다. 그렇게 수치심을 끝낼 수 있다.

수감자와 중독자를 비롯해 누구든 수치심에 허덕이는 사람들을 도와 완전한 치유와 내면적 욕구의 충족과 더 나은 삶을 살 기회를 제공하려면 앞서 설명한 쓸모가 없어진 내면적 인격의 존재 목적을 바꾸는 3단계 절차를 적용할 수 있고 또 적용해야 한다.

고양 훈련

누구나 살면서 감정을 억눌러야 할 때가 있다. 억눌린 감정은 성격뿐만 아니라 정체성을 구성하는 일부가 된다. 우리는 억눌린 감정을 **자기 자신**으로 인식하기 시작한다. 어떤 측면이든 자기 자신을 거부하는 것은 곧 감정적 재앙을 초래한다. 자기 자신을 거부하는 것은 곧 자기 증오다. 긍정적인 측면을 거부하느냐 부정적인 측면을 거부하느냐에 관계없이 자기 거부는 자기 증오이자 자기 파괴다.

그렇다면 해결책은 무엇인가? 바로 **고양**高揚이다. 고양은 고대 연금술에서 유래했다. 간단히 설명하자면 고양이란 어떤 대상을 그 대상이 도달할 수 있는 가장 고귀한 영적 상태로 변환하는 것이다. 예를 들어 연금술사들은 금속을 고양하면 금이 된다고 믿었다. 지금보다 더 나은 삶을 살려면, 다시 말해 자신의 부정적인 성격 특성 때문에 계속 불행함을 느끼는 삶을 살지 않으려면 우선 내면에서 자신의 마음에 들지 않는 성격 특성을 인식해야 한다. 그다음으로는 그 특성을 똑바로 마주하고 인정할 방법을 찾아 자신의 일부로 받아들여야 한다. 마지막으로 그 특성을 증폭시켜 가장 고양된 형태로 바꿀 방법을 찾아야 한다.

고양의 예를 살펴보자. 당신이 유년기에 사랑을 받지 못했고 사랑을 받으려 할 때마다 벌을 받았다고 가정해보자. 당신은 마음속으로 분노와 무력함을 억누른다. 수년 동안 쌓인 이 분노와 무력함은 당신의 성격을 이루는 일부가 되고 특정 행동이 습관화된다. 그중에서도 특히 **에너지 뱀파이어** 같은 행동이 발달한다. 부탁만 해서는 들어주지 않을 거라 믿기 때문에 다른 사람들을 교묘히 조종해서 필요한 에너지를 충족받는다.

시간이 흐르면 이러한 성격 특성은 당신과 떼려야 뗄 수 없어져 성격 그 자체가 된다. 그러면 이제 이 특성을 극복하거나 제거하는 일이 어려워진다. 이제 유일한 방법은 이 부정적인 성격 특성을 다른 긍정적인 특성으로 바꾸는 것뿐이다.

부정적인 성격 특성을 긍정적인 성격 특성으로 바꾸는 방법을 알아보자. 당신이 **에너지 뱀파이어**라면 에너지, 즉 기氣를 교묘하게 조종하는 일의 달인이라는 뜻이기도 하다. 방향만 살짝 바꾸면 훌륭한 에너지 치료사 또는 기 치료사가 될 수 있다. 어쨌든 당신에게는 이미 몸 안에서 의식적으로 부정적인 에너지를 끌어내 변환할 수 있는 능력이 있다. 이 능력을 다른 사람들을 위해서도 쓸 수 있다. 지금처럼 다른 사람의 몸에서 생명력을 훔치는 대신 병이나 조화롭지 않은 에너지를 제거해줄 수 있다. 에너지를 조종해 사람들을 치유할 수 있다.

아니면 다른 접근법도 있다. 수년 동안 **에너지 뱀파이어**로 살아왔다면 당신은 정신적 체스 게임, 즉 심리전에 능할 것이다. 이 능력의 가장 고귀한 형태 또는 '고양된 형태'는 심리전으로 다른 사람을 유익하게 하는 것이다. 당신은 뛰어난 상담가나 심리학자가 될 자질을 갖추었다. 다른 사람의 심리를 훤히 꿰뚫고 그들 자신도 인지하지 못하는 자아의 측면을 볼 수 있게 도와줄 능력이 있다.

당신이 지닌 문제는 앞서 얘기한 방식으로 접근하기에는 성격이 또 다를 수 있다. 그렇다면 어떻게 변화가 필요한 부분을 변화시킬 수 있을까? 먼저 자기 자신을 묘사하는 데서 시작하라. 당신이 가진 문제는 무엇인가? 당신이 지닌 성격 가운데 부정적인 특성은 무엇이라고 생각하는가? 마음에 들지 않는 자신의 성격 특성을 솔직하게 들여다보라. 그러고 나서 이 부정적인 성격 특성을 가장 고귀한 목적으로 사용할 최선의 방법이 무엇인지 진지하게 생각해보아라. 즉 이 부정적인 성격 특성이 긍정적으로 가장 승격된 형태는 무엇인가?

예를 들어 내가 지금 불안감에 시달리고 있다고 가정해보자. 불안감의 승격된 형태는 주변 에너지의 움직임을 예민하게 감지하는 것이다. 이 능력을 활용하면 유능한 인테리어 디자이너가 될 수도 있다. 방 주변에 흐르는 에너지를 느낄 수 있기 때문이다. 물건의 배치와 색깔이 감정에 미치는 영향을 예민하게 알아차릴 수 있으므로 사람들이 집에 돌아왔을 때 어떤 기분을 느끼기를 원하는지 정확하게 알고 집을 꾸며줄 수 있을 것이다.

아니면 내가 골목대장이라고 가정해보자. 골목대장은 약자를 몰아붙인다. 골목대장의 승격된 형태는 사람들을 몰아붙여 최선을 끌어내는 것이다. 이 위압적인 에너지를 포용해서 다른 사람에게 유익한 방향으로 사용할 수 있다. 가령 누군가에게 강력한 격려가 필요한 상황에서 이런 능력이 유용하게 쓰일 수 있다. 골목대장 유형의 사람들은 사회 안에서 지배력을 구축한다. 이 지배력이 고양된 형태가 리더십이다. 나는 내 안에 있는 리더십을 포용해 길을 잃은 사람들에게 방향을 제시해주는 역할을 맡을 수 있다. 뛰어난 추진력으로 쉽게 사람들을 모아 협력 체제를 구축할 수 있다.

자기 긍정적 관점

매 순간 우리는 갈림길에 서 있다. 매 순간 자신을 자기 패배적 관점에서 볼 것인지 아니면 자기 긍정적 관점에서 볼 것인지를 선택할 수 있다. 수치심에서 벗어나고 싶다면 자기 긍정적 관점을 선택할수록 유리하다. 처음에는 귀찮게 느껴질 수 있다.

스스로 부인하는 자신의 모습 찾기

종이 한 장을 꺼내서 가족을 비롯해 유년기에 당신의 인생에 큰 영향을 미쳤던 사람들의 이름을 써라. 그리고 이름마다 그 밑에 그 사람에게 듣고 수치심을 느꼈던 비난이나 모욕을 써라. 어떤 비난이 **옳지 않다**는 확신과 함께 방어적이고 불쾌한 기분이 든다면 당신이 그 비난에 저항심을 느끼고 있다는 뜻이다. 다시 말해 어쩌면 그 비난이 옳을지도 모른다는 불안감을 감추고 있다는 뜻이다. 유년기에 들었던 어떤 비난에 유난히 감정적인 반응이 나온다면 지금까지도 그때 비난의 대상이 됐던 자신의 특성을 부인하고 있다는 증거다. 이런 특성을 찾아내 승격시켜 긍정적인 특성으로 바꿔야 한다.

　또 다른 방법은 종이를 한 장 더 꺼내서 평소에 글씨를 쓸 때 사용하는 손과 반대되는 손으로 당신의 내면에 있는 평가자 인격이 평소에 틀렸거나 나쁘거나 기준에 미달한다고 생각하는 자신의 모습을 생각나는 대로 써 내려가게 두는 것이다. 평소에 쓰지 않는 손으로 삐뚤빼뚤 글씨를 써 내려가는 과정에서는 의식이 개입하기가 힘들다. 따라서 무의식중에 자신의 어떤 모습을 부인하고 있었는지 진실이 드러나기가 쉬워진다.

자기 긍정적 관점은 그냥 긍정과는 다르다는 사실을 명심하라. 일반적으로 긍정은 가리개다. 긍정은 국소마취제처럼 일시적이라서 고통의 근본 원인을 치유할 수는 없다. 오히려 긍정은 내부 분열을 악화시킨다. 흔히 '난 나 자신을 있는 그대로 사랑하고 인정해'라는 말은 스스로 설정한 일종의 기준이다. 우리가 받아들일 새로운 기대 또는 현실을 하나로만 한정하는 것이다. 따라서 우리 내면에서 사랑받지 못한다고 느끼는 내면적 인격은 나머지 인격들을 향한 잠재적 증오를 키운다. 거부당하고 침묵을 강요받고 설 자리를 잃고 잠재의식 속 깊숙이 억압받고 있다고 느낀다. 도달할 수 없는 기준에 얽매여 진정한 도움을 받을 기회를 박탈당한 것처럼 느낀다.

내가 여기서 제안하는 것은 피상적이거나 부인否認에 기반한 접근법이 아니다. 상황, 인물 특성, 사건, 유형 등 인생의 모든 요소를 자기 긍정적 관점과 자기 패배적 관점이라는 두 가지 관점에서 바라보자고 이야기하는 것이다. 둘 중에 어느 관점이 더 진실하다고 말할 수는 없다. 다만 둘 중 하나는 연민이 완전히 결여된 관점이라 내면적 분리를 부추기고 우리에게 통합이나 긍정적인 발전을 이룰 기회를 허락하지 않을 뿐이다.

예를 들어 내가 학대를 당했다면 성관계 중에 쾌락을 느끼지 못하거나 고통을 잊으려는 수단으로 담배에 중독될 수도 있다. 자기 부정적이고 자기 패배적인 관점에서 자신을 바라보며 이렇게 생각할 수도 있다. '나는 끝났어. 평생 성관계에서 쾌락을 느끼지 못할 거야. 그러면 아무도 나와 함께하길 원하지 않겠지. 이제 난 아무짝에도 쓸모없는 중독자야. 평생 중독에서 헤어나오지 못할 거야.' 이런 관점이 자기 패배적 관점이다. 우리는 이 자기 패배적 관점에 익숙해진 나의 내면적 인격에 진정으로 연민을 느끼는 연습을 해야 한다. 또 하나 해야 할 일은 반대편에 있는 내면적 자기가 목소리를 내도록 허락해주는 일이다. 이게 훨씬 어렵다. 우리가 수치심을 느낄 때 자기 패배적 관점을 지닌 내면적 인격을 돌보지 않는 한 이 반대편에 있는 내면적 인격에는 접근조차 할 수 없다. 우리가 접근해야 하는 이 내면적 인격이 지닌 관점이 바로 자기 긍정적 관점이다.

같은 예시를 들어 설명하자면 이 자기 긍정적 관점을 지닌 내면적 인격은 같은 상황을 다음과 같이 달리 바라본다. 나는 학대를 당한 경험 때문에 건강한 성관계가 무엇인지 알 수 없는 사람이 됐다. 대부분의 사람은 이 인과 관계를 제대로 파악하지 못한다. 그냥 성관계를 맺을 뿐 그 자체를 깊이 생각하지 않는다. 어쩌면 나는 이 사실을 알기에 그 누구보다 더 나은 성관계를 맺을 수 있는 것일지도 모른다. 더불어 나에겐 담배가 있었기에, 담배를 피우면 고통을 잊을 수 있기에 나는 계속 살아갈 수 있다. 병원에 입원한 사람들에겐 때때로 모르핀이 필요하다. 그래야만 살아갈 수 있고 결국에는 완치될 수 있기 때문이다. 나는 교통사고로 뼈가 산산 조각난 사람이 모르핀 없이 고통 속에 울부짖길 원치 않는다. 차츰차츰 줄여나가겠지만 담배가 더는 필요 없다고 느끼는 날이 올 때까진 조금씩 피우면서 위안을 얻는 것도 나쁘지 않을 것 같다.

상반된 두 가지 관점을 훈련할 때 나는 여러분이 이 자기 긍정적 관점을 자기 패배적 관점이 틀렸음을 입증하는 수단으로 사용하지 않길 바란다. 그저 두 가지 관점에서 바라보는 연습을 하는 수단으로만 생각하셨으면 좋겠다. 이 훈련은 깜깜한 방에 빛을 비추는 것과 비슷하다. 수치심에 고통받는 사람들은 보통 빛이 들어오지 못하도록 문을 꼭꼭 걸어 닫는다. 문을 열어도 빛과 어둠이 뒤섞여 통합되도록 내버려 두는 대신 어둠을 제거하려고 한다.

자존감 상자 만들기

수치심에 시달리고 있다면 상자나 궤짝을 하나 준비해서 기분이 좋아지는 물건들로만 가득 채우길 추천한다. 상자나 궤짝은 반드시 마음에 꼭 드는 것으로 준비하라. 존경해 마지않는 분께 선물을 드릴 때 허름한 상자에 포장해서 드리지 않는 것처럼 자기 자신도 똑같이 대접해줘라. 이 상자를 대외적인 성취와 내면적인 성취를 기념하는 물건들로 채워 넣어라. 트로피, 메달, 학위, 우승 기념사진도 좋고 지금까지 받은 감사 인사나 격려 또는 당신을 칭찬하고 인정하는 말이 적힌 카드나 편지도 좋다.

 자기 자신에게서 선하고 바른 점을 최대한 많이 찾아내 목록으로 작성한 다음에 이 목록을 상자 안에 넣어도 좋다. 당신의 강점, 기술, 긍정적인 성격 특성, 지금까지 이룬 긍정적인 성취나 기여 등이 이 목록에 포함될 수 있다. 앞에서 설명했던 활동(96 페이지)을 참조해 인정 목록도 만들어서 넣으면 좋다. 인정 목록은 스스로 부인했던 부정적인 측면에서 무엇이든 긍정적인 측면을 찾아 작성하면 된다. 말 그대로 당신이 사실은 **좋은** 사람이라는 사실을 증명할 수 있는 것이라면 무엇이든 집어넣어라.

이 자존감 상자에 무엇을 집어넣을지 창의성을 마음껏 발휘하라. 보면 기분이 좋아지는 사진, 자존감을 높여주는 영화, 음악, 책과 관련된 물건도 괜찮다. 자신과 동일시하거나 비슷하다고 생각하는 인물 중에 100% 긍정적인 측면만 보이는 인물의 사진도 괜찮다.

이 상자 안에 들어갈 물건에는 제한이 없다. 수치심과 연약함이 생겨날 때 어떻게든 손수 해결한 뒤에 이 상자를 열어 안에 든 물건을 꺼내 보면서 자존감을 되살리는 훈련을 할 수 있다.

창문으로 비치는 빛

자기 가치self-worth라는 개념과 관련하여 우리가 제일 먼저 해야 할 일은 이 개념을 머리에서 아예 지워버리는 것이다. '가치'는 완전히 추상적인 개념이다. 어떤 대상의 가치를 객관적으로 정하기란 불가능하다. 가치는 실체가 없으므로 주관적이다. 한 사람의 가치를 결정하는 기준은 사회마다 천차만별이다.

이렇게 생각해보자. 행동을 가치 있게 여기는 사회에서 존재만으로는 가치가 없다. 장님들의 사회에서 외적 아름다움은 가치가 없다. 어쩌면 누군가에게 무한한 가치를 지녔다고 평가받을지도 모르는 자질을 타고 태어났지만, 당신이 스스로 가치 없다 느끼는 주된 이유는 그 재능을 높이 평가해주지 않는 사람들이 모인 가정이나 문화나 사회에 태어났기 때문일지도 모른다.

예를 들어 당신이 학자적 지성을 최고로 여기는 가정에 예술적 재능을 타고 태어났다고 가정해보자. 당신의 예술적 재능을 높이 사지 않는 가족들 때문에 당신은 스스로 가치 없는 존재라고 생각하게 될 것이다. 그러나 예술가 집안에 태어났다면 곧바로 당신의 재능을 높이 평가하는 가족들 덕분에 당신은 스스로 가치 있는 존재라고 생각하게 될 것이다.

가치는 완전히 주관적이고 가변적이며 때로는 비이성적이고 상황에 따라 달라진다는 사실을 받아들여야 한다. 사람의 진정한 가치를 결정하기란 불가능하다.

대신에 사람의 진정한 가치가 창문으로 들어온 빛과 비슷하다고 생각해보자. 당신은 빛을 가지고 태어났고 그 빛은 언제나 그 자리에 있다. 모든 사람이 빛을 가지고 태어났다. 인생을 살면서 트라우마를 경험하거나 다른 사람들이 당신이 지닌 빛을 보지 못할 때마다 창문에 먼지가 쌓이고 거미줄이 뒤덮인 듯 빛이 창문을 통과하지 못하게 된다. 그러나 거미줄을 걷고 먼지를 털어내면 빛은 다시 쏟아져 들어온다. **빛은 언제나 그 자리에 있다.**

모자이크

수치심을 느낄 때 우리는 내면이 산산조각 나는 느낌을 받는다. 이런 느낌은 모순적이다. 정확히 말하면 이미 내면이 분열된 상태라서 수치심이 드는 것이기 때문이다. 즉, 내면이 통합된 상태가 아니기 때문에 마음이 산산조각 난 유리처럼 느껴지는 것이다.

우리는 모두 **현상**과 씨름한다. 사물을 있는 그대로 받아들이지 않고 바꾸려 들기 때문이다. 기실 이러한 경향은 우리 삶뿐만 아니라 우리가 사는 세상을 더 낫게 만들어주기에 아름다운 것이기도 하다. 가령 우리가 날 수 없다는 사실을 있는 그대로 받아들였다면 비행기를 발명하지 못했을 것이다. 그러나 단순히 현상과 씨름만 하는 것이 아니라 전사가 되어 맞서 싸우는 사람들이 있다. 이런 식으로 현상을 받아들이길 거부하면 커다란 고통에 빠질 수밖에 없다. 특히 우리 능력으로 바꿀 수 없는 현상을 맞닥뜨렸을 때 그 고통은 더욱 커진다. 사실상 행복해질 수가 없게 된다.

예를 들어 하반신이 마비된 사람이 몇 년 동안 자신이 걸을 수 없고 휠체어를 타고 다녀야 한다는 사실을 받아들이길 거부했다고 가정해보자. 결국에는 하반신이 마비됐다는 현실을 받아들이길 거부하는 것 자체가 고통의 근원이 된다. 그러나 현실을 받아들이면 마음에 평안이 찾아온다. 일단 받아들이고 나면 받아들이기 전과는 180도로 달라진 인생을 살 수 있다.

가령 처절한 패배감과 자살 충동만을 안겨주는 재활 훈련에 돈을 쓰는 대신 좌식 스키 과외를 받는 일에 전념해보는 건 어떨까? 하반신이 마비된 상태로도 인정을 받으면 한 걸음 더 나아가 패럴림픽 대변인이나 리더 역할을 맡아 다른 장애인들의 역할 모델이 될 수도 있으니까.

이 같은 통합 및 내면적 성숙의 과정, 또는 **내면적 연결 상태**에 이르는 길을 모자이크를 만드는 과정이라고 생각해보라. 개인적으로 나는 언제나 모자이크가 좋았다. 내 눈에는 모자이크가 꼭 지구에서의 삶을 나타내는 은유같이 느껴졌기 때문이다. 지구에 사는 모든 사람은 저마다 모자이크가 될 수 있는 잠재성을 지니고 있다.

당신이 처음 지구에 도착했을 때는 온전한 유리였지만 인생을 살면서 산산조각 날 운명이라는 사실을 알고 있었다고 상상해보자. 그 과정이 무척 괴로우리라는 것은 부인할 수 없는 사실이다. 당신은 어쩌면 자신이 산산조각 났다는 사실을 거부하고 깨진 상태를 혐오하면서 세월을 보낼지도 모른다. 그러나 진정한 삶을 갈구하는 눈은 깨진 유리 조각의 아름다움과 가능성을 볼 수 있다.

깨진 유리 조각을 받아들이면, 혹은 더 나아가 인정하면 모자이크 타일로 사용할 수 있게 된다. 이 조각을 다시 모아 이번에는 평범한 유리가 아닌 새로운 형태의 이국적인 예술 작품을 만들 수 있다. 우리 모두에게는 자기 자신을 아름다운 모자이크 작품으로 재창조할 수 있는 능력이 있다. 그런 능력을 발휘했을 때 어떤 기분인지 시험해보면 안 될 이유가 없지 않을까?

참된 본성을 따라가라

분열되고 분절된 상태로는 진정성 있는 모습이나 참된 사랑을 이룰 방법이 없다. 또 자기 자신의 부정적인 측면을 계속 혐오하면서 살 수는 없다. 반면에 불편함을 이겨내고 자기 자신과 타인을 온전히 바라볼 의사가 있다면 진정성과 온전함으로 나아가는 길 위에 서 있는 것이다. 당신은 진실에 완전하게 다가갈 자격이 있다.

저넬 캐넌Janell Cannon(1993)이 지은 '스텔라루나'라는 새끼 박쥐가 주인공으로 등장하는 동화가 있다. 동화 속에서 스텔라루나는 새들로 가득한 둥지 안에서 눈을 뜬다. 새들이 스텔라루나를 가족으로 입양했다. 그러나 스텔라루나는 여느 박쥐처럼 거꾸로 매달려 있거나 어미 새가 물어다 주는 벌레를 보고 얼굴을 찡그릴 때마다 꾸중을 들었다.

결국 스텔라루나는 원래 타고난 박쥐로서의 본성을 버리고 새의 습성을 배웠다. 스텔라루나는 얼굴을 찡그리지 않고 벌레를 먹었다. 낮에 깨어 있고 밤에 잠을 잤다. 원래 모습을 버릴수록 (내면이 분열될수록) 서서히 외로움이 자라났다. 소속감이 결핍됐다. 타고난 본성을 부인한 결과였다. 스텔라루나는 필사적으로 인정받길 원했으나 자기 자신에게 무언가 문제가 있다는 느낌을 지울 수 없었다. 다른 새들과 함께 있을 때도 외로웠다.

결국 스텔라루나의 용기가 다해갈 즈음, 새 둥지에서 눈을 뜨기 전 헤어졌던 박쥐 부족을 우연히 마주쳤다. 박쥐 부족은 스텔라루나에게 박쥐로서의 본성을 일깨워줬다. 스텔라루나는 분열되고 억압돼 있던 원래 모습을 되찾도록 격려를 받았다. 스텔라루나는 이젠 외롭지 않았다. 스텔라루나는 새들과 연결을 유지하면서도 박쥐로서의 본성도 이어갈 수 있다는 사실을 깨달았다.

우리가 이런 이야기에 감정을 이입하는 까닭은 우리 모두 자신의 본성을 부인하는 과정을 거치기 때문이다. 외부 세계에서의 경험에 대응하기 위해 우리는 자신을 분열시킨다. 특히 너무나도 사랑받길 원하는 사람에게 인정받지 못할 때 우리 안에서는 분열이 일어난다.

이 분열 과정에서 우리는 점점 더 진정성을 상실한다. 사랑받길 원하지만 진정성이 없으면 사랑받기는 더욱더 힘들어진다. 스텔라루나가 박쥐로서의 본능을 잊었기 때문에 사랑받지 못했던 것처럼 진정성을 상실할 때, 동일시에서 제외된 우리 자아의 일부는 철저히 감춰져 사랑받을 기회조차 얻지 못한다.

지금까지 제시한 모든 방법을 종합해보면 수치심을 극복하려면 결국 패러다임을 전환해야 한다. 수치심을 제거하거나, 그게 안 된다면 수치심이라는 감정을 통합할 길을 찾아야 한다. 수치심을 발동하는 자아의 측면을 수리해야 한다. 알다시피 성인이 되고 나서 느끼는 수치심은 유년기에 어른들이 심어준 수치심이 자라난 것이다. 어릴 때 창피를 당했던 기억은 트라우마가 되어 우리의 정서에 상처로 남아 있다.

따라서 수치심이 들 때는 그 감정 안으로 깊숙이 들어가 오롯이 수치심을 느끼면서 어린 시절 창피를 당했던 기억 속 자신의 모습을 찾아서 내면에 있는 상처받은 아이를 다시 보살펴주어야 한다.

3부

두려움

아이의 목소리가 말한다

심장은 가벼울수록 좋다고

고통은 추방하는 것보다 포용하는 것이 좋다고.

어머니들은 눈물이 마를 때까지 통곡한다.

아들들은 저 멀리 길가에서 스러져간다,

무가치한 전쟁의 열기에,

목숨을 빼앗긴 채.

모든 영혼이 함께 스러져간다.

갓 태어난 아기가 엄마의 품 안에서 기쁨을 껴안을 때

모든 영혼이 살 수 있듯이.

어린 시절 덧씌워진 무거운 껍데기를 벗어버리고

목소리를 높여

우리를 가두고 있는 모든 것을 비난하자.

고요한 밤하늘의 별처럼

내 심장도 멈추지 않고 반짝거린다.

그 빛을 빌어 내 진짜 적을 마주하고자 몸을 돌려도

보이는 건 오직

침묵이 내려앉은 공간뿐…

존재하지 않는 적에 맞서

내가 줄지어 쌓아 올린 성벽들.

벽돌을 하나하나 무너뜨릴 때

모든 영혼이 풀려난다.

그러나 미움은 없다.

아이의 조언을 받아들인다.

심장은 가벼울수록 좋다.

두려워하는 것보다 사랑하는 것이 좋다.

아이의 목소리가 또다시 말한다.

사랑하기에

두려움 그 자체를 사랑하는 것보다

더 나은 방법은 없다고.

〈두려움〉, 틸 스완

두려움

외로움을 지탱하는 세 번째 기둥은 두려움이다. 그렇다면 외로움은 두려움과 어떤 관련이 있을까? 두려움도 본질적으로는 분리에 관한 것이다. 두려움은 어떤 사물이나 사람을 밀어내는 것으로 지구상에서 가장 외로운 경험이다. 두려움이 커질수록 외로움도 커진다. 관계의 두려움, 타인에 관한 두려움은 우리를 외따로 분리하고 사람과 접촉하는 중에도 외로움을 느끼게 만든다.

이해를 돕고자 두려움이라는 감정을 시각화해보자. 커다란 원 한가운데에 다른 사람들과 함께 서 있다고 상상해보자. 그런데 당신이 원 안에 함께 서 있는 사람들이 두려워서 이들을 밀어낸다고 상상해보자. 그래서 결국 모두가 원 밖으로 밀려나고 원 안에는 당신 **혼자** 남았다…. 이런 식으로 두려움은 외로움을 불러일으키고 연결을 막는다.

이 책 앞부분에서 이 우주에는 오직 한 가지 종류의 고통이 존재한다고 설명했다. 바로 분리의 고통이다. 우리가 고통을 느끼는 이유는 그 순간에 무언가에서 분리됐기 때문이다. 우리가 타인과의 관계에서 고통을 느낄 때면 언제나 그 조짐이 나타난다. 두려움이다. 우리는 이 두려움을 직접 대면해야 한다. 외로움을 느끼는 사람들은 극도의 두려움에 시달리는 사람들이다. 이들이 느끼는 두려움은 무언가를 밀어내는 감각적 경험이다.

지옥은 우리 외부에 존재하는 어떤 장소가 아니다. **두려움**이 곧 지옥이다. 두려움과 지옥은 한 몸이다. 그래서 같은 지구상에서도 지옥을 살아가는 사람이 있는가 하면 바로 그 옆에는 천국을 살아가는 사람도 있다. 천국은 **사랑**이다. 에너지 차원에서 보면 사랑의 정반대가 두려움이다.

우리가 무엇에 두려움을 느끼는지, 특히 핵심 두려움이 무엇인지 아는 것이 중요하다. 핵심 두려움은 인생에서 피하려고 가장 애쓰는 대상이다. 따라서 핵심 두려움은 언제나 우리가 자신에게서 분리하고 부인하는 측면이 된다. 다시 말해 우리 안에는 핵심 두려움 때문에 생겨난 내면적 쌍둥이가 어김없이 존재한다는 뜻이다. 이 두려움 내면적 쌍둥이는 한 명일 수도 있고 여러 명일 수도 있다.

가장 내밀한 두려움 마주하기

최근에 나는 내 삶에서 깊은 두려움을 찾아냈다. 난생처음 외국으로 이사했을 때 나는 한동안 약초를 공부하며 무속 신앙을 찾아다녔다. 나는 내면을 여행하면서 내 안에 있는 가장 내밀한 두려움을 차례로 목격하게 되었다. 내 가장 큰 핵심 두려움은 탈출구 없이 홀로 고통 속에 갇힐지도 모른다는 두려움이었다. 실생활에서 이미 경험해봤던 일이기에 더욱더 두려웠다.

그때 느꼈던 두려움 때문에 나는 당시 그 끔찍한 일을 겪었던 내 일부를 내게서 분리했다. 내게서 떨어져 나간 일부는 독립적인 내면적 인격이 되어 내 잠재의식 속에서 오랫동안 묻혀 있었다.

오랫동안 잊혔던 내 일부를 마침내 인식했던 날, 마음의 눈으로 들여다본 이 내면적 두려움 쌍둥이는 머리부터 발끝까지 완전히 화상을 입은 상태였다. 겨우 눈만 알아볼 수 있었다. 오른쪽 정강이뼈는 복합 골절로 부러진 채 내면적 두려움 쌍둥이는 너무나 큰 고통 속에서 움직이지도 못하고 숨쉬기도 버거워했다. 부상이 어찌나 심각하던지 당장이라도 중환자실에 입원해야 할 것만 같은 몰골이었다.

내면으로 떠난 이 여행에서 나는 두려움을 극복하는 가장 좋은 두 가지 해법을 찾았다. **두려움에 떠는** 자기를 사랑하는 것과 **내가 가장 두려워하는** 자기를 사랑하는 것. 무언가를 내 일부로 받아들이는 것이 사랑이라면, 이 경우에 사랑이란 내게서 분리했던 자아의 측면을 다시 소유하고 그 행복을 책임지는 것이다. 따라서 나는 내 일부, 즉 내면의 두려움을 가장 먼저 다독이겠다고 결심했다.

다시 말해 내 안에 있는 두려운 자기에게 무엇이 필요한지 알아낸 다음 인생을 변화시켜 그 욕구를 충족해줄 여유를 만들어야 했다. 그렇게 나는 치유기에 접어들었고 예정돼 있던 여행을 취소했다. 나는 내면적 두려움 쌍둥이가 지닌 욕구를 제대로 느끼고자 내 몸을 내주었다. 내면적 두려움 쌍둥이의 욕구대로 나는 아침이면 잠을 잤다. 엡섬 소금으로 목욕을 했고 자신에게 친절해지는 연습을 했다. 나는 내 인생에서 중요한 모든 사람에게 내 안에 있는 이 내면적 두려움 쌍둥이의 존재를 알리고 그들도 이 쌍둥이와 친해져달라고 부탁했다. 날 다정하게 대해달라고 부탁했다. 이 연약한 내면적 쌍둥이가 치유되기 시작하자 사람을 두려워하던 마음이 점차 사라지기 시작했다. 나는 다시 인생을 살 준비가 되었음을 느꼈다.

나는 이 과정을 내 안에서 두려움에 빠져 몇 년 동안 분리됐던 다른 내면적 인격들에도 똑같이 되풀이했다. 내 두려움에 책임을 지기 위한 첫 걸음이었다. 내 안에 있는 두려움을 내 인생을 파괴하고 나를 끌어내리려는 존재로 보지 않고 잔뜩 겁에 질려 내 도움을 절실하게 기다리며 울고 있는 어린아이라고 생각하기로 했다. 그 울음에 응답하자 비로소 내가 느끼던 두려움과 외로움도 점차 사그라들었다.

두려움의 유산

사랑을 듬뿍 받는 환경에서 자라더라도 우리는 어떤 일에 제대로 대처할 수 없을 것 같은 두려움을 물려받는다. 지구상에 그 어떤 엄마도 '조심해, 안 그러면 다쳐'라는 말을 하지 않고 자식을 키울 순 없을 것이다. 아이가 걸음마를 떼기 시작하면 엄마들은 이 말을 입에 달고 산다. 엄마 말에는 '세상은 위험한 곳이라서 나쁜 일이 생기면 네가 감당할 수 없을 거야'라는 메시지가 실려 있다.

이 메시지는 어찌 보면 왜곡이다. 왜냐하면 나쁜 일을 감당할 수 없는 사람은 **아이**가 아니라 **엄마** 자신이기 때문이다. 엄마가 아이한테 하는 조심하라는 말은 사실 '너한테 나쁜 일이 생기면 내가 감당할 수 없을 거야'라는 뜻이다. 우리는 어린 시절 알게 모르게 엄마의 두려움을 떠안는다.

유년기에 우리에게 큰 영향을 미쳤던 다른 인물들 모두 마찬가지다. 우리는 부모와 주변 어른들의 무력함과 부족함을 아무런 의심 없이 받아들인다. 이 과정에서 불가피하게 두려움도 받아들인다. 여기 3부에서 더 자세히 다루겠지만 우리는 주로 **회피**와 **통제**를 통해 두려움을 감춘다.

우리는 보통 어떤 대상을 가까운 쪽으로 **끌어당기거나** 먼 쪽으로 **밀어내거나** 둘 중 하나를 택한다. 두려움을 경험할 때는 자연스레 무언가를 밀어낸다. 자기 자신의 일부임에도 그것을 **제외**한다. 사랑과는 완전히 반대되는 행위다. 사랑은 무언가를 끌어당겨 자기 자신의 일부로 포함하는 행위기 때문이다.

두려움은 위험을 인지할 때 나오는 반응이라고 정의할 수 있다. 우리는 위험을 감지하면, 즉 신체적, 정신적, 감정적으로 고통이나 손해나 상처를 입을 가능성을 인지하면 당연한 이야기지만 그 위험에서 멀어지고 싶어 한다. 이럴 때 보통은 밀어내거나 (맞서 싸우거나) 아니면 도망가지만 제3의 선택지도 존재한다. 바로 위협의 대상을 **개혁**하는 것이다. 즉 우리에게 더는 위협이 되지 않는 무언가로 바꿀 수 있다.

재미있는 것은 우리가 위험이라고 느끼는 대상이 실제로 우리에게 위협인지 아닌지는 중요하지 않다는 사실이다. 우리가 위협이라고 **인지**했다는 사실이 중요하다. 두려움은 수치심과 마찬가지로 원초적이다. 두려움과 수치심 둘 다 이성을 거치지 않고 본능적으로 나오는 **반응**이다. 본능적이며 생리학적으로 자연스러운 감정적 반응이다. 생각은 본능적인 반응 이후에 따라온다.

우리는 두려움을 느낄 때 안전하지 않다고 생각한다. 위험, 손해, 부상 등에서 안전하지 않다고 느낀다. 어떤 상황이나 인물이 안전하지 않다고 느끼면 우리는 자연스럽게 그 상황이나 사람을 밀어낸다. 이러한 행동은 과거에 두려움을 유발했던 내면적 쌍둥이를 소환해내 우리가 했던 일을 그대로 되풀이한다. 우리는 우리 내면에서 두려움에 떠는 내면적 쌍둥이를 밀어냈었다.

예를 들어 당신의 내면적 인격 하나가 분노를 표출할 때 다른 사람들에게 거부당한다는 사실을 학습했다고 가정해보자. 그 이후로 당신은 분노를 자신의 일부로 포함하거나 내면에 분노가 있다고 인정하는 일이 안전하지 않다고 느낀다. 다른 사람들이 '분노는 잘못된 게 아니야'라고 말해줘도 당신은 이미 과거 경험으로 분노를 표출하는 것은 잘못됐고 나쁜 결과가 뒤따른다는 교훈을 얻었기 때문에 분노를 위협으로 인지하고 계속 두려워한다.

우리가 내면에 감추고 있는 두려움은 주로 어린 시절 안전하지 않다고 느꼈거나 안정감을 너무 일찍 상실했기 때문에 생긴다. 어른이 되고 나서도 우리는 여전히 자신을 보호해주고 챙겨줄 누군가를 갈망한다. 우리는 기억 속에 각인된 어린아이를 지니고 산다. 무심하거나 적대적인 거인들, 이른바 어른들에게 둘러싸인 아이는 안전하다고 느끼기란 불가능하다는 판단을 내렸다. 타인과의 관계에 두려움을 많이 느낀다면 유년기에 이러한 경험이 오늘의 현실이 돼버렸을 가능성이 크다. 우리는 그저 타인과의 관계 속에서 안전함을 느끼기란 불가능하다고 믿는다. 이런 믿음은 우리를 괴롭게 만든다. 마음 한 구석에서 우리가 절실히 갈망하는 것은 단절이 아닌 **연결**이기 때문이다.

인간관계에서 오는 네 가지 주요 두려움

우리는 인간관계에서 주로 다음과 같은 네 가지 두려움을 느낀다.

1. 유기
2. 거절 또는 부인
3. 헤어나올 수 없는 고통
4. 자기 상실 또는 구속

유기는 **인간관계를 끝내는 행위**로 고립이 뒤따른다. 유기를 당하거나 유기를 당했다고 인지할 때 우리는 누군가 우리를 두고 떠나버려서 연결이 끊어졌다고 느낀다.

거절 또는 부인을 당했다고 느낄 때 우리는 누군가 우리를 밀어냈다고 인지한다. 그러면 마음속에 극심한 고통이 생긴다.

때때로 우리는 어떤 상황이나 자신의 욕구 때문에 정신적, 정서적, 신체적으로 우리를 학대하는 사람에게서 벗어날 수 없다고 느낀다. 이 경우에 우리는 헤어나올 수 없는 고통에 빠진다. 이는 고문의 본질이기도 하다.

자기 상실 또는 구속은 연인이나 배우자 관계에서 우리가 갈망하듯이 서로 일부가 되는 연결이나 통합이 아니라 어느 한쪽이 다른 한쪽에게 완전히 잡아먹히는 느낌이다. 구속은 당연히 상호 간에 긍정적이지 않다. 그래서 우리는 구속을 두려워한다.

두려움의 근본에는 양면이 있다. 첫 번째는 사람들이 **원치 않는 모습**을 막을 수 없다는 데서 오는 무력함이고 두 번째 측면은 사람들이 **원하는 모습**을 보여줄 수 없다는 데서 오는 무력함이다. 어떤 두려움이든 당신이 가지고 있는 두려움을 해부해보면 어김없이 이 두 가지 면을 발견하게 될 것이다.

독자 여러분은 두려움이 있는 곳에 언제나 욕망이 있다는 사실 또한 알아차렸을 것이다. 대부분의 사람은 이 사실을 알아차리지 못한다. 현실에서 욕망하는 모습을 보여줄 수 없다는 데서 무력함을 느낀다는 것은 곧 욕망은 강하지만 생각과 말과 행동이 욕망과는 반대 방향으로 당신을 끌어당긴다는 뜻이다. 다시 말해 당신과 당신의 욕망이 분리되어 있다는 뜻이다.

물리적 수준에서 이야기하자면 이 같은 에너지 흐름이 당신의 몸 안에서 두려움이라는 감정으로 나타난다. 인생 자체가 **당신한테** 일어나고 있는 어떤 두려운 사건처럼 느껴진다. **당신한테** 일어나고 있는 일을 스스로 감당할 수 있다고 느끼면 아무 문제가 없다. 그러나 두려움을 느낀다면 예외 없이 지금 이 순간 당신한테 일어나고 있는 일, 즉 인생을 스스로 감당할 수 없다고 느낀다는 뜻이다. 예를 들어 놀림당하는 일에 두려움을 느낀다면 창피를 당하는 경험뿐만 아니라 다른 사람에게 어리석게 또는 멍청하게 보였을 때 일어날 수 있는 잠재적 결과를 감당할 수 없을 것 같다고 느낀다는 뜻이다.

알지 못하는 것을 두려워하기란 불가능하다

가장 큰 두려움 중 하나는 '알지 못하는 것'에 대한 두려움이다. 우리 인간은 지식에 중독되어 있기 때문이다. 우리는 언제나 모든 것에 대해 모든 것을 알아야만 직성이 풀린다. 여러분이 이 책을 집어 든 것도 같은 이유에서다.

아는 것이 매력적으로 보이는 몇 가지 이유가 있는데 그중 하나가 새로운 개념을 이해할 때 뇌에서 아편과 비슷한 화학 물질이 방출된다는 사실이다. 지식 중독은 또한 인간에게 진화적으로 강력한 이점을 제공한다. 학습 능력을 타고나면 진보는 보장된다. 우리는 생각을 하지 않고 새로운 경험을 선택하는 경향이 있다. 왜냐하면 새로운 경험에서 더 많은 것을 배울 수 있고 따라서 지식에 대한 갈증을 해소할 수 있기 때문이다.

지식에 대한 욕망은 그 자체로 부정적이진 않지만 그림자가 존재한다.

바로 인간의 자아가 때때로 지식을 안정감 담요로 사용한다는 사실이다. 알아듣기 쉽게 설명하자면 인간의 자아는 지식을 이용해 무의미함, 무가치함, 신체적 고통 등 두려워하는 것들을 피한다. 인간의 자아는 많이 알면 알수록 타인에게 중요한 사람이 될 수 있고 지위와 존경을 얻을 수 있다는 사실을 안다. 또한 자아는 때때로 험난한 불확실성의 바다에서 멀어지려고 지식을 이용한다. 인지적 종결*은 확실성을 높이고 안전하다고 느끼게 해준다. 만약 자아의 목표가 생존이라면 지식은 식량이나 물보다도 더 필수적인 요소다. 우리가 식량이나 물을 찾을 수 있게 해주는 것도 지식이기 때문이다.

그러나 **우리가 알지 못하는 것을 두려워한다**는 일반적인 생각은 사실 완전히 틀렸다. 우리는 알지 못하는 것을 두려워하지 않는다. 우리가 정말로 알지 못하는 것을 두려워한다면 아기들은 모든 것을 두려워해야 마땅하지만 그렇지 않다. 우리가 정말로 두려워하는 것은 예전 경험에 비추어 **알지 못한다고 예측한 것**이다. 알지 못하는 것을 마주할 때 우리 정신은 어떤 공포가 도사리고 있을지 예측하는 과정에서 두려움을 만들어내고, 그러면 우리 자아는 이 예측된 위험을 피할 방법을 고심한다. 따라서 실제로 우리가 두려워하는 대상은 이러한 **예측**이다.

예를 들어 십 년 동안 다니던 직장을 그만두고 완전히 새로운, 다른 일을 시작한다면 알지 못하는 영역으로 들어가는 것이다. 그러나 우리는 알지 못하는 영역 그 **자체**를 두려워하진 않는다. 우리가 두려워하는 것은 알지 못하는 영역에 뛰어들었다가 겪게 될지도 모르는 잠재적 실패나 추락이다. 이런 두려움은 우리가 과거에 이미 실패나 추락을 경험해보았

---

* 주어진 정보를 바탕으로 판단을 내려서 생각을 끝낸 상태

고 무슨 수를 써서라도 두 번 다시 겪고 싶어 하지 않기 때문에 생긴다. 과거 경험에 비추어 알지 못하는 것을 두려워하지 않아도 된다고 배웠다면 알지 못하는 것은 두려움의 대상이 아니었을 것이다.

우리 대부분은 알지 못하는 것을 두려워한다. 알지 못하면 그게 무엇이든 '안 좋은' 경험을 하게 되리라 생각하기 때문이다. 그러나 모든 경험에는 저마다 **가치가 있다**는 사실에 집중하면 근심 걱정이 상당히 줄어들 것이다.

생각을 전환해서 모든 것에 대해 모든 것을 알 수는 없다는 사실을 **받아들여라**. 자신이 모든 것에 대해 모든 것을 알길 기대하는 것은 불공평하며 세상과 인생에 대한 두려움을 초래할 뿐이다. 대신에 인생은 탐험, 확장, 모험, 발견과 배움을 통한 진보에 기초하고 있다고 생각을 바꿔라.

선종禪宗의 거목 한 분은 이런 말씀을 하셨다. "헛간이 불에 타 없어지니 달이 보이는구나." 이 말에는 우리가 흔히 재앙이라고 생각하는 일에도 가치가 있다는 생각이 담겨있다. 우리 삶에서 경험하는 모든 일에서 가치를 찾는 일을 습관화하면 특정 경험을 피하려고 낭비하는 시간과 노력을 엄청나게 줄일 수 있다. 그 자체로 **해방**이다.

최선의 회피 전략

대부분의 자기 계발 전문가, 심리학자, 영적 지도자들은 두려움의 문제에 접근할 때 두려워하지 않아도 되는 이유와 두려움 자체를 피하는 방법을 알려준다. 몇몇 사조에서는 '정신이 현실을 만든다'든지 '끌어당김의 법칙'을 내세워 당신이 처한 현실을 통제하는 방법을 일러준다. 두려움은 원치 않는 무언가를 피할 수 없다는 무력함에 관한 것이므로 현실을 통제할 수 있다면 아무것도 두려워할 필요가 없다는 사실은 자명하다.

우주의 원리에 관한 이런 철학이 맞고 틀리고를 떠나서 (일부는 맞다) 두려움을 다루는 방법으로는 틀렸다. 우리 정신을 통제하면 우리한테 일어나는 일을 통제할 수 있다는 생각은 분명 위안이 된다. 그러나 이런 철학의 문제점은 두려움을 피하거나 밀어내라고 가르친다는 점이다.

회피하기만 해서는 두려움이 근본적으로 해결되지 않는다. 이는 그저 회피하는 대상을 거부하고 있는 것일 뿐이다. 밀어내고 있을 뿐이다. 우리가 사는 세상은 거울처럼 기능하기 때문에 무언가를 거부할수록 더 많이 반사하여 밀려오기 마련이다.

긍정적 초점positive focus이라는 운동도 대중적으로 유명하다. 이 운동은 항상 긍정적인 면에 초점을 맞추면 모든 문제가 해결된다고 주장한다. 그러나 모든 문제가 이로써 해결되진 않는다. 두려움은 대부분 과거에 경험한 트라우마 때문에 생긴다. 정서적 트라우마도 신체적 트라우마와 똑같이 작용한다.

긍정적인 무언가에 집중할 때 긍정적 초점 그 자체가 목적이냐 아니면 부정적인 무언가를 벗어나거나 무시하거나 회피하느냐가 목적이냐에 따라 엄청난 차이가 있다. 개인적으로 **두려움을 막을 방법**이 아닌 **두려움을 더 잘 돌볼 방법**을 알려고 노력하라는 조언을 해드리고 싶다.

긍정적 초점을 이용해서 두려움에서 벗어나는 일이 위험한 이유를 예를 들어 설명해보겠다. 심각한 교통사고를 당해서 한쪽 다리에 복합 골절을 입었을 때 긍정적 초점이 다리를 낫게 해주진 않는다. 병원에 가지 않고 긍정적인 생각에 집중하면서 골절상을 잊으려고 한다면 의료 개입이 필요한 심각한 상처를 입었다는 현실을 회피하고 있을 뿐이다. 골절상을 무시하거나 회피하려고만 할 때 그 결과는 어찌 되겠는가? **상처는 곪는다.** 감염에서 살아남는다고 해더라도 다리를 쓸 수 없게 될 것이다. 간단히 말해서 무언가를 피하려고만 하면 상황은 더 악화할 수밖에 없다. **두려움도 마찬가지다.**

신체적인 부상이 아니라 정서적인 상처를 입었을 때도 마찬가지다. 긍정적인 생각에 초점을 맞추어 정서적 트라우마를 무시하거나 억압하거나 부인한다면 긍정적인 것을 이용해 **부정적인 것**을 회피하는 셈이다. 정서적 상처는 낫지 않는다. 곪을 뿐이다. 요약하자면 긍정적 초점은 훌륭한 기법이지만 한 가지 커다란 예외가 존재한다. 긍정적 초점은 무언가를 **회피**하려는 목적으로 사용할 때는 통하지 않는다. 긍정적 초점은 무언가를 거부하기 위한 도구로서는 사용할 수도 없고, 사용해서도 안 된다.

두려움에 대처하는 더 나은 전략

두려움 및 현실에서 일어나는 일을 어찌할 수 없는 데서 오는 무력감에 관해 이야기할 때 현실을 스스로 **창조하거나 통제하는** 법 또는 두려움을 **느끼지 않는** 법을 이야기할 필요는 없다. 무슨 일이 일어나도 스스로 감당해낼 수 있다는 믿음을 어떻게 발전시키느냐가 이야기의 초점이 되어야 한다. 인생에서 무슨 일이 일어나도 스스로 감당할 수 있다는 믿음이 있으면 생명의 위협을 느껴서 본능적으로 투쟁-도피 반응이 발동되는 상황을 제외하고는 우리 안에서 두려움이 생겨나지 않을 것이다. 인생에서 무슨 일이 일어나도 스스로 감당할 수 있다는 믿음이 있으면 일상적인 활동이나 인간관계가 더는 두렵지 않을 것이다. 두려움 때문에 인생을 즐기지 못하도록 제약을 받거나 위축되는 일이 없어질 것이다.

어린 시절 인생에서 감당할 수 없는 일을 많이 겪으면 **학습된 무력감**으로 끊임없는 불안감에 시달리게 된다. 자신을 돌볼 힘이 없는 어린아이가 된 것 같은 기분이 우리 존재에 **각인**된다. 이때 학습된 무력감은 어른이 되고 나서도 감당하기 벅찬 상황을 마주할 때마다 나타난다.

학습된 무력감을 설명할 때 코끼리 비유를 많이들 사용한다. 덩치가 작아서 아직 나무를 움직일 힘이 없는 새끼 코끼리를 나무에 묶어 놓으면 나무를 뿌리째 뽑아 버릴 수 있을 만큼 힘이 센 어른 코끼리로 자란 뒤에도 나무에서 벗어날 수 없다고 믿고 달아날 시도조차 하지 않는다. 인생에서 일어나는 일을 감당할 수 없다는 무력감은 이렇게 우리 안에서 뿌리를 내린다.

이 시점에서 우리는 두려움이 수치심과 서로 단단히 엉켜있다는 사실을 똑똑히 볼 수 있다. 무언가를 감당할 수 없다는 무력감이 들 때 우리는 수치심을 느낀다. 그 순간에 자신의 무능함이 한심하게 느껴진다. 특히 다른 사람이 같은 상황에서 능숙하게 대처하는 모습을 볼 때 자신이 더욱 무능하고 한심하게 느껴진다. 우리는 어떤 일을 감당할 능력이 없다는 것을 곧 자기 자신에게 선천적인 문제가 있는 것으로 받아들인다. 그렇기 때문에 두려움은 **내가 지금 나 자신을 한심하게 여기고 있구나**라는 뜻임을 기억하라.

두려움을 극복하는 법은 수치심을 극복하는 법과 마찬가지다. 인생에서 일어나는 일을 감당할 수 없다고 믿게 만들고 두려움을 느끼게 만든 최초의 경험을 찾아내 해결하는 것이 중요하다. "**과거에는 감당할 수 없었지만, 이제는 해낼 수 있다.**" 이 사실을 경험하고 깨우치면 엄청난 잠재력이 잠을 깬다. 아무리 강조해도 지나치지 않다.

두려움은 스스로 어떤 상황을 감당해낼 수 없다는 자기 자신에 대한 불신에서 발생한다. 따라서 '난 이 상황을 감당할 수 없어'에서 '내가 어떻게 하면 이 상황을 처리할 수 있을까?'로 초점을 바꿔야 한다는 사실이 명확해진다. 그리고 나서 상황이 자연스럽게 흘러가는 과정을 상상해보라. 어떤 경우에는 단순히 이렇게 하는 것만으로도 두려움이 수그러들고 학습된 무력감이 줄어든다.

선택

무력함은 개인적인 선택권이 없을 때 생기는 감정이다. 그러나 선택권이 주어지는 즉시 이 무력함은 사라진다. 대신 권한이 생겼다는 느낌이 든다. 대부분의 사람은 권력을 두려워한다. 사람들은 권력이라고 하면 독재와 조종을 연상하기 때문이다. 독재와 조종은 타인을 고통에 빠뜨리고 악한 인물에게 권력을 쥐여준다.

그러나 진정한 권한은 타인을 조종하고 통제하려는 마음이 덜 생기게 만든다. 진정한 권한은 우리를 자유롭게 한다. 세상을 향해 마음의 문을 닫는 게 아니라 열게 만든다.

개인적인 권한, 힘을 키우는 연습을 시작하려면 어떤 상황에 직면했을 때 당신 앞에 놓여있는 선택지가 무엇인지에 초점을 맞춰라. 대부분의 경우 선택지는 여러 개일 것이다.

가령 당신이 대중 앞에서 연설해달라는 부탁을 받았다. 당신은 잔뜩 겁에 질려 정말 **안 하겠다**는 의미로 '안 돼요, 못 하겠어요'라고 대답했다. 그러나 물리적으로 할 수 없는 상황은 아니므로 이 대답은 사실이 아니다. '무대에 올라가서 연설하는 일은 안 하겠어요'라고 말하는 편이 더 정확한 대답이다. 당신이 그런 선택을 한 데에는 여러 가지 정당한 이유가 있을 것이다. 그러나 진정한 권한은 자기 자신이 **할 수 없다**는 생각이 아니라 **하지 않겠다는 선택**을 했다는 사실을 깨달을 때 생겨난다.

　때때로 두려움은 원래는 존재하지 않는 한계를 우리에게 덧씌운다. 그래서 우리는 '할 수 없어'라는 단어를 남용한다. 우리는 우리가 원하는 일을 할 수 없다고 믿는다. 사실은 할 수 있는데도 말이다. 물론 자신의 한계를 아는 것 또한 중요하다. 예를 들어 하반신이 마비된 사람이 계단을 오를 수는 없다. 따라서 어떤 일을 말 그대로 할 수 없는 상황에서는 자신의 한계를 포용하고 스스로 '내 한계를 받아들였을 때 내 앞에 놓인 선택지는 뭐지?'라고 물을 수 있어야 권한이 생긴다. 한계는 틀린 것이 아니다. 자신의 한계를 인정하더라도 우리에겐 여전히 여러 선택지가 남아

큰 질문

두려움을 초월하는 과정은 다음 명제를 받아들이는 데서 시작된다. **두려움은 절대 사라지지 않는다.** 두려움 없는 삶을 살기란 불가능하다. 두려움이 없는 상태는 존재하지 않는다. 두려움의 정도는 다양할 수 있지만, 이 땅에서 인간으로서 새로운 위험을 감수하며 욕망을 따라 살아가는 동안에는 언제나 두려움도 따른다. 두려움을 감추려 노력할 수도 있지만 그렇다고 해서 두려움 자체가 사라지진 않는다.

　이제 자신에게 다음과 같은 큰 질문을 던져야 할 때다. "두려움이 평생 안고 가야 할 존재라는 사실을 받아들인다면 내 인생은 어떻게 달라질까? 내 시간과 에너지를 어떻게 다르게 써야 할까?"

있다.

여러 선택지가 놓여있을 때 우리는 자신에게 '이 선택지가 내 권한을 확장해주는지 아니면 축소하는지'를 질문해보아야 한다. 내 손 안에 어떤 선택지가 있는지를 인식할 때 내 권한을 다른 사람 손에 넘기지 않고 제대로 행사할 수 있다.

생각이 두려움이 되는 과정

두려움은 생각이 욕망에서 멀어질 때 생겨나는 감정이다. 따라서 두려움을 불러일으키는 데 결정적인 역할을 하는 것은 생각이다. 생각이 어떻게 욕망과 반대 방향으로 우리를 끌고 가는지 예를 들어 살펴보자.

만약 헌신적이고 안정적인 관계를 원한다면 '남자들은 생물학적으로 한 여자에게만 헌신할 수 없도록 생겨먹었어', '여자들은 내가 자기들한테 무엇을 해줄 수 있는지에만 관심이 있을 뿐, 세상에 날 사랑해서 평생 함께할 여잔 없어', '이혼율이 50%가 넘는다니, 결혼은 미친 짓이야' 같은 생각을 조심해야 한다. 이런 유의 생각은 두려움을 불러일으키고 당신이 원하는 삶의 모습에서 멀어지게 만든다.

생각은 머릿속에서 단어가 아니라 이미지로 떠오른다. 바로 앞에서 든 예시에서처럼 '남자들은 생물학적으로 한 여자에게만 헌신할 수 없도록 생겨먹었어'라는 생각을 할 때 머릿속에는 아마 글자가 아니라 문밖으로 걸어 나가는 남자의 이미지나 다른 여자와 바람을 피는 남자의 이미지가 떠오를 것이다. 글자든 이미지든 그 형태와는 상관없이 우리 욕망에 반하는 생각은 무엇이든 두려움을 불러일으킬 수 있다.

내가 정말로 두려하는 것은 무엇인가?

두려움을 극복하는 첫 번째 단계는 두려움을 완전히 이해하는 것이다. 우리 대부분은 불안감이나 두려움이 주는 불편함에 익숙해져 있다. 그래서 자신이 두려워하는 대상이 정확히 무엇인지 알려고 노력하지 않는다. 두려움은 어찌 보면 유령 같다. 우리에게 들러붙어 있지만 눈에 보이진 않는다. 그러나 유령이 당신을 완전히 통제할 수 있는 이유는 보이지 않기 때문이다. 눈에 보이는 즉시 그 통제력은 줄어들 것이다. 우리는 자신에게 이렇게 물어야 한다. "지금 이 상황에서 내가 정말로 두려워하는 것은 무엇일까?"

당신이 정말로 두려워하는 것이 무엇인지 알려면 두려움을 회피하는 대신 그 안으로 깊숙이 뛰어들어야 한다. 말처럼 쉽진 않겠지만 연습하면 할수록 점점 더 쉬워질 것이다.

두려움을 느끼는 순간에 두려움을 없애려고 노력할 수도 있겠다. 이때 대부분의 사람은 두려움을 자기 안에서 밀어낸다. 가령 비행기를 탈 때 두려움이 밀려들면 비디오 게임을 하면서 정신을 다른 데로 돌리기도 한다. 혼잣말로 비행기가 안전한 온갖 이유를 중얼거릴 수도 있다. 근거 없는 두려움이라며 억눌러버릴 수도 있다. 그러나 이러한 전략은 실제로는 효과가 없다.

더 나은 전략은 다음과 같다. 두려움이 밀려드는 순간에 그 두려움을 가까이 끌어당겨 내 안으로 통합하려고 노력하라. 가령 두 눈을 감고 모든 정신을 내 몸에서 일어나는 두려움이라는 감각에 집중하라. 마음속에 떠오르는 어떤 이미지가 보일 것이다. 다양한 내면적 목소리가 들릴 것이다.

그러면 두려움을 진정으로 이해하고자 하는 마음으로 자신에게 이렇게 물어보아라. "무엇이 이렇게 겁이 나지?" 이 질문에 답을 할 수 있다면 또 이렇게 물어라. "왜 겁이 날까? 과거에 어떤 경험이 생각나서일까?" 이런 식으로 두려움을 가까이 끌어당기면 마음속 깊숙이 묻혀있던 두려움을 밖으로 끌어내 대면할 수 있을 뿐만 아니라 그렇게 끌려 나온 두려움을 직접 돌보고 더 명확하게 의식할 수 있다.

우리에게는 실제 두려움을 마주할 때마다 정신과 마음을 이용해서 과거에 두려움의 원인이 된 트라우마를 해결할 능력이 있다. 또한 직접 선택하고 전략을 세워 상황을 안전하게 만들어나갈 수도 있다.

두려움에는 노출 전략이 통하지 않는 이유

자신이 정확히 무엇을 두려워하는지 알고 나면 이 두려움을 극복하려고 사람들이 흔히 사용하는 전략 가운데 하나가 **노출 요법**이다. 예를 들자면 뱀을 죽을 만큼 두려워하는 사람을 뱀과 직접 접촉해야 하는 장소로 데려가 뱀이 실제로는 위협이 아니라는 사실을 직접 경험하게 함으로써 불안감을 없앤다는 원리다. 내 개인적인 의견으로는 이런 형태의 치료 요법을 성급하게 시도해서는 안 된다. 두려움과 불안감을 강화할 수도 있다.

노출 요법을 고려하고 있는 사람이 있다고 가정해보자. 그러나 내면적 쌍둥이들 사이에서는 합의가 이루어지지 않았다. 그중에는 두려움을 극복하고자 두려움을 일으키는 요소를 향해 돌진하길 원하는 내면적 쌍둥이도 있고 안전하게 도망치고 싶어 하는 내면적 쌍둥이도 있다. 이제 내면적 쌍둥이들 사이에 전쟁이 벌어진다.

이 상황에서 두려워하는 대상에 자신을 노출하는 것은 아무런 준비가 되지 않은 연약한 자기를 불도저로 밀어버리는 것이나 다름없다. 연약한 내면적 쌍둥이는 자신의 이익과 자유 의지와 욕망이 전혀 고려되지 않았다는 생각에 다른 내면적 쌍둥이를 불신하게 되는 결과만을 낳을 것이다. 그러면 내면에서 정서적 불신이 팽배하게 된다. 그 결과 우리는 이유도 모른 채 자신을 믿을 수 없게 된다. 정서적 불신이 생겨난 이유가 내면적 쌍둥이 간에 벌어진 제로섬 게임 때문이라는 사실을 우리는 깨닫지 못하게 된다. 제로섬 게임은 한쪽이 승자가 되면 다른 한쪽은 반드시 질 수밖에 없는 상황을 가리킨다.

노출 요법을 대체할 수 있는 보다 나은 방법은 일단 두려움의 실체를 찾아낸 뒤에 마음과 정신을 가다듬어 그 두려움을 해결하는 것이다. 두려움 자체에 몰두하지 말고 두려움을 일으키는 대상에서 가능한 한 멀리 떨어지길 원하는 내면적 쌍둥이에게 다가가 사랑과 관심을 기울이는 과정이라고 생각하면 된다.

두려움을 멀리하고 싶어 하는 내면적 쌍둥이에게 서서히 다가가라. 겁에 질려 우는 어린아이에게 다가가듯…. 무서워하는 일을 하도록 강요하는 대신에 그 두려움을 이해하려 노력해야 한다. 그런 두려움을 갖는 데에는 타당한 이유가 있다고 이야기해줘야 한다. 그러면 비로소 이 내면적 쌍둥이를 안심시켜 줄 최선의 방법이 보이기 시작할 것이다.

이 방법을 시행하면 경계에 대한 인식이 분명해진다. 우리를 두렵게 만드는 대상에 대해 '싫어'라고 분명히 말하는 것이 자기 자신을 위해서 옳은 일이며, 안전하다는 느낌을 얻기 위해 꼭 필요한 일이라는 인식이 명확해진다. 두려움에 질린 내면적 인격이 **한편으로는** 두려움을 불러일으키는 대상과 관계를 맺길 원한다는 사실을 명확히 깨달을 수도 있다.

'무서워서 아무런 관계도 맺고 싶지 않아'라는 내면적 쌍둥이의 말과 '무섭지만 관계를 맺고 싶은 마음도 있어'라는 말 사이에는 커다란 차이가 있다. 노출 요법이 효과가 있는 경우는 두려움을 느끼는 내면적 쌍둥이가 두려움을 불러일으키는 대상과 관계를 맺길 원한다는 의사를 밝힐 때뿐이다.

이 경우에는 내면적 쌍둥이들 사이에 의견이 일치하므로 신뢰 분위기가 조성된다. 그러면 함께 손을 잡고 두려움에 맞설 수 있다. 결국 내면적 쌍둥이들은 두려움을 제거하고 평화를 얻을 것이다.

그러나 명확히 짚고 넘어가야 할 사실은 만약 아직 두려움을 마주할 준비가 되지 않은 내면적 쌍둥이가 확실한 경계선을 그으며 충격 요법이 '싫다'고 거부한다면 내면적으로 신뢰 분위기를 깨뜨리지 않기 위해서라도 그 의견을 반드시 존중해야 한다.

정서적 자명종

몸과 정신과 영혼 이 세 가지는 아주 오래전부터 생명을 완성하는 요소로 여겨졌다. 그러나 나는 이에 전적으로 동의하지 않는다. **영혼**이라고 하면 우리는 흔히 영적인, 혹은 무형의 에너지를 생각한다. 그러나 우리가 느끼는 느낌과 감정에도 (우리가 이해할 수 없는) 영적인, 무형의 속성이 있다. 우리는 기분과 감정이 지닌 이러한 속성을 **영혼**이라는 개념과 자주 연관 짓곤 한다. 영혼을 치유하기 위해서는 우선 기분이 좋아지도록 도와주어야 하는 것도 이런 까닭이다.

사실 영혼은 본질적으로 건강하다. 건강하지 않을 수가 없다. 잠복 상태의 에너지인 **영혼**은 중요한 세 가지를 창조한다. 바로 감정과 정신과 몸이다. 따라서 인간을 구성하는 이 세 가지 기둥은 사실상 **영혼**으로 이루어져 있다. 우리 몸은 우리 영혼의 **물리적인** 투영이다. 우리 정신은 우리 영혼의 **정신적인** 투영이다. 감정은 우리 영혼의 **의식적인 인지**다.

따라서 영혼을 두 가지 관점에서 바라볼 수 있다. 첫째, 영혼이 건강해지려면 몸과 정신과 감정이 건강해야 한다. 둘째, 감정은 영혼의 언어다. 영혼을 이 두 가지 관점에서 바라보기 시작하면 **정서적 건강**이 곧 사람들이 흔히 말하는 **영혼 건강**의 핵심임을 알 수 있다. 정서적으로 건강해지려면 우리가 **정신** 또는 **영혼**이라고 부르는 눈에 보이지 않는 의식적 측면, 즉 우리 존재의 비물리적인 측면을 인정하는 것이 중요하다.

우리는 인간의 존재를 이루는 핵심적인 측면을 가리킬 때 영혼이라는 단어를 사용한다. 영어에서는 **영혼**과 **심장(마음)**을 같은 뜻으로 사용하기도 한다. 그래서 존재의 핵심에서 나오는 생각을 말로 표현할 때 우리는 '내 심장(마음)에서는 **이게 또는 저게** 진실이라는 걸 알아'라는 표현을 쓴다. 인생 경험의 본질이 정신적이거나 물리적이기보다는 느낌과 감정이라는 사실을 우리가 이미 알고 있음을 일깨워주는 대목이다.

우리는 태어나는 순간부터 전적으로 **감각적 인지**를 통해서 세상을 경험한다. 우리는 눈으로 세상을 보기 전에 온몸으로 세상을 느낀다. 느낌과 감정은 여기 지구상에서 살아가는 동안 우리 인생의 핵심일 뿐만 아니라 관계의 핵심이기도 하다. 관계에서 상처를 가장 많이 받는 이유도 그 핵심이 느낌과 감정이기 때문이다.

우리가 느낌과 감정을 이해하는 방식은 양육 및 사회화 과정에서 비롯한다는 것은 명확한 사실이다. 지난 수 세기를 돌아볼 때 오늘날 좋은 양육 방식에 대한 인식은 급격히 달라졌다. 중세 시대만 해도 사실상 유년기라는 개념 자체가 따로 없었다. 신체적으로 웬만큼만 성장하면 아이들은 곧바로 노동에 투입돼 오늘날 관점에서 보면 노예처럼 일했다. 당시에는 아이들을 순수하기는커녕 사악한 존재로 여겼으며 강도 높은 체벌이 예사였다. 가장 지체 높은 귀족 가문에서조차 아이들을 귀하게 여기고 사랑하기보다 업신여기고 일부러 무시하거나 학대하는 부모도 있었다. 그렇게 하는 것이 아이에게 좋다는 잘못된 인식이 퍼져 있었다.

1600년대 후반 서구에서는 당근과 채찍 훈육법이 탄생했다. 철학자 존 로크가 100% 체벌만 하는 기존의 훈육 방식보다 아이가 나쁜 행동을 했을 때는 '창피'를 줘서 인정과 애정을 박탈하고, 착한 행동을 했을 때는 '존중'을 보여줘서 보상해 주는 훈육 방식이 더 낫다고 주장했다.

20세기 초까지만 해도 큰 변화는 없었다. 양육 전문가들은 유년기를 낭만적으로 바라보는 모든 관점을 공공연히 비판하고 엄격한 훈육법을 주장했다. 실제로 1914년 미국 아동국이 배포한 영유아 보육에 관한 자료를 보면 영유아들에 엄격한 생활 수칙을 적용할 것과 어린 자녀와 놀아주지 말 것을 부모들에게 권고하고 있다. 존 B. 왓슨의 **행동주의**Behaviorism에서는 부모는 착한 행동은 보상하고 나쁜 행동은 체벌하며 (식사와 수면 등) 정확한 일정에 맞추어 신체가 기능하도록 훈육해야 한다고 주장한다.

서구 사회에서는 20세기 후반부터 체벌에 대한 인식이 부정적으로 바뀌기 시작했다. 많은 부모가 체벌이 학대라는 사실을 깨달을 만큼 의식이 성숙해졌다. 안타깝게도 훈육이라는 이름으로 자녀를 학대하는 의식 없는 부모들이 아직 일부 남아 있긴 하지만 오늘날 대부분의 부모는 훈육의 도구로 체벌 대신 타임아웃* 등을 이용한다.

건강한 정서적 환경 조성

현시대를 양육 방식의 암흑기라고 말하기는 쉽다. 그러나 장담컨대 훗날 우리 다음 세대도 지금 시대를 되돌아보면 똑같은 말을 할 것이다. 역사를 돌아보면 야만적이고 잔인한 관습이 참 많았다. 오늘날 우리는 어떻게 하면 아이들에게 그리고 서로에게 건강한 **물리적** 환경을 조성해줄 수 있는지 안다. 그러나 내가 여기서 하고 싶은 말은 우리는 어떻게 하면 아이들에게 그리고 서로에게 건강한 **정서적** 환경을 조성해줄 수 있는지는 잘 모른다는 것이다.

인류 역사를 돌아보면 드물게 예외가 존재하긴 하지만, 심지어 오늘날까지도 좋은 양육 방식을 이야기할 때 가정의 **정서적 환경**은 고려되지 않고 있다. 그러나 아이를 키울 때 신체적 양육 수준으로 보면 좋은 부모일지라도 정서적 양육 수준으로 보면 끔찍한 부모일 수도 있다는 인식이 점차 생겨나고 있다. 감정이 우리 인생의 핵심이자 관계의 핵심이라는 사실을 인정하는 것은 커다란 시사점을 제공한다.

오늘날 우리는 감정을 두려워한다. 일례로 두려움이라는 감정 그 자체를 두려워한다. 양육에 관한 조언 대부분은 감정의 세계를 완전히 무시해버린다. 잘못된 행동을 바로잡을 방법에만 초점을 맞추고 그런 행동 이면에 있는 감정은 무시해버린다. 다른 분야에서 인류가 이룩한 발전과는 별개로 양육 방식의 목표는 여전히 건강한 성인을 키워내는 것이 아니라 당장 말 잘 듣고 순종적인 아이로 만드는 것이다. 다시 말해 오늘날

---

* 잘못을 저질렀을 때 아이를 잠시 혼자 두어 생각하는 시간을 갖게 하는 훈육 방법

양육의 목표는 '착한' 아이를 키워내는 것이다. 좋은 양육 방식이란 아이의 감정을 고려하는 것이다. 좋은 관계 또한 상대의 감정을 고려하는 것에서 출발한다.

오늘날 우리가 살아가는 세상에서 더욱 건강한 정서적 환경을 조성하려면 아이들을 대하는 방식부터 바꾸어야 한다. 그러고 나서 새롭게 세운 이 기준을 우리 자신을 대할 때와 친구와 사랑하는 사람들을 대할 때로 확장해 나가야 한다.

부모가 자녀를 대할 때 고쳐야 할 세 가지 중대한 실수가 있다. 성인끼리 서로를 대할 때 자주 범하는 실수이기도 하다. 이런 실수에 대해 부모를 비난하거나 다른 사람을 꾸짖을 수만은 없다. 정서적 안정감 속에서 자란 사람이 거의 없으므로 어떻게 해야 나아질 수 있는지 아는 사람도 거의 없기 때문이다. 여기 간단하게 세 가지로 요약한 황금률이 있다. 자녀를 양육할 때 그리고 다른 사람과 관계를 맺을 때 이 새로운 규칙을 따르면 이 세상은 정서적으로 훨씬 건강한 환경이 될 것이다.

---

1. 부모는 자녀의 감정을 **부인**해선 안 된다. 자기 자신의 감정과 주변 사람들의 감정도 부인해선 안 된다.
2. 부모는 자녀의 감정을 **묵살**해선 안 된다. 자기 자신의 감정과 주변 사람들의 감정도 묵살해선 안 된다.
3. 부모는 자녀가 감정을 이해하고 다스릴 수 있도록 지도해주어야 한다. 우리 모두가 **감정이 어떻게 우리 삶의 모든 면에 영향을 미치는지**를 이해하고 감정을 더 잘 다스릴 방법을 배워야 한다.

이 세 가지 규칙을 따르지 않는 부모의 양육 방식은 다음과 같다. 자녀의 감정을 부인하는 부모는 자녀가 부정적인 감정을 표출하는 것을 비판적으로 생각해서 꾸중하거나 벌을 준다. 자녀의 감정을 묵살하는 부모는 자녀의 감정이 중요하지 않다고 생각해서 아무런 반응을 하지 않거나 심한 경우 무시해버린다. 마지막으로 자녀를 지도해주지 않는 부모는 자녀의 감정에 공감은 할지라도 행동을 제지하거나 자녀가 자신의 감정을 이해하고 다스릴 수 있도록 도와주지 않는다.

충격적인 시사점

실질적인 사례를 들어 이 과정을 설명해보자. 윌리엄이라는 아이가 있다고 하자. 윌리엄이 학교에 가기 싫어 울음을 터뜨렸지만, 부모가 강제로 학교에 데려갔다고 상상해보자. 아이의 감정을 부인하는 부모라면 협조적이지 않은 윌리엄을 '철부지'라고 꾸짖거나 격리나 체벌로 벌을 줄 것이다.

아이의 감정을 묵살하는 부모라면 이렇게 말하며 윌리엄의 감정을 무시할 것이다. "왜 이러니 도대체. 학교 가는 게 뭐가 그렇게 슬프다고. 당장 뚝 그쳐." 윌리엄에게 과자를 주거나 학교 가는 길에 창밖으로 보이는 소를 가리키며 주의를 다른 데로 돌릴 수도 있다.

자녀가 감정을 잘 다스릴 수 있도록 지도해주지 않는 부모라면 윌리엄에게 슬퍼하거나 두려워해도 괜찮다며 감정적으로 공감은 해주지만 정작 불편한 감정을 어떻게 해야 하는지는 가르쳐주지 않는다. 그저 윌리엄이 소모적인 감정을 어찌할 줄 몰라 무력함을 느낄 때까지 내버려 둔다.

부모가 자녀에게 건강한 정서적 환경을 조성해주지 않을 때 미칠 수 있는 영향을 깊이 한번 생각해보자. 이런 부모 밑에서 자란 아이는 감정을 스스로 달래는 법을 알지 못한다. 이는 건강상의 문제로 이어질 수도 있다. 가족과 정서적인 연결을 맺지 못하고 소속감을 느끼지 못하는 경우도 흔하다. 무엇보다 가족에게서 친밀감을 느끼지 못하기 때문에 고독과 외로움을 느낀다.

유년기에 느끼는 고독과 외로움은 성인이 되고 나서도 이어진다. 자기 자신의 감정을 다스리지 못하고 타인과 건강한 관계를 맺는 데 어려움을 느끼는 어른으로 자라기 때문이다. 타인과 친밀한 관계를 맺는 데 극도로 공포를 느낀다. 무력감을 느끼고 종종 타인과의 관계에서 동반 의존증을 보이기도 한다.

더 나은 인간관계

우리는 부모님에게 감정을 건강하게 다스리는 법을 배우지 못했기 때문에 어른이 되어서도 자기 자신이나 타인의 감정을 제대로 다스리지 못한다. 다른 사람과 감정적으로 건강하게 교제하는 법을 알지 못하기 때문에 친구 관계나 연인 관계가 괴로울 수밖에 없다. 어떻게 하면 진정으로 친밀한 관계를 발전시켜 나갈 수 있는지 알지 못하기 때문이다. 우리는 계속해서 자기 자신의 감정과 타인의 감정을 무시하거나 부인하게 된다. 그 결과 타인의 감정에 이러쿵저러쿵 관여하게 되고 정서적 욕구를 용납하지 못하게 된다. 우리는 대부분 감정을 약점으로 바라보기 때문에 감정을 잘 표출하는 사람들을 가리켜 **지나치게 예민**하다고 손가락질한다. 결국 성인이 되고 난 이후에도 정서적으로 건강한 관계가 힘들어진다.

다음은 성인 간의 정서적 역기능 관계 예시다. 여기서는 세 가지 예시만 제시했지만, 주변에서 수많은 예시를 찾을 수 있을 것이다.

1. 한 여자가 친구와 점심을 먹으러 갔다. 여자는 당연히 통과할 줄 알았던 승진 심사에서 떨어져서 낙심한 상태다. 친구가 지금처럼 너무 부정적인 측면에 집중하다 보면 실망감만 더 커진다면서 긍정적인 면을 보라고 조언했다.

2. 남편이 늦게 퇴근해서 현관문을 열고 들어서는 순간 아내가 울기 시작했다. 남편이 우는 아내를 보자마자 다음과 같이 내뱉었다. "당신은 항상 과장되게 행동해. 겨우 삼십 분 늦은 걸 가지고 이 난리야. 폐경기라 그런가. 전문가한테 상담 좀 받아 봐." 남편은 아내를 완전히 무시하고 텔레비전을 보러 서재로 들어가 버렸다.

3. 이혼 위기를 겪고 있는 남자가 있다. 친구들에게 현재 상황을 이야기하자 친구들은 남자에게 술집으로 나오라고 했다. 남자가 술집에 도착했지만, 친구들 가운데 누구도 남자가 지금 정서적으로 힘든 시간을 보내고 있다는 사실을 알아주지 않았다. 대신에 아무 생각 말고 술이나 마시고 스포츠 경기나 보고 술집에 있는 예쁜 여자들이나 구경하라고 말했다.

친구 관계든 연인 관계든 감정과 기분은 모든 건강하고 의미 있는 관계의 핵심이다. 삶이 정서적으로 건강하지 않다면 관계는 관계가 아니라 그저 사회 참여일 뿐이다. 자기 자신의 감정과 기분을 잘 모르면 누구와도 친밀한 관계를 맺을 수 없다.

다시 한번 말하지만 여기서 친밀감이 꼭 성적인 관계를 의미하진 않는다. 성관계가 친밀감의 부산물일 수는 있지만 **친밀감** 그 자체는 아니다.

친밀감은 삶의 모든 면에서 당신이 어떤 사람인지를 상대에게 알려주고 상대가 어떤 사람인지를 당신이 아는 것이다. 친밀감은 당신이 어떤 사람인지에 관한 진실을 관계의 중심으로 끄집어내 인정받는 것이다. 상대방도 마찬가지다. 친밀감은 공감과 이해가 핵심이 되는 만남이다.

친밀감intimacy라는 단어를 쪼개면 'into me see(내 안을 보라)'라는 아주 의미심장한 세 음절이 된다. 친밀감이란 서로의 마음속을 들여다보고 깊은 연결을 맺어 서로가 진정으로 어떤 사람인지를 아는 것이다. 당신이 어떤 사람이냐의 핵심은 당신의 감정이다. 감정은 영혼의 언어다. 감정은 정체성의 핵심이자 영혼의 언어이므로 친밀감에서 가장 중요한 부분은 감정적 연결, 즉 서로의 감정을 이해하는 것이다.

감정의 중요성

요점은 **감정은 중요하다**는 사실이다. 건강한 관계를 지속해서 유지하려면 감정의 중요성과 가치를 이해하고 상대방의 감정을 존중해야만 한다. 표면으로 드러난 말 뒤에 숨은 감정에 귀를 기울여야 한다. 상대방이 나를 이해할 수 있도록 마음을 열어야 하고 내가 마음을 열어 상대방을 이해해야 한다.

항상 상대방의 기분과 감정을 이해하고 난 다음에 조언을 해야 한다. 그렇지 않고 상대방에게 이런 감정은 맞고 저런 감정은 틀렸다라고 말한다면 상대방에게 자신의 감정을 믿지 말라고 가르치는 셈이다. 상대방에게 문제가 있다고 섣부르게 가르치는 셈이다.

우리는 부정적인 감정을 다스리는 데 가장 큰 어려움을 겪는다. 따라서 부정적인 감정에 어떻게 대처하느냐는 타인과 정서적으로 얼마나 건강한 관계를 맺고 있느냐를 나타내는 지표가 된다. 부정적인 감정을 잘 다스려서 다른 사람과 정서적 연결을 발전시키고 친밀감을 강화할 수 있는 단계적 방법이 있다. 이 방법은 살면서 자녀를 대할 때뿐만 아니라 다른 성인을 대할 때도 적용할 수 있다.

타인과의 관계에서 갈등이 발생할 때 적용할 수 있는 황금률이 있다. 한번 배우고 적용하기 시작하면 인생이 달라지는 경험을 하게 될 것이다. 그 황금률은 다음과 같다.

1. 상대방의 감정 상태에 주의를 기울여라.

2. 상대방의 감정을 정당하고 중요하다고 인정해줌으로써 관심을 표현하라.

3. 상대방의 감정을 이해하려고 노력하며 공감하는 마음으로 귀를 기울여라. 그러면 상대방은 타인의 평가를 두려워하지 않고 연약함을 드러내 보여도 안전하다고 느낀다.

4. 상대방의 감정을 정당하다고 인정해주어라. 상대방이 자신의 감정을 표현할 수 있는 적당한 단어를 찾도록 도와주는 것도 한 가지 방법이다. 이 단계에서 상대방이 자신의 감정에 대해 가지고 있는 생각까지 옳다고 인정해줄 필요는 없다는 사실을 명심하라. 상대방이 자신의 감정을 어떻게 생각하는지와는 상관없이 그런 감정을 느끼는 것 자체가 괜찮다는 사실을 알려주어야 한다. 예를 들어 친구가 '나 자신이 쓸모없이 느껴져'라고 말할 때 '맞아. 넌 쓸모없어'라고 인정해줄 필요는 없다는 뜻이다. 대신 '네가 왜 스스로 쓸모없다고 느끼는지 이해가 돼. 내가 너라도 똑같은 감정이 들었을 거야'라고 말해줄 수 있다.

5. 기분이 나아질 때 나아지더라도 일단 상대방이 마음속에서 일어나는 감정을

고스란히 느끼고 경험하도록 내버려 두어라. 이 단계에서는 상대방이 스스로 준비가 되었다고 느껴질 때 다른 감정으로 서서히 옮겨 갈 수 있도록 권한을 주어야 한다. 감정을 추스를 권한은 고스란히 상대방 것이니까. 상대방이 언제 준비가 되어야 하고 언제 다른 감정을 느껴야 하는지 우리가 강요해선 안된다. 이 단계에서 우리는 조건 없는 사랑으로 옆에 있어주어야 한다. 상대방을 '고치려' 들지 말고 든든한 지원군이 되어주어야 한다. 이때 상대방이 당신을 지원군으로 받아들이지 않더라도 상처받지 말라. 상대방이 받아들이든 받아들이지 않든 간에 도움의 손길에는 사랑이라는 고유한 힘이 있다.

6. 상대방이 자신의 감정을 충분히 이해하고 인정하고 느끼기를 기다렸다가 그 이후에 감정에 대한 반응을 잘 관리할 전략을 세울 수 있도록 도와주어라. 이 단계에서는 상대방의 기분이 나아질 수 있도록 상황을 바라보는 다른 방법을 제시해도 괜찮다. 조언을 해줄 수 있는 단계다.

관계의 황금률을 자신에게도 똑같이 적용하라

정서적으로 건강한 사람이 되고 싶다면 자기 자신과도 관계를 맺고 있다는 사실을 깨닫고 받아들여야 한다. 이 말은 곧 당신 스스로 자신의 감정을 중요하게 생각해야 한다는 뜻이다. 다시 말해 자기 자신의 감정을 무시하거나 부인하지 말고 인정하고 수용해야 한다. 따라서 위에서 제시한 여섯 가지 단계를 자기 자신에게도 적용해야 한다. 그러면 자기 자신을 신뢰하는 법을 배우게 될 것이다.

어떤 감정을 느끼든지 간에 절대 부끄러워하지 말라. 자신의 감정에 수치심을 느낀다면 타인에게 그 감정이 틀렸거나 나쁘다는 평가나 암시를 들었다는 뜻이다. 그러나 모든 감정에는 합당한 이유가 있다. 당신이 느끼는 감정은 정당하다. 그런 감정을 느끼는 데에는 다 그럴 만한 이유가 있다. 누구도 당신이 느끼는 감정에 이래라저래라 간섭하도록 내버려두지 말라.

당신의 감정을 중요하게 생각하는 사람과 관계를 누릴 충분한 자격이 당신에게 있다는 사실을 기억하라. 그런 관계를 맺는 가장 빠른 방법은 당신 스스로 **자기 자신의 감정이 중요하다**고 생각하는 것이다. 부정적인 감정이 들 때 자기 자신을 버리고 떠나는 일은 이제 그만두어라. 그러면 자기 자신이 언제나 그 자리에 중심을 잡고 꿋꿋이 서 있다는 안정감과 스스로에 대한 신뢰가 쌓일 것이다. 깊은 내면의 평화가 찾아올 것이다.

일단 자신의 경계를 인식하고 나면 이를 보호할 수 있게 된다. 자신의 경계가 침범당하고 있다는 느낌이 들 때 어떻게든 방향을 바꿔야 한다는 사실을 스스로 깨달을 수 있다. 경계를 인지하는 능력은 자기 신뢰뿐만 아니라 타인과의 관계에서도 필수적이다.

두려움과 걱정

두려움과 걱정은 항상 함께 다닌다. 두려움은 미래에 대한 걱정에서 생기기 때문이다. 절대 일어나지 않았으면 하는 일, 무슨 수를 써서라도 막고 싶은 일이 있을 때 두려움이 생긴다. 인생에서 고통스러운 일을 경험했을 때, 특히 과거를 되돌아봤을 때 온통 고통스러운 기억뿐이라면 미래에도 똑같은 고통을 경험하게 될 것 같은 불길한 예감이 떠오르기 마련이다. 그러면 당연히 걱정이 들 수밖에 없다.

오늘날 우리가 살아가는 세상에서는 가는 곳마다 걱정해야 할 것들과 사람들투성이다. 뉴스를 보노라면 곳곳에 위험이 도사리고 있다는 생각이 저절로 든다. 우리는 걱정을 하면 자기 자신과 사랑하는 사람들이 다가올 고통에서 멀어질 수 있다고 믿는다. 생명을 위협하는 잠재적 위험이 닥치기 전에 예견할 수 있다고 믿는다. 그래서 미리 대비하고 막을 수 있다고 믿는다. 위험을 막을 방법을 찾지 못하면 생존을 위협받고 인간으로서 기본 욕구마저 충족하지 못할 상황에 직면할 수도 있다. 따라서 위험이라는 적이 들이닥치기 전에 대비하려고 애쓴다. 우리는 그 대비 수단으로 걱정을 택한다.

두려움에 시달리고 있다면 **우주 전체**가 적으로 보일 수 있다. 그 이유는 다음과 같다. 우리는 권위자가 우리 현실을 창조한다고 믿는다. 그래서 이 권위자와 관련된 인격적 속성을 우주에 부여하고 권위자와 비슷한 방식으로 우주가 우리를 대하리라 생각한다. 우리 대부분은 엄마든 아빠든 권위자에게 벌을 받은 경험이 있기 때문에 우주도 우리를 벌할 수 있다고 믿는다. 우주가 우리에게 **고통을 줄 수 있다**고 믿는다.

그래서 우리는 걱정을 하면서 현실을 스스로 창조할 수 있다는 믿음이 간절할 때조차 우리 자신에게는 그런 능력이 없다고 믿는다. 또한 우리는 마음속 깊은 곳에서 자신이 사랑이나 보상이나 좋은 일을 누릴 만큼 선하지 않다고 믿는다. 대신 벌을 받아야 한다고 생각한다.

무엇보다 자기 앞에 닥친 상황을 해결할 수 없다고 느끼는 사람일수록 **걱정을 많이 한다**. 우리는 무슨 일이 닥칠지 예상하고 있으면 실제로 나쁜 일이 생기더라도 심적 충격이 덜할 거라는 나약한 바람 때문인지도 모르겠다. 그러나 탈출할 수도 있다는 사실은 외면한 채 다가오는 추락 위험에만 집중하다 보면 어느새 낭떠러지 끝에 서 있는 자신을 발견하게 된다.

이런 경우 그 이면에서 실제로 벌어지고 있는 일은 다음과 같다. 우리가 사는 우주는 진동한다. 우리가 찾는 해결책, 가령 위험에서 빠져나올 수 있는 해결책과 우리가 집착하는 문제는 **진동 주파수**가 서로 다르다. 문제와 해결책의 **진동 주파수가 서로 맞지 않기 때문**에 이 두 가지에 동시에 집중하는 건 불가능하다.

따라서 걱정을 하면서 동시에 기분이 좋을 수는 없다. 마음속에 걱정이 가득 차 있을 때는 절대 해결책이 떠오를 수가 없다. 그러나 의식적으로 해결책을 찾는 일에 초점을 맞추다 보면 우리 정신과 에너지는 해결책이 떠오를 수 있도록 자연스럽게 진동 주파수를 조정한다.

그러나 여기서 한 가지 짚고 넘어가야 할 사실은 걱정이 우리를 안전하게 지켜준다고 생각하거나 아니면 최소한 우리 고통을 덜어준다고 착각한다는 점이다. 그러나 걱정을 하는 한 **안전하다는 느낌은 들지 않으며 고통만 느껴질 뿐이다**. 걱정만 하다가는 인생에서 안전하다는 느낌이나 즐거움은 결코 경험하지 못할 가능성이 크다. 잠시 앉아서 이 사실을 곱씹어보라. 걱정은 실제로는 손해를 안겨줄 뿐이다. 걱정은 우리 자신이나 우리가 사랑하는 사람들이 죽거나 다치는 현실에서 벗어나지 못하게 한다. 우리 정신이 인지하고 집중하는 것이 곧 현실임을 알라. 정신이 **우리 생각과 실제로 일어나고 있는 일**을 구분하지 못한다는 사실은 이미 과학적으로 증명이 됐다. 따라서 당신이 일어날 수 있는 최악의 상황에 초점을 맞춘다면 바로 그 최악의 상황이 당신이 인지할 수 있는 유일한 현실인 셈이다. 심지어 당신이 걱정하는 사람이 실제로는 멀쩡히 살아있는데도 당신의 마음속에서는 이미 죽거나 다친 사람이 될 수도 있다.

이쯤에서 급진적인 주장을 하나 하려고 한다. 걱정은 **물리적으로** 일어나지 않은 일 때문에 두려움 속에서 현실을 살아가도록 만든다. 걱정은 우리가 현실을 직시하지 못하게 막는다. 걱정은 '지금'이 존재하지 않게 만들어버린다. 유일하게 존재하는 것은 우리가 어찌할 수 없는 미래뿐이다. 지금 걱정하는 일이 **일어나지 않더라도** 또 다른 무언가를 걱정할 것이다. 다음은 간단하지만 걱정을 효과적으로 달랠 방법이다.

걱정을 달래는 법

걱정을 하고 조심한 덕분에 자기 자신과 사랑하는 사람들이 지금껏 살아있을 수 있다고 믿는다면 인제 와서 모든 걱정을 한꺼번에 놓아버리긴 힘들 것이다. 더군다나 걱정이 곧 사랑이라고 믿어왔다면 말이다. 그러나 우리는 이제 걱정이 사랑이 아니라는 사실을 안다.

다음은 걱정을 달래는 방법이다.

1. 불안한 생각과 감정이 들 때 이를 인정하고 가만히 관찰하라. 평소처럼 애써 무시하거나 맞서 싸우거나 통제하려고 하지 말라. 반응하거나 판단하지 말고 외부인의 관점에서 가만히 관찰하라. 이런 방법을 통해, 불안한 생각이나 감정에 에너지나 관심을 쏟는 대신 단순히 관찰하고 인정할 수 있다.

2. 걱정을 멈추려고 애쓰지 말라. 마음속에서 일어나는 걱정에 저항하지 말라. 억지로 생각을 하지 말라고 자신을 닦달하거나 몰아세울 필요는 없다. 강제로 '생각 안 하기'는 피하고자 하는 생각에 더 집중하게 되는 역효과를 낳을 수 있다. 한마디 덧붙이자면 정신이 현실을 창조한다고 믿는 사람들은 걱정

이 현실이 될까 봐 두려워한다. 이런 걱정은 하지 않아도 된다. 우주는 진동으로 이루어져 있다. 이런 관점에서 보면 걱정을 한다고 해서 걱정하는 일이 실제로 일어나거나 안 일어나진 않는다. 다만 걱정을 하다 보면 **더 많은** 걱정이 생길 뿐이다.

3. 현재에 집중하라. 마음속에서 걱정이 불쑥불쑥 고개를 들 때마다 의식적으로 자기 자신에게 '**지금 여기서** 무슨 일이 일어나고 있지?'라고 질문해보아라. 신체 감각, 호흡, 감정 변화, 머릿속을 스쳐 지나가는 생각 등 지금 이 순간에 느껴지는 감각을 차례차례 지워나가라. 어떤 생각에서 헤어나올 수 없다면 다시 현재 느껴지는 감각에 집중하라. 이렇게 하다 보면 지금 이 순간에 아무런 문제가 없다는 사실을 깨닫게 될 것이다. 예를 들어 **비행기 사고**에 대한 걱정이 머릿속을 떠나지 않는다고 가정해보자. 그러나 바로 여기 지금 이 순간 당신은 고요한 방안에 앉아있다. 방안에서 들려오는 소리에 귀를 기울여라. 아무 일도 일어나고 있지 않다. 더군다나 비행기 사고는 지금 여기서 일어나고 있지 않다.

걱정 일기

스스로 걱정이 지나치다고 생각된다면 걱정 일기를 한번 써보라. 걱정 일기는 걱정되는 모든 일 혹은 일어날까 봐 두려운 모든 일을 기록하는 공책이다. 걱정거리를 손으로 써서 책장에 꽂아 두었다가 나중에 시간이 날 때 들여다보며 해결할 수 있다. 일기를 쓸 때는 일과 중에 (잠들기 직전이나 일어난 직후는 피해서) 시간을 정한 다음 걱정거리를 하나도 빠짐없이 적어라. 종이 위에 마음속에 있는 모든 근심 걱정을 토해내라. 매사에 걱정이 많다면 **언제** 걱정 일기를 적어야 하나라는 걱정까지 더해지지 않도록 매일 같은 시간에 걱정 일기를 적는 습관을 들여라. 걱정 일기를 적는 시간까지는 걱정을 잠시 미뤄두어라. 도저히 어떤 걱정을 떨칠 수가 없다면 걱정 일기를 적을 시간이 되지 않았더라도 일단 기록해두고 그 시간이 다가올 때까지만이라도 잊도록 노력해라.

이런 식으로 걱정을 미뤄두면 지금 이 순간 걱정에 사로잡혀 곱씹는 습관을 끊는 데 효과적이다. 걱정거리를 억누르거나 평가하느라 애쓸 필요 없이 그저 나중으로 미뤄두면 된다. 불안한 생각을 미뤄두는 능력을 키우다 보면 생각했던 것보다 스스로 걱정을 잘 통제할 수 있다는 사실을 깨닫게 된다.

시간이 있을 때 걱정 일기에 적어 둔 걱정거리 목록을 분석해서 지금 당장 어떤 조처를 할 수 있는 걱정거리들만 따로 분리해라. 이런 걱정거리들은 **생산적인 걱정거리**라고 할 수 있다. 이 과정이 힘들다면 하루에 **생산적인 걱정거리** 딱 하나만 골라서 집중해라. 예를 들어 걱정 일기에 '곧 여행을 가는데 비행기랑 호텔 예약 때문에 너무 걱정된다'라고 썼다고 해보자. 이 걱정거리는 지금 당장 온라인으로 검색을 해서 예약을 하면 해결되는 걱정거리기 때문에 생산적인 걱정거리라고 할 수 있다. 이 과정이 능숙해지면 가능한 한 많은 **생산적인 걱정거리**를 해결하려고 노력해라. 생산적인 걱정거리를 각각 평가하고 구체적인 해결 방안을 단계적으로 생각한 다음에 실천에 옮겨라. 이 과정에서 생각의 중심이 문제에서 해결책으로 옮겨 간다.

자신에게 '이 걱정거리가 내가 실제로 당면한 문제인가 아니면 **만약의 경우를 상상한 것**인가'라고 물어보는 것 또한 중요하다. 만약 걱정거리가 **만약의 경우를 상상한 것**이라면 걱정을 덜기 위해 할 수 있는 일이 있는가? 이 과정은 일종의 진동 주파수를 조정하는 게임으로 현재 걱정하는 문제에 대한 저항심을 내려놓는 데 도움이 되는 방법을 생각해내고 이를 실천에 옮겨 걱정을 덜 수 있다.

걱정 일기에 적은 **생산적인 걱정거리**를 모두 해결하고 나면 구체적인 해결 방안을 생각해낼 수 없는 비생산적인 걱정거리들만 남는다. 이런 걱정거리들을 대할 때는 걱정한다고 해서 자기 자신에게 득이 될 것이 없다는 사실을 깨닫는 것이 중요하다. 비생산적인 걱정거리는 막다른 골목과 마찬가지다. 사실 진동 주파수 맞추기를 알면 비생산적인 걱정거리를 붙들고 고민해봤자 소중한 에너지를 써서 걱정거리를 키우는 일밖에 되지 않는다는 사실을 알 것이다. 비생산적인 걱정거리는 제쳐두고 우리 스스로 바꾸거나 통제할 수 있는 **생산적인 걱정거리**에 집중하는 것이 이익이다.

화성인 게임

우리가 고립되는 이유는 다른 사람들이 나를 어떻게 생각하는지를 지나치게 걱정하기 때문인 경우가 많다. 당신이 다른 사람을 생각하는 동안에는 다른 사람들이 당신을 어떻게 생각하는지를 걱정할 겨를이 없다. 고로 내가 화성인 게임이라고 부르는 간단한 게임을 하나 해보자. 우선 당신이 걱정하는 사람을 이해하는 데 모든 정신을 집중하라. 연약한 친구가 아닌 낯선 관찰자가 되어 걱정스러운 사람을 생각하거나 관찰하라. 관찰한 내용으로 종이나 머릿속에 목록을 만들어라. 그러면 걱정 모드에서 벗어날 수 있을 것이다.

자신이 인간에 관한 데이터를 수집하는 화성인이라고 상상하는 일은 재미있다. 다른 사람들이 당신을 어떻게 생각할지를 두려워하는 대신 다른 사람들의 말과 행동에 주목하면 당신은 자의식 과잉에서 벗어날 수 있고 다른 사람들은 항상 당신에게 원했던 비판 없는 관심을 받을 수 있다. 양쪽 모두에게 득이 되는 일이다.

줌 아웃

줌 아웃은 정말로 걱정할 가치가 있는 일에 집중할 수 있도록 도와주는 방법이다. 우리가 걱정하는 일은 실제로는 **큰일**이 아닐 때가 많다. 따라서 '줌 아웃'을 하라는 말은 지금 걱정하고 있는 것보다 훨씬 큰 무언가를 생각해보라는 뜻이다. 예를 들어 중간고사 과제를 기한까지 다 끝내지 못할까 봐 또는 직장에서 해고를 당할까 봐 걱정하고 있다고 가정해보자.

이런 걱정거리에 집중하는 대신에 개발도상국이나 내전 중인 국가에 사는 사람들이 직면한 문제 같은 **더 큰** 문제를 줌 아웃해서 바라보아라. 이런 국가에 사는 사람들은 굶주림에 허덕이며 눈앞에서 아이들이 죽어가는 모습을 바라보고 있을지도 모른다. 어쩌면 박해를 피해 난민이 되어 탈출을 시도하고 있을지도 모른다.

이처럼 더 큰 문제에 정신을 집중하기 시작하면 오늘 밤 파티 준비가 끝났는지 따위는 걱정하지 않게 된다. 이 줌 아웃 방법은 재빨리 현실에 발붙일 수 있도록 도와준다. 초점을 바꿀 수 있는 또 다른 방법은 지금 걱정하는 일보다 훨씬 더 좋지 않았던 과거 경험을 떠올리는 것이다. 겨우겨우 빠져나왔던 훨씬 힘들었던 기억을 떠올려보면 사소한 일이나 아직 일어나지도 않은 만약의 경우를 걱정하는 건 대수롭지 않게 여겨진다.

임종

걱정을 멈출 수 있는 또 다른 방법은 임종을 맞은 자신의 모습을 상상하는 것이다. 죽음이 코앞에 닥쳤을 때 무엇이 중요할까 생각해보라. 그리고 나서 지금 어떤 걱정을 하고 있든, 자신에게 이렇게 질문해보아라. "지금 이 걱정거리가 단순히 신경이 쓰이는 정도의 일인가 아니면 내가 임종 직전까지 걱정할 정도로 중요한 일인가?"

우리가 항상 최악을 예견하는 것처럼 보이는 이유

기대감은 우리가 인생에서 경험할 수 있는 최고의 감정 중에 하나다. 기대감이 들면 '지금 여기'가 신나게 느껴진다. 미래에 좋은 일이 기다리고 있을 것처럼 느껴진다. 빛을 향해 나아가고 있으며 소망이 모두 이루어질 것처럼 느껴진다. 그러나 이런 식으로 느껴지지 않거나 느낄 수 없는 사람들은 어떡할까?

수많은 사람이 최선이 아니라 **최악을 예견한다**. 그래서 미래를 불신하고 두려워한다. 고통받을 수밖에 없는 운명이고 미래에 비극이 기다리고 있을 것처럼 느껴진다. 빛을 향해 나아가는 것이 아니라 앞을 분간할 수 없는 굴곡을 거쳐 캄캄한 어둠 속 나락으로 떨어질 것만 같이 느껴진다. 소망은 이루어지지 않을 것처럼 느낀다.

우리는 대부분 어린 시절에 최악을 대비하라고 배웠다. 항상 최악을 대비하는 태도는 자기 힘으로는 현실을 개척할 수 없고 인생에서 비극이 곧 닥칠 것이라고 믿는 부모 밑에서 자란 사람들이 흔히 선택하는 생존 전략이다. 이른바 대응 기제다. 최악을 대비하는 것은 상처받은 사람들, 특히 반복적으로 상처받은 사람들의 생존 메커니즘이다.

최악을 기대할 때 가장 고통스러운 점은 어떤 일이 실제로 일어나기도 전에 **비통함**을 느낀다는 것이다. 아직 떠나지 않은 이에게 그리움을 느낀다. 실패하게도 전에 실망감을 느낀다. 심지어 사랑하는 사람이 아직 멀쩡하게 살아있는데도 상실감을 느낀다.

그렇다면 그 이 모든 문제의 근원은 무엇일까? 아마도 우리에게 깊은 영향을 끼친 트라우마나 비극적 사건일 가능성이 높다. 우리는 어쩌면 여전히 과거의 트라우마를 곱씹으며 살아가거나 잠재의식 깊은 곳에서 고통받고 있을지도 모른다. 어느 쪽이든 어린 시절에 겪은 비극 때문에 우리는 의식하지도 못하는 사이에 미래의 비극에 진동 주파수를 맞추게 된다. 어릴 적 닥친 어떤 사건에서 연결의 상실을 처음 맛보게 되었고 그에 대해 충분히 슬퍼할 기회조차 없었던 탓에 비극 자체에 진동 주파수를 맞추고 살아가게 된 것이다.

이 문제를 해결하려면 걱정을 억눌러선 안 된다. 인생에서 겪었던 최초의 비극을 충분히 슬퍼할 수 있도록 자기 자신에게 기회를 주어야 한다. 그러려면 감정을 있는 그대로 느끼고 온전히 경험할 수 있도록 해야 한다. 현재 느껴지는 감정에 충실할수록 부정적인 과거 경험에 대한 저항심이 줄어들고 그런 일이 또 일어나진 않을까 하는 걱정이 줄어든다.

우리는 미래에 무슨 일이 일어날지 모른다는 데서 두려움이 온다는 사실을 인정해야 한다. 이 사실은 한편으론 끔찍하다. 나쁜 일이 일어날 수도 있다는 뜻이기 때문이다. 그러나 단순하게 좋은 일도 일어날 수 있다는 사실을 인정하면 이 불확실성을 우리에게 유리한 방향으로 이용할 수 있다.

무슨 일이 일어날지 알 수 없다는 사실을 인정한다면 **나쁜 일이 꼭 일**어날 것이라고 장담할 건더기도 없지 않은가? 이렇게 간단한 인정만으로도 나쁜 일이 불가피하다는 생각을 버리고 감정을 바꿀 수 있다.

또 다른 전략은 과거를 더듬어 최악의 상황을 예상했지만 실제로는 일어나지 않았던 때를 찾아보는 것이다. 가령 사랑하는 사람이 교통사고를 당했던 당시에 죽거나 의식 불명 상태에 빠지리라고 예상했지만, 완전히 회복됐던 적은 없는지 떠올려보라. 이런 사례를 찾다 보면 만성적으로 걱정하는 일들이 현실에서 항상 일어나지는 않는다는 사실을 이성적으로 깨달을 수 있다.

자기만의 방식으로 하루를 계획하는 법

두려움과 걱정의 수준을 통제할 수 있는 가장 좋은 방법의 하나는 날마다 하루를 계획해서 일상을 스스로 통제**할 수 있다**는 기대감을 키우는 것이다. 당신의 하루는 당신의 것이다. 최악을 예상하기 때문에 미래가 두렵다면 날마다 기분이 좋아지는 일을 계획하고 실천해서 밝은 미래를 위한 포석을 놓아라. 황금 동전을 나중에 주울 수 있도록 미리 깔아 놓는 일이라고 생각해라.

작은 일부터 시작하라. 정말로 비극이 닥치고 실망할 일이 생길 것이라 예상하는 사람들은 큰일수록 또는 간절히 바라는 일일수록 실현되지 않을 가능성이 크다고 느끼는 경향이 있다. 그러니 당신이 즐길 수 있고 실현 가능성이 높은 일부터 차근차근 시작하라.

예를 들어 개인적으로 친구와 휴가를 떠나기로 한 계획은 무산되고 실망할 가능성이 크지만, 친구와 점심을 먹기로 한 약속은 실현될 가능성이 크다고 생각할 수 있다. 그러면 오늘 당장 친구와 점심 약속을 잡으면 된다.

그리고 나서 점차 영화 보기, 맛있는 것 먹기, 산책하기, 해변에 앉아서 쉬거나 수영을 하거나 누군가와 함께 시간 보내기 등 날마다 소소한 기대감을 갖게 하는 작은 일들을 적극적으로 계획하고 실천하는 일을 습관화하라. 일이 계획대로 진행되리라는 기대감에 익숙해져 갈수록 조금 더 큰 일을 계획하고 또 기대하는 일이 쉬워지고 미래에 대한 두려움이 점차 사그라든다.

이렇게 하루를 계획하는 일은 더 나은 삶을 위한 훌륭한 전략이다. 하루하루를 자신의 선택으로 만들어나가기 때문이다. 아침에 일어나서 마음이 편안해지는 노래를 듣는 것도 당신의 선택이다. 아침에 달리기하는 것도 당신의 선택이다. 하루를 활기차게 보낼 수 있도록 아침을 만들어 먹는 것도, 마음에 드는 옷을 골라서 입는 것도 당신의 선택이다.

당신의 의지대로 선택할 수 있는 수많은 일에 집중하다 보면 일상에 기대감을 갖기가 훨씬 쉬워진다. 왜냐하면 인생에서 선택권이 있는 사람은 무력감을 느낄 수가 없기 때문이다. 선택의 반대가 무력감이다.

두려움을 기꺼이 책임져라

하루의 끝에서 가장 중요한 것은 당신의 안전과 행복이다. 이제 당신도 인생에서 많은 것을 통제할 수 있으며 언제나 기분이 상하는 일보다 기분이 좋아지는 일을 선택할 수 있다는 사실을 안다.

그러나 여전히 안전하다는 느낌은 들지 않는다면 당신이 안전하다고 느끼는 데 도움이 되는 일을 목록으로 작성해보아라. 아래 예시를 참조하여 시작해보자.

- (이불 속에) 몸을 번데기처럼 돌돌 말기
- 안기기

- 따뜻한 물속에 몸 담그기
- 따뜻한 물병 손에 쥐기
- 극도로 불안감을 느끼는 내면적 인격에게 말 걸기
- 살구, 캐모마일, 빵 굽는 냄새
- 따뜻한 차
- 마음이 편안해지는 음악 듣기
- 코미디 영화나 스탠딩 코미디를 시청하기
- 파란색
- 요리하기
- 안전함을 느끼고 몸이 이완되도록 도와주는 명상하기
- 감사한 일들 적기
- 다른 사람에게 위로받기
- 지금 이 순간 절대적으로, 혹은 당신을 불안하게 만드는 일과 비교해 상대적으로 안전함을 느낄 방법들을 목록으로 만들기
- 일광욕하기
- 마음속으로 눈 오는 날 안전한 장소로 찾아가는 상상하기

불안한 느낌이 들 때면 스스로 작성한 목록에서 하나를 골라 실행하는 데에 온 정신을 집중해라.

일상생활에서도 적절한 선택을 통해 안전한 느낌을 유지할 수 있다. 예를 들어 어떤 파티에 참석하는 일이 유난히 불안하게 느껴진다면 가지 않거나 함께 있으면 안전하다고 느끼는 사람과 같이 갈 수 있다.

긍정적인 진동을 높이고 두려움에 대처하는 또 다른 좋은 방법이 있다. 깊이 복식

> 호흡을 하는 것이다.
>
> 4초 동안 숨을 들이마시고… 2초 동안 숨을 참았다가… 8초 동안 천천히 숨을 내쉬면서… 마지막으로 2초 동안 다시 숨을 참아라. 호흡을 일정하고 부드럽게 유지하면서 들이마시는 호흡보다 내쉬는 호흡을 길게 하라.

일체성과 연결의 회복

인생을 살면서 인간관계에서 두려움 때문에 앞으로 나아가지 못하고 있는가? 두려움이 사라질 때까지 기다릴 뿐 대처할 방도를 모르는가? 인생을 그렇게 살 수만은 없다. 두려움을 안고 살아갈 수 없는 것만큼이나 두려움이 마냥 사라지길 기다리면서 살아갈 수도 없다.

두려움을 회피하느라 시간을 허비하는 사람들은 결코 진정한 삶을 누릴 수 없다. 이들은 익숙한 일상 속에서 방황하다가 죽음에 이른다. **안전하게**…. 두려움 속에서 인생을 사는 사람들은 두려움 안에 암호화된 중요한 메시지를 듣지 못한다. 한계와 경고 신호를 무시하고 자기 자신을 돌보지 않는다. 그러다가 결국 고통 속에서 무너진다. 참된 인생은 두려움을 사랑으로 책임지고 보살피는 능력에 달려있다.

두려움을 정복하거나 없애려는 시도는 자기 자신을 **분리 그 자체**에서 분리하려는 시도에 불과하다. 기억하라. 두려움의 반대는 사랑이다. 사랑할수록 두려움은 사라진다. 그러나 두려움을 극복하는 궁극적인 방법은 당신의 내면에서 **두려움에 떨고 있는** 자기와 **당신이 가장 두려워하는** 자기를 찾아서 사랑하는 것이다. 두려움 그 자체를 포용함으로써 두려움을 녹일 수 있다. 두려움을 그 자체를 포용함으로써 일체성과 연결을 회복할 수 있다.

4부

연결 맺기

여기

살갗과 살갗 사이 공간에

고통이 있다.

그러나 여기

영혼과 영혼 사이 공간이

살갗과 살갗 사이 공간을 만든다.

위로다.

여기에 진실이 숨겨져 있다.

하지만 그 속삭임이 우리에게 와닿는다.

달콤한 미소 속에

짧은 포옹 속에

더 깊이 들여다보라는 속삭임이 들려온다.

더 깊이 들여다보라는.

우리 사이사이에 있는 공간을 넘어

당신이 그 미소임을 보라고.

당신이 그 포옹임을 보라고.

당신이 무고한 목숨을 빼앗긴 그 시민임을 보라고.

당신의 죽음은 증오가 되었다.

진실이 다시 속삭인다.

당신이 자기 몸에 폭탄을 동여매고

증오라는 이름으로

수많은 생명을 앗아간 그 테러범임을 보라고.

당신은 시민과 테러범의 몸을 모두 끌어안아

새로운 생명으로 다시 잉태했다.

당신은 새 생명이 싹틀 대지이다.

당신의 고통은 바다라는 이름의 눈물이다.

당신의 기쁨은 태양이라는 이름의 빛이다.

진실의 목소리가 속삭인다.

더 깊이 들여다보라고…

살갗과 살갗 사이에는

공간이 없다는 진실이,

영혼과 영혼 사이에는

공간이 없다는 진실이 드러날 때까지

더 깊이 들여다보라고.

〈연결〉, 틸 스완

연결 맺기

1부에서 분리, 수치심, 두려움이 외로움을 지탱하는 세 가지 기둥이라고 설명했다. 그리고 이 세 기둥을 무너뜨리는 전략을 일부 제시했다. 그러면 이제 해야 할 일이 딱 하나 남는다. 바로 분리, 수치심, 두려움을 연결로 대체하는 일이다.

　연결은 당신과 타자 사이에 **연결 고리** 또는 연관성을 인지하는 것이라고들 생각한다. 그러나 일체성의 상태에서는 **단절**될 수 없는 것만큼이나 **연결**될 수도 없다. 왜냐하면 당신이 곧 다른 모든 것이자 다른 모든 것이 곧 당신이기 때문이다. 다시 말해 일체성의 상태에서는 연결이 굳이 필요 없다.

　일체성은 이 우주의 궁극적 진리다. 그러나 우리는 물리적 차원에서 일체성과는 **분리된** 삶을 살아간다. 대부분의 사람은 일체성을 인지하지 못하지만 가끔 일체성을 포착하는 사람도 있다. 따라서 연결은 결핍, 거리감, 분리가 존재하지 않는, 우리가 인생에서 도달할 수 있는 황홀경에 가장 가까운 상태이다.

　그러나 타인과 진정한 연결을 맺으려면 두 사람 모두 의식적으로 연결 고리를 원하고 선택해야만 한다. 우리가 존재할 수 있는 모든 수준에서 연결이 가능하다. 정신적으로, 정서적으로, 물리적으로, 에너지 수준에서도 우리는 서로 연결될 수 있다. 모든 수준이 아니더라도 이 중에 어느 한 수준에서라도 우리가 연결 고리를 끊으면 분리가 일어난다. 진정한 연결은 초점을 우리 자신이 아닌 의식적으로 선택한 상대방에게 두는 것이므로 연결을 맺는 것뿐 아니라 연결을 유지하는 일에도 집중해야 한다. 따라서 4부에서는 연결을 맺고 지속하는 방법을 다룰 것이다.

연결의 기본 요소, 친밀감

친밀감이라는 단어를 들으면 대부분의 사람은 성관계를 떠올린다. 친밀감을 성적으로만 생각하면 친구, 동료, 형제자매, 부모님과 친밀감을 쌓는다는 생각 자체에 거부감이 드는 것이 당연하다. 그러나 친밀감이 반드시 성적인 관계에만 국한되는 개념이 아니라는 사실을 이해하는 것이 중요하다.

물론 특정 상황에서는 성관계가 친밀감의 부산물이 될 수는 있다. 그러나 성관계가 친밀감 그 자체는 **아니다**. 친밀감이란 인생의 모든 측면에서 당신이 어떤 사람인지를 스스로 알고 다른 사람이 알아주는 것이다. 이런 의미에서 보면 친밀감은 연결을 이루는 기본 요소다. 친밀감은 당신이 어떤 사람인지에 관한 진실을 상대에게 드러내고 인정받는 일인 동시에 상대가 자신이 어떤 사람인지에 관한 진실을 드러내 보일 때 이를 인정해주는 것이다. 친밀감이란 공감과 이해가 일어나는 심장 중심부에서 이루어지는 만남이다.

친밀감은 서로의 마음을 들여다보고 깊은 연결을 맺는 것이다. 서로의 마음을 들여다보고 느끼고 듣고 인지하고 이해하는 것이다. 누군가와 진정한 친밀감을 쌓으려면 상대방에 관해서 기꺼이 전문가가 되려는 헌신과 노력이 필요하다.

대부분의 사람이 친밀감을 두려워한다는 사실을 부인할 수 없다. 친밀감이 두려운 이유는 사랑으로 건강한 관계를 맺고 유지하는 방법을 모르기 때문이다. 다른 사람을 믿었다가 마음을 다치고 배신당하고 거절당하고 무시당하는 경우가 너무 많다. 이 과정에서 우리는 다른 사람뿐만 아니라 자기 자신마저도 신뢰할 길이 없다는 사실을 깨닫는다.

그러나 진정한 연결을 맺으면 자율성과 동시에 건강한 자기 감각을 유지할 수 있다. 다른 사람에게 온전히 의지하고 서로의 마음과 정신과 몸이 진정한 합일에 도달할 수 있다. 자기 자신을 잃지 않으면서도 고립감은 사라질 만큼 타인과 깊이 연결될 수 있다.

우리는 타인과의 연결 속에서 자기 자신을 잃을까 봐 두려워 마음의 문을 닫아걸고 상대방을 끊임없이 밀어낸다. 자칫 연결된 타인에게서 버림받을 일이 두려워 상대방에게 끊임없이 매달리고 연결이 튼튼한지 시험한다. 그 결과 관계는 고통스러워지고 결코 건강한 연결 감각을 느낄 수 없다.

어떤 종류의 관계든 일단 맺게 되면 그에 따른 고통은 오롯이 우리의 몫이 된다고 여긴다. 하지만 기억해야 할 것은 상대방 역시 고통스럽기는 마찬가지라는 점이다. 누구든 과거에 관계 속에서 똑같은 고통을 경험한 적이 있기 때문이다. 상대방도 나도 학습한 대로 더는 상처받지 않으려고 서로에게 내면세계를 숨긴다. 자신의 내면세계를 보호하려는 행동은 겉으로 보기에는 다 괜찮고 좋아 보인다. 서로가 서로에게 보이지 않고 느껴지지 않고 들리지 않고 그러다 오해가 쌓이고 비참할 정도로 외로워진다는 사실만 빼면 말이다.

친밀감 회피

어떤 사람들은 친밀감을 극도로 두려워한다. 그 결과 스스로 자각하지도 못한 채 친밀감을 회피하는 경우가 많다. 이들은 친밀감 때문에 감정을 상하는 일이 생길까 봐 두려워한다. 예를 들어 진실한 모습을 보였다가 상대방이 이를 참거나 용납하지 못할까 봐 두려워한다. 진실한 모습을 약점 잡아 해코지를 할까 봐 두려워한다. 우리 약점이나 연약함을 내보였다가 상대방이 우리에게는 해를 입히고 자신에게만 득이 되도록 이를 이용할까 봐 두려워한다.

우리는 친밀감에 대한 보답으로 상대방을 행복하게 만들어주어야 한다는 의무감을 느낀다. 일종의 부채 의식으로 자유를 잃을지도 모른다고 생각한다. 상대방이 우리에게서 어떤 모습을 발견하고 나쁘거나 틀렸다고 생각하면 창피를 당하거나 버림받거나 거절당할지도 모른다고 생각한다. 자칫 마음을 열었다가 상대방이 우리를 완전히 집어삼켜 자기 자신을 잃게 되거나 최악의 경우 상대방이 떠나버리기라도 하면 아무것도 남지 않을지도 모른다고 생각한다.

이 문제에 한번 다르게 접근해보자. 시간을 내서 누군가와 거리감이 전혀 느껴지지 않을 만큼 친밀한 사이라고 상상해보라. 그 상대방이 당신을 보고 듣고 느끼고 이해할 수 있는 사람이며 관계가 영원하다고 상상해보라. 이런 상상을 했을 때 마음속 깊은 곳에 각인된 두려움이 스멀스멀 피어오를 수도 있다. 친밀한 관계에 대한 이런 두려움은 어린 시절 감정, 생각, 욕망을 표출했을 때 돌아온 부정적인 반응에 기인한다. 여기에서는 이런 두려움을 이해하고 극복하는 법을 다룰 것이다. 그러나 먼저 그 근원을 이해하고 넘어가야 한다.

아기는 태어나면 본능적으로 부모와 가까이 있으려 한다. 친밀감은 누구에게나 있는 본능이다. 부모와 가까이 있으면 힘든 시기에 필요한 욕구를 충족 받고 보호받고 위로받을 수 있다. 그러나 부모가 아이에게 어떻게 반응하느냐에 따라 아이가 친밀감을 얼마나 안전하게 느끼느냐가 결정된다. 친밀감이 두렵다면 어린 시절 부모님에게 욕구를 표출했다가 무시나 창피를 당하거나 불리한 일을 겪었을 수 있다.

앞에서 이미 다루었듯이 이런 가정환경에서는 부모가 보통 아이의 감정, 생각, 욕망을 참지 못하거나 용납하지 못하는 경우가 많다. 그러면 아이는 자신의 감정, 생각, 욕구가 정당하지 않고 수치스러우며 부모의 감정, 생각, 욕망과 충돌한다고 생각한다. 어린 시절에는 올바른 상황 판단이 어렵기 때문에 이런 일을 겪게 되면 부모가 무조건 옳다고 생각할 수밖에 없다.

그 결과 아이는 포식자가 먹잇감을 집어삼킬 때처럼 자신의 속마음을 집어삼킨다. 그리고 부모 뜻에 모든 것을 맡긴다. 갈등을 피하고 버림받지 않기 위한 전략이다. 그러나 잡아먹혔다는 느낌은 사라지지 않는다. 자기 자신을 잃어버렸기 때문이다.

그렇게 심장이 망가지고 치유되지 않은 상태로 오랜 시간이 흐른다. 고통을 해결할 길을 찾아서 자신의 존재가 보이고 느껴지고 들리고 이해받는 경험을 하지 못했기 때문이다. 끊임없는 사랑과 온기로 욕구를 충족해주는 사람이 곁에 있다는 것이 어떤 느낌인지 알 길이 없다. 결국 심장이 망가진 채 삶을 살아간다. 이 심장을 치유하려면 무엇이 필요한지조차 모르기 때문에 가슴 아픈 경험만 계속 자초하게 된다.

친밀감은 필연적으로 연약함이라는 감정을 동반한다. 친밀감을 두려위하는 사람은 차라리 자신의 감정을 회피하는 게 낫다고 생각한다. 그러다 보면 자연스레 욕구, 감정, 욕망을 억누르게 되고 이런 감정을 유발할 수 있는 것은 무조건 피하게 된다.

자신의 욕구, 감정, 욕망을 무시하려면 타인의 욕구, 감정, 욕망 또한 무시할 수밖에 없다. 타인을 보고 느끼고 깊이 이해하고 싶어 하지 않는다. 불공평하다는 느낌이 들기 때문이다. 자신은 상대방을 받아들이고 관용하고 배려해야만 하는데 상대방에게서는 똑같은 대우를 받지 못하리라는 생각이 들기 때문이다. **어린 시절 그랬던 것처럼.**

관계에서 친밀감 때문에 힘든 시간을 보내고 있다면 자신이 어린 시절 대우받은 대로 상대방을 대하는 경향이 있음을 스스로 깨달아야 한다. 자신이 상대방의 욕구, 필요, 감정, 생각, 욕망을 관용하지 못한다는 사실을 깨달아야 한다. 고통스러웠던 유년기를 떠올리면서 당시 무엇이 필요했는가를 되짚어 상대방을 그렇게 대우해주어라. 어린 시절 부모님에게 바랐던 것을 상대방에게 해줄 때마다 고통스러워하던 어린 시절의 당신에게 해주는 것이라고 상상하라. 그런 고통이 더 존재하지 않는 세상을 만들어가는 데 일조하고 있다고 상상하라.

친밀감 처음부터 새로 배우기

친밀감이 두렵거나 타인과의 연결이 힘들다면 이를 극복하는 가장 좋은 방법은 누군가와 친밀감을 쌓고 연결을 맺는 법을 밑바닥부터 배워야 한다는 사실부터 인정하는 것이다. 당신이 좋은 관계를 맺는 법을 전혀 모른다는 사실을 인정하고 차근차근 배워 나가겠다고 마음을 다잡으라.

좋은 관계의 본보기를 본 적이 없는데 좋은 관계가 어떤 모습인지 어떻게 알 수 있을까? 알 수 없다. 다시 시작해도 괜찮다는 마음가짐으로 오래된 패러다임은 던져버려라. 이는 자신이 세운 이론이 쓰레기라는 사실을 깨달은 과학자가 논문을 구겨 쓰레기통에 던져버리는 순간과도 비슷하다. 우리는 기꺼이 마음을 열고 완전히 새로운 방식으로 관계를 맺어야 한다.

친밀감이 두렵다면 타인과 친밀해지고 싶어 하지 않는 내면적 인격들을 찾아내야 한다. 이 내면적 인격들은 어린 시절 부모님에게 표출한 감정, 생각, 욕망이 용납받지 못하고 거부당해서 상처받은 자아의 일부다. 또한 이 상처받은 내면적 인격들을 보호하려고 당신이 만들어낸 내면적 인격들 또한 마주해야 한다.

이 내면적 인격들을 찾아낸 다음에는 따뜻하게 말을 걸면서 이들을 이해해주고 돌보아주고 어린 시절 느끼지 못했던 친밀감을 느끼게 해주어라. 그러면 당신 안에 있는 내면적 인격들이 응답할 것이다. 친밀감을 회복하기 위해 당신이 해주어야 할 일과 다른 사람들이 해주어야 할 일을 알려줄 것이다.

사회적 신호에 주목하는 습관도 들여라. 다른 사람들에게 인정과 지지를 받지 못해서 마음의 문을 닫아걸었는가? 다른 사람들이 다가오지 못하도록 접근로를 막아버렸는가? 더는 다른 사람들에게 맞춰 살지 않기로 마음먹었는가? 그렇다면 당신은 다른 사람들이 보내는 미묘한 사회적 신호를 항상 무시하거나 묵살했다는 뜻이다.

사회적 신호를 무시하면 악순환이 반복된다. 사회적 신호를 감지하고 이에 맞춰 행동을 조정하지 않으면 다른 사람들은 당신이 이기적인 사람이라고 느낄 것이다. 믿을 수 없는 냉혈한이라고 생각할지도 모른다. 그래서 그들도 방어기제를 발동시키면서 당신을 배려해주지 않을 것이다. 이렇게 적대적인 관계가 형성되면 양쪽 모두 편안할 수 없다.

그러나 당신이 사회적 신호를 민감하게 감지하고 가까이에 있는 사람들이 안전함을 느끼게끔 민감하게 반응할수록 그들도 당신의 욕구와 속마음과 최선의 이익을 더 많이 배려해주고 싶어 할 것이다. 그러므로 사회적 교류가 있을 때마다 다른 사람의 감정을 읽는 연습을 하고 당신이 인지한 결과가 정확한지 아닌지 직접 물어서 확인해보는 시간을 가져보라. 이 과정은 일종의 조율이다. 조율이라는 이 개념은 뒷부분에서 더 자세히 다루겠다.

친밀감이 두려운 삶은 진실한 삶이 아니다. 부모님 앞에서 진실한 모습을 보이려고 노력하는 것은 친밀감의 표현이다. 부모님이 내 진실한 모습을 이용해서 뒤통수를 치지 않으리라는 사실을 믿기 때문이다. 그러나 진정성 있는 삶에는 고통이 따른다는 사실을 명심하라. 아나이스 닌은 이렇게 말했다. "마침내 꽃봉오리 속에서 어떻게든 가만히 있으려고 애쓰는 것보다 있는 힘을 다해 꽃을 피워내는 일이 더 쉬운 날이 왔지요."

그 지점까지 아직 도달하지 않았는가? 그날이 왔는가? 그렇다면 진정성 있는 삶을 살려고 노력하라.

올바른 우선순위 정하기

친밀감에 대한 두려움으로 당신은 무의식중에 연약함, 강렬한 감정이나 욕구를 경험할 필요가 없는 영역에 인생의 우선순위를 두게 되었다. 그 덕분에 일이나 취미에 매진할 수 있게 되었을지는 몰라도 함께 기쁨을 나눌 사람 하나 없이 성취에만 목매는 삶은 아무 쓸모가 없다.

당신이 진정으로 원하는 것은 연결, 친밀감, 누군가에게 진심을 보이고 느껴지고 들리고 이해받는 것이다. 그러려면 관계에 우선순위를 두어야 한다. 당신의 능력이나 성취가 아니라 당신이라는 사람 그 자체로 사랑받을 수 있다는 사실을 알아야 한다. 연약함을 편안하게 받아들이려고 노력하라. 연약함은 약점이 아니라 강점이다. 연약함을 드러내 보이는 것은 엄청난 용기가 필요한 일이다.

연약함을 인정하고 공유하기로 선택했다면 연결되고 싶은 사람과 연결을 유지할 수 있다. 실제 현실에서 문제를 해결할 수 있다. 진짜 욕구를 충족할 수 있다. 기분 좋은 관계를 만들 수 있다.

바로 이때 친밀감을 방해하고 두려움을 유발하는 것은 상대에 대한 부정적인 감정보다 오히려 긍정적인 감정이라는 사실을 알아차릴 수 있다. 누군가 실제로 당신을 사랑해서 그 마음을 표현하고 당신과 연결되길 원할 때 당신은 좋은 감정을 느끼면서도 마음속에서 갈등한다. 당신이 자기 자신을 바라보는 관점과 그 사람의 호의 사이에 충돌이 일어난다. 그런 사랑이 가당치도 않다고 생각하는 것이다.

그래서 당신은 처음부터 의심과 불신을 품는다. 자신도 모르게 어린 시절 내면 깊숙한 곳에서 발달시킨 감정이 촉발되고 예전에 겪었던 모든 고통이 되살아난다. 그렇게 촉발된 고통에서 멀어지고자 당신은 감정을 끊어내고 관계에서 문제 또는 긴장을 일으킨다. 당신을 사랑하겠다는 사람을 밀어낸다.

당신이 언제 상대방을 밀어내는지를 아는 것이 중요하다. 당신의 어떤 말이나 행동이 상대로 하여금 '이 사람이 날 밀어내고 있구나'라고 생각하도록 만들었는지 물어보라. 자기 자신을 더 잘 알기 위해서는 타인이 당신을 어떻게 바라보는지를 아는 것이 필요하다.

마음속 깊은 곳에서 친밀감이 두렵게 느껴지더라도 당신의 욕구를 발견하고 인정하는 일은 정말 중요하다. 두렵더라도 일단 상대방에게 친밀감에 대한 당신의 욕구를 표현하라. 그래서 상대방이 선택할 기회를 주어라. 친밀감에 대한 욕구를 직접 표현하기가 힘들다면 간접적으로라도 표현하라. 종이 한 장에 마음속에 있는 다양한 욕구를 써서 눈에 잘 띄는 곳에 놓아두어라. 상대방이 당신의 욕구를 충족해주길 무작정 기대하거나 아니면 상대방을 교묘하게 조종해서 욕구를 충족 받고자 하지 말고, 욕구를 충족 받으려면 타인에게 기댈 수밖에 없는 자신의 연약함을 있는 그대로 인정하라. 상대방도 당신의 욕구를 충족해주길 원한다. 당신의 행복이 상대방의 행복이기 때문이다.

다행스러운 것은 우리와 연결되고 친밀해지길 원하는 사람과 접촉하면 유년기와는 사뭇 다른 경험을 하게 되리라는 점이다. 이 과정에서 치유가 일어난다. 딱 맞는 사람을 만나기만 하면 상대방이 기쁜 마음으로 당신의 진실한 모습을 받아들여 줄 뿐만 아니라 사랑해주고 당신의 욕구를 충족시켜주는 경험을 하게 될 것이다.

평행 현실 때문에 생기는 깊은 외로움

친밀감 없이도 잘 살아갈 수 있다는 생각은 유혹적이다. 그러나 진실은 그럴 수 없다는 것이다. 유년기에 친밀한 관계를 경험하지 못하면 자기 자신이 이 세상에 존재한다는 감각이 발달하지 않는다. 그래서 혼자만의 평행 현실을 살아가고 있다는 느낌이 들기 시작한다. 심지어 사람들로 꽉 찬 방에서조차 혼자만 동떨어져 있는 듯 깊은 고립감을 느낀다.

대부분의 사람은 사랑하는 사람의 죽음 같은 일을 겪을 때만 평행 현실을 살아가는 듯한 고립감을 느낀다. 극심한 슬픔을 경험할 때는 온 세상이 멈춘 듯한 느낌이 든다. 미래에 어떤 불행이 닥칠지 모른다는 불길한 생각이 찾아온다. 고통스럽고 두려운 현실에 나 혼자만 존재하는 듯한 느낌이 든다.

반면에 다른 사람들은 전부 미소 띤 얼굴로 웃고 일이나 휴가에 관해 이야기하며 인생을 살아간다. 당신에게 힘내라며 술이나 한잔하자고 청한다. 물리적으로는 같은 장소에 존재할지언정 이들은 당신과는 완전히 다른 현실을 살아가고 있다. 최악은 이들은 당신이 처한 평행 현실을 전혀 알아차리지 못한다는 점이다. 이들은 자신들이 살아가는 현실과 충돌하는 또 다른 현실이 있다는 사실을 전혀 눈치채지 못한다.

나는 어느 날 공원에서 목격했던 일을 잊을 수가 없다. 공원 벤치에 손목에 붕대를 감은 소녀가 앉아 있었다. 아마도 자해한 듯 보였다. 소녀는 울고 있었다. 하지만 사람들은 웃고, 조깅하고, 헤드폰을 끼고 음악을 들으며 소녀 곁을 무심코 스쳐 지나갔다. 소녀에게 눈길을 주거나 소녀의 상태에 관심을 가지는 사람은 단 한 사람도 없었다. 소녀는 마치 공원 벤치에 앉아 있는 유령 같았다. 그때 나는 생각했다. 누군가 자해를 하고 울고 있는데도 이렇게 사람들이 무심하게 서로 다른 현실을 살아간다면 잘 표현하지 않는 사람이나 상처가 분명히 겉으로 드러나지 않는 사람들에게는 희망이 없겠다고….

학대가 만들어낸 평행 현실만큼 감옥처럼 한 사람을 철저히 가두는 평행 현실은 없다. 성적 학대나 혈육에게 성폭행을 당했다가 살아남은 생존자들의 증언이 이를 뒷받침한다. 예를 들어 아빠나 삼촌에게 강간을 당했다고 해보자. 이들은 한 시간 뒤에 태연히 당신에게 샌드위치에 마요네즈를 바를 건지 안 바를 건지 물어볼 것이다. 마치 아무 일도 일어나지 않은 것처럼 행동할 것이다. 이렇게 이중생활, 즉 **평행 현실**이 생겨난다.

누군가의 삶에서는 현실이 고문이자 고통이자 위험이다. 아빠나 삼촌이 적이다. 그러나 다른 누군가의 삶에서는 현실은 평범하기 그지없다. 학교에 가고 추수감사절에 온 가족이 식탁에 둘러앉아 저녁을 먹고 아빠는 **그저 아빠**다. 현실이 고문인 사람에게는 이런 평범한 삶이 새빨간 거짓말처럼 느껴진다. 삶이 가짜처럼 느껴진다. **진짜 현실**을 감추고 있는 천 쪼가리처럼 느껴진다. 이처럼 자신만의 현실에 갇힌 사람은 혼자만 고립된 듯한 느낌을 받는다. 심각한 경우에 자살을 생각할 수도 있다.

감정 불인정

서로 간에 평행 지각 현실이 존재하는 근원에는 감정 불인정이 있다. 감정 불인정이 평행 현실을 만들어내는 과정을 이해하려면 다시 처음으로 돌아가야 한다. 불행한 어떤 어린 소녀를 상상해보라. 소녀는 괴롭다. 가족들과 다른 동네로 이사를 왔기 때문이다. 소녀는 친구가 없어서 외롭고 새로운 환경에 적응하지 못할까 봐 두렵다. 예전에 살던 동네가 여러모로 그립다. 만약 소녀의 부모가 어떻게 친밀감을 형성하는지 모르는 사람들이라면 소녀의 어두운 표정이나 행동을 보고서 보일 법한 반응은 둘 중에 하나다. 소녀의 감정을 부인하거나 아니면 무시하거나….

자녀의 감정을 부인하는 부모는 아이가 불편한 감정을 표현하면 불편하다는 이유로 꾸중을 하거나 벌을 준다. 심지어 아이의 감정을 비하하기도 한다. 그러면서 마치 아무 일도 없었던 것처럼 아이를 대할 가능성이 크다.

이렇게 부모와 자식 간에는 평행 현실이 생겨난다. 아이는 상처뿐인 현실을 살아간다. 아이가 사는 현실에서는 비극과 상실이 일상적으로 일어난다. 심지어 아이가 사는 현실에서는 부모란 존재가 없다. 물리적으로는 같은 방에 있다고 하더라도 말이다. 한편 부모가 사는 현실에서는 부모 스스로 아이의 욕구를 잘 충족시켜주고 있으며 모든 것이 괜찮다고 생각한다. 소녀의 부모는 마음속으로 이사하길 정말 잘했다고 생각한다. 더 나은 삶을 살 기회라고 생각하기 때문이다. 부모는 딸아이의 기분이나 딸아이를 이해하는 법을 모르기 때문에 상황은 개선될 여지가 없다. 소녀는 이사 때문에 절망에 빠져 있지만 아무런 도움도 받을 수 없다. 소녀가 자신만의 평행 현실 속에 갇혀 완전히 고립된 동안에도 부모는 이 사실을 눈치조차 채지 못한다.

이건 하나의 사례일 뿐이다. 우리 모두가 성장 과정에서 소녀와 비슷한 일을 한두 번씩 겪는다. 모든 사람이 이런 일을 겪었다고 상상해보라. 사람들은 저마다 어린 시절 감정을 부인당했던 경험을 안고 성인이 되며, 저마다 깊은 두려움과 외로움을 안고 친밀한 관계에 몸을 담근다.

우리도 소녀와 다를 바 없는 일을 겪어왔다. 소녀가 커갈수록 이 분리된 현실이 소녀를 둘러싼 사회에도 반영되기 시작한다. 소녀는 자신이 다른 모든 사람과 다른 현실을 살아가고 있다는 사실을 서서히 인지하기 시작한다. 고통 속에 있다는 것만으로도 괴로운데 **혼자만** 고통을 느끼며 다른 사람들이 함께 행복한 모습을 바라보는 일은 너무나 끔찍하다. 그래서 소녀는 이 고통에서 벗어나고자 중독에 빠지는 등 무슨 수를 써서라도 현실을 회피할 가능성이 높다. 솔직히 소녀 입장에서는 차라리 마약이나 중독에 빠지는 게 나을 만큼 현실에서 느끼는 고통이 크다.

감정 불인정의 비례 척도

이처럼 평행 지각 현실은 공공연한 학대와 비교해서 전혀 극단적으로 보이지 않는 상황에서도 형성된다. 다른 사람들이 눈과 귀를 닫고 감정을 헤아려주지 않을 때 언제라도 평행 현실이 발달할 수 있다. 평행 현실이 얼마나 극단적이냐에 따라 고통이 비례적으로 증가한다. 우리가 인지하는 현실과 다른 사람들이 인지하는 현실 사이에 차이가 클수록 우리가 느끼는 고립감과 고통은 더욱더 커진다.

어떤 사람들이 느끼는 고립감은 깊지 않으며 주변 사람들과 동떨어져 자기만 분리된 현실을 살아가고 있는 것처럼 느끼는 빈도도 높지 않다. 그러나 어떤 사람들은 타인들의 반응 혹은 무반응에서 자기만 다른 평행 현실을 살아가는 것 같은 깊은 고립감을 느낀다. 그 고립감이 너무나 깊어서 자신이 실제로 존재한다는 사실조차 의심하며 자살만이 이 고통에서 벗어날 수 있는 유일한 출구라고 생각한다.

크게 보면 대부분의 정신 질환은 세상 사람들의 부정적인 평가 때문에 평행 현실을 통합하지 못해서 생긴다. 이런 식으로 다른 사람들을 평가하면 결코 함께 살아갈 수도, 긍정적인 변화가 일어날 수도 없다. 내가 살아가는 현실과 다른 사람들이 살아가는 현실을 통합할 수 있는 길을 절대 찾을 수 없다.

여기 정신 질환이 평행 지각 현실과 관련된 문제임을 보여주는 몇 가지 예시가 있다.

> - 조현병(정신분열증) 환자는 다른 지각 현실 속에서 살아간다. 이들은 이 현실 속에서 사람들에게 쫓겨 다닌다.
> - 외상 후 스트레스 장애PTSD를 앓고 있는 사람들 또한 다른 지각 현실을 살아간다. 이들은 이 현실 속에서 가는 곳마다 분노와 트라우마를 마주한다. 우울증을 앓고 있는 사람은 인생이 무의미한 절망적인 지각 현실을 살아간다.
> - 공황 장애를 앓고 있는 사람 역시 언제 불행이 닥칠지 몰라서 불안에 떨며 다른 사람들과는 다른 지각 현실을 살아간다. 공황 발작이 오면 그 순간 주변에 있는 다른 사람들은 모두 평온하고 정상적인 현실을 살아가고 있는데 자신만 분리된 현실을 살아가고 있는 것처럼 느낀다.

평행 현실은 지구상에서 가장 극단적인 가스라이팅gas-lighting 경험이다. 가스등 효과라고도 하는 가스라이팅은 상황을 조작함으로써 누군가가 현실감을 잃게 만드는 것을 의미하는 심리학 용어다. 예를 들어 두 눈으로 똑똑히 보았는데도 실제로 본 적이 없는 것처럼 믿게 만드는 것이다. 똑똑히 느꼈는데도 그렇게 느껴선 안 된다거나 실제로 느낀 적이 없는 것처럼 믿게 만드는 것이다. 두 귀로 똑똑히 들었는데도 실제로 들은 적이 없는 것처럼 믿게 만드는 것이다.

이렇게 혼자만의 평행 지각 현실에 갇힌 사람들이 느끼는 절망과 공포는 어떤 말로도 다 설명할 수가 없다. 게다가 지각 현실에 갇힌 사람들만 고통스러운 것이 아니라 주변 사람들도 고통스럽다. 서로 다른 평행 현실을 살다 보면 관계 유지가 힘들기 때문에 사랑하는 사람과 헤어지는 경우가 많다.

나 홀로 다른 평행 지각 현실에 갇힌 고통은 한 사람이 경험할 수 있는 고통 가운데 최악이다. 은밀하면서 심신을 쇠약하게 만드는 고통을 상상해보라. 거울의 뒷면이나 유리창 너머에서 차단된 채 고통에 허덕이는 것과 비슷하다. 당신에게는 유리창 너머로 다른 사람들이 보이고 들리지만 다른 사람들은 아무도 당신을 보지도 못하고 듣지도 못한다. 다른 평행 현실에 갇힌 고통을 전쟁, 자연재해, 기아로 겪는 고통과 비교해보자. 이런 현실에서 오는 고통도 끔찍하지만 감정 불인정에서 오는 개인적인 고통과는 결정적인 차이점이 하나 있다. 바로 전쟁, 자연재해, 기아 등은 수많은 사람이 **동일하게** 겪는 현실이라는 점이다.

연결이 아름다운 이유는 이렇게 분리된 평행 현실을 무너뜨리고 통합할 수 있게 해주기 때문이다. 연결을 통해 서로 다른 두 현실이 합쳐지기 시작한다. 평행 현실을 통합해야 한다는 사실을 이해하고 치유를 경험하기만 하면 우리는 양극단에 있는 현실을 수용하고 의식 안에서 앞으로 나아갈 수 있다.

두 사람이 서로 다른 평행 지각 현실을 살아가고 있다면 물리적으로는 같은 장소에 있다고 하더라도 친밀하게 연결을 유지하기란 불가능하다. 이 서로 다른 평행 현실 사이에 존재하는 틈새를 이을 수 있는 것은 친밀감, 조율, 진정성이다. 여기서부터는 이제 당신에게 맞는 해결책을 찾는 방법을 알아보자.

진정성의 진짜 의미

우리는 진정성 또는 진짜authenticity라는 단어를 매일같이 들으며 살아간다. 그런데 도대체 이 진정성이란 무엇일까? 어떤 물건이 진짜라고 하면 복제되지 않은 진품을 뜻한다. 진품은 진짜다. 사람에게 진정성 또는 진짜라는 단어를 쓸 때 모든 사람은 저마다 근원 의식이 고유한 모습으로 형상화된 것이라는 사실을 받아들여야만 한다. 이 말은 곧 모든 사람은 각자 고유한 본질 또는 고유한 기를 타고 태어났다는 뜻이다. 우리는 저마다 다른 목적, 다른 생각, 다른 감정, 다른 욕망, 다른 필요를 가지고 태어난다. 거대한 우주 안에서 우리 본질 속에는 이 모든 것과 더불어 우리의 역할이 새겨져 있다.

우리 인생은 피어나는 과정이다. 당신의 본질이 연꽃 봉오리 안에 숨겨진 진주라고 상상해보라. 진주는 저마다 생김새가 다르다. 세상이 완벽한 곳이라면 연꽃은 자연스레 꽃을 피우고 그 안에 품고 있던 고유한 진주를 세상에 드러낼 것이다. 양육 및 사회화 과정은 이런 식으로 모든 아이를 피워내는 과정이다.

이 과정을 방해하지 않고 그저 아이가 지닌 고유한 욕구를 채워주기만 한다면 아이는 자연스레 피어날 수 있다. 그러나 우리가 사는 세상은 완벽하지 않다. 우리가 세상에 태어나는 순간 어른들은 우리를 연꽃 봉오리 속 진주로 보지 않는다. 정성스레 키우면 내면에 숨겨진 고유한 진주를 피워내는 선물 같은 존재로 바라보지 않는다. 대신 자신들의 기준에서 최선이라고 생각하는 모습대로 변형시켜야 할 원자재로 바라본다. 조금이라도 기준에서 벗어나는 점이 있으면 바로 불인정을 받게 되고 여기서 우리는 연약함을 느끼게 된다. 내면에서 분열이 일어나기 시작한다.

우리는 세상의 기준으로 볼 때 사랑스럽고 안전한 모습만 겉으로 드러낸다. 나머지 모습은 철저히 숨긴다. 이 말은 곧 세상에서 바라보는 우리 성격이 본질적으로는 **가짜**라는 뜻이다. 우리는 타인의 복제품이 된다. 우리 존재의 핵심에 있는 진짜 모습은 겉으로 투영되지 않는다. 그래서 결국 자신의 진짜 모습을 찾으려면 이 가식을 모두 걷어내야 한다. 이 과정은 마치 깜깜한 어둠 속을 더듬어나가는 것처럼 느껴진다.

가식적인 삶은 비참하다. 이 사실은 제쳐두고라도 가식의 가장 큰 문제는 진정한 연결을 불가능하게 만든다는 점이다. 존재의 핵심까지 사랑받고 싶다면 솔직하게 드러내야만 한다. 진정한 연결을 원한다면 당연히 상대방에게 자신의 가장 진솔한 모습까지 보여주고 싶을 것이다.

내면과 외면을 일치시키기

진정성을 가장 단순하게 이해해보자. 진정성이란 (개인적인 본질을 발견하는 것을 넘어서) **내면적 자기와 외면적 자기 사이에 존재하는 부조화를 의식적으로 수정하는 것**임을 아는 것이다. 따라서 진정성은 내면과 외면이 일치할 때 생겨난다.

'양의 탈을 쓴 늑대'라는 표현을 들어보았을 것이다. 진정성이 없는 상태를 단적으로 설명해주는 예시다. 늑대는 양이 아니다. 겉으로는 양인 척하지만 속은 여전히 늑대다. 늑대의 탈을 쓴 양도 다를 바 없다. 이 또한 진정성이 없는 상태를 보여주는 또 다른 예시일 뿐이다. 주변을 한번 둘러보아라. 내면적 자기와 외면적 자기 사이에 존재하는 온갖 종류의 부조화가 보일 것이다. 다니는 직장이 싫다면 이 또한 진정성이 없는 것이다. 외부적으로 보이는 직업이 내면에 있는 욕망과 어긋나기 때문이다. 말로는 누군가를 좋아한다고 하면서 사실은 그 사람을 근처에도 가기 싫어할 정도로 싫어한다면 진정성이 없는 것이다. 스스로 예술적 재능이 없다고 말하면서 사실은 오래전부터 그 재능을 억누르고 있다면 진정성이 없는 것이다.

겉으로 드러나는 모습에 지나치게 신경을 쓰다 보면 겉보기에 그다지 좋지 않은 내면적 자기 모습을 인정하지 못하게 된다. 진정성이 없어진다. 페이스북 계정을 두 개씩 가지고 있는 사람들을 생각해보라. 하나는 직장 사람들과 가족들이 볼 수 있는 계정이고 다른 하나는 실제 관심사를 팔로우하는 계정이다. 다른 사람들에게 실제 관심사가 알려지면 부정적인 평가를 받을 수도 있다는 두려움에 계정을 따로 만든 것이다. 여기에도 진정성은 없다. 동성애자이면서 이성애자인 척한다면 이 또한 진정성이 없는 것이다.

오늘날 사회 전체가 가식에 기반하고 있다는 사실을 확인하기란 어렵지 않다. 그러나 이제 이 가식을 끝낼 때가 왔다. 가식은 깨달음과 연결을 가로막는 가장 큰 장벽이다. 따라서 우리가 살면서 해야 할 질문은 다음과 같다. "나의 외면적 자기와 내면적 자기 사이에 부조화가 존재하는가?"

이상적인 세상에서는 우리 모두가 24시간 내내 투명하고 정직하고 진정성 있는 삶을 살아갈 수 있다. 내가 만들고 싶은 세상은 바로 이런 세상이다.

부정적인 시선을 기꺼이 감수하겠다는 마음

진정성 있는 사람이 되려면 자기 자신에게 그리고 다른 사람들에게 부정적으로 보이는 일을 기꺼이 감수해야 한다. 아니면 최소한 이렇게 행동하려고 할 때 생기는 엄청난 공포를 직면해야 한다. 앞서 다루었다시

피 우리는 수치심과 두려움을 피하느라 급급하며 평생을 보낸다. 수치심은 인간 자아에 가장 큰 적이다.

그러나 이는 곧 우리가 자신에게 또는 타인에게 부정적으로 보일 수 있는 우리 자신에 관한 진실을 계속 회피하고 있다는 뜻이기도 하다.

계속 외면하고 회피하면 우리는 결코 자기 자신에 관한 진실을 마주하고 대응할 수 없다. 이렇게 진정성 없는 상태가 유지되다가 마침내 진정성이 초래할 부정적 결과도 기꺼이 감수할 만큼 고통이 심해질 때가 되어서야 비로소 우리 자신에 관한 진실을 마주하는 경우가 너무 많다. 그렇게 궁지에 몰릴 때까지 기다리지 마시길 바란다. 긍정적이든 부정적이든 자기 자신에 관한 진실을 받아들여라.

받아들이는 것은 부인과 회피의 반대다. 무언가를 받아들인다는 것은 무슨 의미인가? 받아들이는 것은 그 대상을 타당하거나 옳다고 인식하는 것이다. 받아들이는 것은 그 대상을 인정하지 않고 저항하는 대신에 기꺼이 받아들이고 진리로 소화하는 것이다. 받아들이는 것은 무언가를 용서하거나 비난하는 것과는 전혀 상관이 없다. 무언가를 바꾸고 싶은 마음 혹은 바꾸고 싶지 않은 마음과도 전혀 상관이 없다.

진정성의 핵심

진정성의 핵심은 연약함을 드러내는 것이다. 우리가 진정성 있는 모습을 드러내지 않으려는 이유는 그렇게 했을 때 일어날 수 있는 일이 두렵기 때문이다. 우리는 거부당할까 봐, 사랑받지 못할까 봐, 받아들여지지 않을까 봐 두려워한다. 많은 사람이 참된 자기 모습 가운데 일부만 드러내면서도 자신이 진정성 있는 사람이라고 생각한다.

여기 내가 무슨 말을 하고 있는지 보여주는 예시가 있다. 당신은 다음과 같은 생각을 다른 사람에게 표현하는 것이 진정성 있는 행동이라고 생각할 수도 있다. "너 그거 알아? 넌 너무 자기중심적이라서 너 자신이랑 네가 가고 싶은 곳 말고는 신경도 안 쓰지." 그러나 이건 단순히 방어적인 행동에 불과하다. 현실의 작은 조각만을 들먹이며 당신의 화를 표출한 것일 뿐이다. 오히려 이렇게 말하는 것이 진정성에 가깝다. "정말 무섭다. 내가 투명 인간이 된 것 같은 느낌이 들었어."

어떻게 하면 진정성을 제대로 표출할 수 있을까? 가장 좋은 방법은 자신에게 '이 상황에서 방어적인 태도와 반대되는 태도는 무엇이지?'라고 물어보는 것이다. 당신이 방어하려는 것은 실제로는 진정성 있는 사람이 되고 싶다면 드러내야 할 당신의 연약함이다. 진정성을 표출한다는 것은 진실의 일부가 아니라 전부를 내보이는 걸 뜻한다. 여기에는 당신의 모든 감정이 포함된다.

진정성의 근원은 당신의 감정을 정확히 알고 먼저 자기 자신이 이 감정을 인정하는 것이다. 그러면 이제 당신의 감정은 나침반처럼 당신에게 위치와 방향을 알려줄 것이다. 나침반이 현재 위치와 가야 할 방향을 알려주듯이 감정은 현재 인생의 진동 주파수와 미래에 나아가야 할 방향을 알려주는 역할을 한다. 그래서 당신의 겉모습과 내면이 일치하도록 도와준다.

감정은 잠재의식 속에서 진정성을 가로막고 있는 한계를 발견할 수 있도록 당신을 이끄는 통로이기도 하다. 오늘날 우리는 감정이 무엇이고 감정이 존재하는 목적이 무엇인지 이해하지 못한다. 우리는 본질적으로 정서적 암흑기를 살아가고 있다.

자기 인식 프로토콜

우리가 자기 자신의 감정을 솔직하게 인정할 때 우리가 알 수 있는 것은 자기 자신을 둘러싼 현실뿐이다. 다른 사람과 진정으로 연결되려면 우리가 느끼는 감정을 솔직하게 표현하는 법을 배워야 한다. 부정적인 상황에서 우리가 느끼는 감정은 사실상 다섯 가지다. 이 감정의 완전한 진실을 구성하는 다섯 부분을 순서대로 나열하자면 분노, 고통, 두려움, 이해 그리고 사랑이다.

대부분의 경우 우리는 이 다섯 가지 감정으로 이루어진 완전한 진실에서 한 가지 감정만 인식하고 스스로 표출하도록 허용한다. 예를 들어 차를 몰고 가다가 뒤에서 다른 차가 들이받았을 때 우리가 곧바로 불같이 화를 내며 사고를 낸 운전자를 비난한다고 가정해보자. 후방 추돌 사고 시 우리가 느끼는 모든 감정을 완전한 진실이라고 할 때 우리는 분노라는 부분만 자신과 다른 사람들이 알 수 있도록 허락한다. 그러나 완전한 진실은 훨씬 더 복잡하며 분노, 고통, 수치심, 이해, 사랑이라는 각각의 주요 감정에 상응하는 생각을 포함한다.

반면 특정한 **갈등** 상황에서 우리는 분노를 드러내지 않기 위해 극도로 자제한다. 이는 자연스러운 방어기제다. 실제로 감정에 관한 완전한 진실, 즉 우리가 느끼는 모든 감정 가운데 특정한 감정만 느끼고 표현하는 경우는 흔하다. 이렇게 우리 자신에게 감정의 일부만 표출하도록 허용하는 행위는 인격 형성기에 학습된 것이다. 그러나 치유와 자기애는 모든 감정을 표출하는 데서 시작된다.

당신이 느끼는 감정에 관한 완전한 진실을 알아내는 방법은 다음과 같다.

자신의 진실을 발견하는 법

먼저 당신의 신경을 긁는 상황을 하나 골라라. 그리고 온몸에서 모든 피를 뽑아내 듯이 감정의 완전한 진실을 구성하는 다섯 가지 부분과 관련된 모든 생각과 감정을 부분별로 적어 내려가라.

이때 유의할 점은 각 부분에 해당하는 모든 생각과 감정을 남김없이 적을 때까지 는 한 부분에서 다른 부분으로 (예를 들어 분노에서 고통으로) 넘어가선 안 된다. 감정은 건강한 것이라는 사실을 기억하고 어떤 감정이 떠올라도 억누르지 말라. 화 가 나면 화를 내고, 울고 싶으면 얼굴이 못생겨지도록 소리 내어 울고, 희망으로 가 슴이 부풀어 오르면 희망을 느껴라. 표면으로 떠오르는 감정이 무엇이든 평가하지 말고 온전히 경험하도록 자신을 내버려두어라.

진실이 흘러나오는 데 도움이 되길 바라는 마음에서 아래에 질문을 몇 가지 추려 놓았다. 기분이 상했던 사건이나 상황을 떠올리면서 다섯 가지 감정별로 다음과 같 은 질문을 받았을 때 마음속에 떠오르는 생각과 감정을 하나도 빠짐없이 적어라.

1. 화
   - 나는 무엇에 화가 났는가?
   - 나는 무엇/누구를 비난하며 그 이유는 무엇인가?
   - 나는 무엇/누구에게 화를 느끼며 그 이유는 무엇인가?
   - 내가 정말 화가 날 때는…
   - 나는 이제 …라면 진절머리가 난다.
   - 나는 …을 증오한다.
2. 고통

- 이것의 어떤 점이 나를 그토록 슬프게 만드는가?
- 나는 … 때문에 큰 상처를 받았다.
- 나는 … 때문에 큰 실망감을 느낀다.

3. 두려움

- 이것의 어떤 점이 나를 그토록 두렵게 만드는가?
- 나는 …가 두렵다.
- 내가 두려울 때는…
- 왜 그게 나를 두렵게 하는가?
- 이것의 어떤 점이 나를 부끄럽게 만드는가?
- 이것의 어떤 점이 나를 불안하게 만드는가?
- 분노와 슬픔 아래 숨겨진 깊은 상처는 무엇인가?
- 이 상황은 어떤 고통스러운 기억을 떠올리게 하는가?

4. 이해

- 나는 …을 후회한다.
- 나는 …에 유감을 느낀다.
- 이 상황에서 내가 책임져야 할 부분은 무엇인가?
- 나는 …하려는 의도가 아니었다.
- 나는 …을 이해한다.
- 나는 가끔 내가 …하다는 사실을 안다.
- 나는 무엇을 용서받길 원하는가?

5. 사랑

- 마음속 깊은 곳에 있는 내 가장 순수한 의도는…
- 마음속 깊은 곳에서 나는 …을 원한다.

- 나는 …을 약속한다.
- 이 상황에서 내가 생각할 수 있는 해결책은 무엇인가?
- 나는 …을 바란다.
- 나는 …에 감사함을 느낀다.
- 나는 …를 용서한다.

이런 식으로 다섯 가지 감정을 파헤쳐가다 보면 완전한 진실에 이를 수 있다. 무엇을 어떻게 써야 할지 모르겠다면 다음에 나오는 예시를 참조하라. 이런 식으로 인생에서 겪었던 꺼림칙한 상황을 되새기다 보면 당신의 내면에 있는 진정한 자기를 끌어낼 수 있다. 당신이 발견한 생각과 감정은 각각의 상황에 관한 가장 깊은 진실을 나타낸다.

각각의 상황에서 느꼈던 감정에 관한 가장 깊은 진실을 알게 되면 이제 당신은 이 진실을 직접 대면할 수도 있고 다른 사람에게 표현할 수도 있다. 이렇게 했을 때 당신은 진정성 있는 상태가 된다. 숨기고 있던 연약함을 드러내고 사랑으로 돌볼 수 있다. 그렇게 진정성 있는 자기를 발견할 수 있다. 다른 사람과 진정한 연결을 맺고 외로움과 고립감을 극복하려면 진정성 있는 자기를 발견하는 일이 선행될 필요가 있다.

'사고'에 관한 진실 처리하기

여기 이 과정을 이용해서 앞서 내가 제시했던 상황에 관한 완전한 진실을 서술한 간단한 예시가 있다. 상황은 '방금 꽉 막힌 도로에서 누가 뒤에서 내 차를 들이받았어'로 시작한다.

화: 방금 내가 교통사고를 당했다는 사실이 믿기지 않는다. 일진이 이보다 나쁠 수는 없다! 그 멍청한 새끼가 정말 싫다. 그냥 사람이 다 정말 싫다. 얼마나 멍청이들이 많은지 이제는 진절머리가 난다. 내 잘못은 하나도 없는데 고통은 고스란히 내 몫이라니 정말 화가 난다. 너무 불공평하다. 사고를 낸 그 새끼를 죽이고 싶다.

고통: 이 세상에서는 아무 잘못도 없는 사람들이 상처를 받는다는 사실이 날 너무 슬프게 한다. 다른 사람들은 아무 문제 없이 잘만 살아가는데 나만 일이 제대로 풀리지 않는 것 같아서 마음이 아프다. 내가 사랑하는 이 차에 흠집이 나서 슬프다. 흠집이 난 차를 끌고 다닐 생각을 하니 부끄럽다.

두려움: 인생이 행복하지 않을까 봐 두렵다. 인생이 고통스러울까 봐 두렵다. 죽을 때까지 불행할까 봐 두렵다. 만약 인생이 고통이라는 사실을 알게 되면 깊은 우울증에 빠졌다가 어쩌면 스스로 목숨을 끊을지도 모른다는 생각에 두렵다. 이 두려움 아래 숨겨진 진짜 상처는 어린 시절 술에 취해 집으로 들어온 아빠가 날 때릴 때 맞고만 있던 것처럼 나 자신이 아무런 힘도 없는 존재라는 사실이다. 아무 일도 없이 텔레비전을 보고 있다가도 다음 순간 아무 이유 없이 아빠에게 두들겨 맞았다. 나는 너무 어려서 그냥 맞고만 있을 수밖에 없었다.

이해: 인생이 정말로 고통인지 아닌지는 모르겠지만 유년기에 아빠에게 학대당했던 경험 때문인지 나는 인생이 고통이라고밖에 생각할 수 없다. 그래서인지 인생이 고통이라는 사실을 입증이라도 하겠다는 듯이 나 자신을 거기에 더 끼워 맞추려고 하는 것 같다. 내 차를 들이받은 남자에게 화를 냈던 걸 후회한다. 그 사람도 아마 끔찍한 하루를 보내고 있을 것이다. 오늘 생전 처음 본 사람에게 내가 유년기에 당했듯이 그렇게 겁을 줄 의도는 아니었다. 문제

를 해결하는 데 도움이 되기보다 오히려 문제를 키웠다는 사실에 용서를 구하고 싶다.

사랑: 내 마음속 깊은 곳에는 나 자신을 비롯해 모든 사람이 지금보다 더 나은 기분을 느낄 수 있도록 도와주고 싶은 마음이 있다. 피해 의식으로 이 세상이 무섭고 악한 곳이라 느끼는 내 자아의 일부를 치유해서 행복해지고 싶다. 내 마음속 깊은 곳에는 모든 사람과 모든 것을 통제하지 않으면서도 자신에게 좋은 것만을 줄 수 있다고 믿고 싶은 마음이 있다. 내 차를 들이받은 남자가 종일 불행하지 않길 바란다. 누구나 실수를 하기 마련이니 그냥 훌훌 털어버리길 바란다. 나는 그 사람이 저지른 실수를 용서한다. 솔직히 나는 사람들을 좋아하고 사람들이 행복했으면 좋겠다. 나는 이 세상이 행복한 곳이었으면 좋겠다. 실수해도 거절당하거나 처벌받지 않고 교훈 삼을 수 있는 그런 세상이었으면 좋겠다.

객관적 시선으로 바라보는 연습

당신의 감정을 마주하고 치유하는 또 다른 방법은 자기 자신을 **객관적으로** 관찰하는 것이다. 우리는 대부분 자기 자신을 객관적으로 바라보지 않으며 우리가 실제로 어떤 행동을 하는지도 잘 인식하지 못한다. 우리는 평생을 망원경을 쓴 것처럼 자신만의 관점을 통해 세상을 바라본다. 우리는 다른 사람은 보면서도 자기 자신은 보지 않는다.

그래서 나는 **객관적인 시선**으로 바라보는 습관을 들일 것을 제안하곤 한다. 강렬한 감정이 일어날 때마다 반발하거나 회피하는 대신 내면에서 감정을 마주 보라. 무언가 느껴지면 그 느낌을 전기 울타리에 전원이 켜

지듯이 감정이 활성화되거나 충전되었다는 신호로 사용하라. 기분이 상하거나 과충전된 것이 아니라 단지 **감정**일 뿐이라는 사실을 인식하라.

이 방법을 이용할 때 당신이 느끼는 감정을 애써 무시하거나 바꾸려고 하지 말라. 그저 감정을 인식하고 있는 그대로 두어라. 감정을 관찰하다 보면 통찰력이 생기는 경우가 많다. 감정을 유발한 요인이 무엇인지, 그 유발 요인에 당신이 어떤 의미를 부여하고 있는지, 감정을 유발한 상황이 무엇인지 발견할 수도 있다. 그 순간에는 당신이 아무런 저항 없이 감정을 완전히 깨닫고 인식하고 관찰하고 있다고 생각하는 것이 도움이 된다. 이는 본질적으로 의식에 빛을 비추어 눈을 뜨게 되는 과정이다.

감정이 아니라 **생각**에도 이 방법을 똑같이 적용할 수 있다. 우리의 의식이라는 캔버스 위로 생각은 온종일 끊임없이 떠오른다. 이 중에 대부분은 우리가 전혀 인식하지 못한다. 생각은 마치 그림이나, 목소리나 글자처럼 우리 마음속에 떠오른다. 가만히 앉아서 떠오르는 생각들을 가만히 관찰하라. 생각을 애써 바꾸려고 하지 말라. 그냥 있는 그대로 인지하면서 떠올랐다가 사라지게 내버려 두어라.

몸을 **관찰**하는 연습도 할 수 있다. 몸의 감각을 관찰하라. 몸을 인식할 때는, 즉 몸을 바라볼 때는 그 순간만큼은 당신의 의식이 몸에서 분리된 것처럼 몸을 느끼고 경험하라. 이렇게 몸과의 탈 동일시를 통해 현재 내 몸의 진실을 똑바로 알 수 있다.

자기 자신을 객관적으로 바라보는 법

객관적 시선으로 자신의 감정, 생각, 말과 행동을 바라보는 것은 당신의 내면세계

와 외면세계 사이에 존재하는 불일치를 인식할 수 있는 효과적이고 쉬운 방법이다. 객관적인 시선이 일상적인 반응으로 자리 잡을 때까지 매일 또는 일주일에 한 번씩 객관적으로 바라보는 연습을 하라.

자기 자신을 객관적으로 바라보려면 눈을 감고 몸 밖으로 걸어 나가 새가 하늘에서 땅을 내려다보듯이 위에서 자신을 바라본다고 상상해보아라. 말 그대로 자유로운 새가 된 것처럼, 제삼자를 관찰하듯 당신의 몸을 관찰하라.

이제 이 관점에서 과거를 되돌아볼 수 있다. 오늘 하루 또는 지난 일주일 동안 했던 일을 다시 관찰하라. 샤워할 때 당신의 모습을 다시 관찰하라. 직장에서 당신의 모습을 다시 관찰하라. 연인과 사랑할 때 당신의 모습을 다시 관찰하라. 하늘 아래 벌어진 모든 상황에서 당신의 모습을 관찰하라. 주의를 기울여서 살펴보아라.

정말로 자기 자신을 객관적으로 보고 싶다면 촬영을 하라. 그러나 누군가 당신을 보고 있거나 볼 수도 있다고 생각하면 몸이 긴장될 수 있음에 유의하라. 촬영하고 있다는 사실을 의식해서 행동이나 반응이 달라질 수 있음에 유의하라. 촬영되고 있다는 사실을 몰라야지만 우리 내면세계와 외면세계에 어떤 불일치가 존재하는지 진실을 볼 수 있다.

솔직해져야 한다. 자기 자신이 무슨 생각을 하고, 무슨 감정을 느끼고, 무엇을 원하고, 무엇을 필요로 하고, 실제로 어떻게 행동하는지를 알고 인정하지 않는다면 모든 노력은 허상일 뿐이며 아무런 효과도 거둘 수 없다. 마치 허공에 성을 짓는 것과도 같다. 결국에는 무너지고 말 것이다. 인생에서 모든 것은 우리가 지닌 고유한 본질과 일치하거나 아니면 고유한 본질을 밝히지 못하도록 막거나 둘 중 하나다. 문자 그대로 자기 인식을 높이는 행동은 그게 무엇이든 진정성에 다가가는 걸음이 된다.

진정성은 개인이 도달할 수 있는 가장 높은 상태다. 머잖아 진정성은 깨달음을 대체하고 영성 훈련의 참 목표가 되는 것을 넘어서 인생의 참 목표가 될 것이다. 우리가 진정성을 인생의 목표로 삼을 때 우리 사회는 집단적으로 진정성이라는 인간의 본질을 표현하는 곳이 될 것이다.

진정성 없는 말, '거리가 필요해'

당신이 이 책을 읽고 있는 이유는 외롭기 때문이다. 당신은 연결이 필요하다. 그런데 나만의 공간이 필요하다는 생각이 자주 들진 않는가? 스스로 혼자 있길 좋아하는 사람이라고 생각하진 않는가? 인간은 사회적 동물이다. 과거 인류의 생존은 (지금도 여전히 그렇지만) 서로에게 달려 있었다. 엄밀히 말해 인간에게 가장 큰 욕구는 연결이며 행복을 가로막는 가장 큰 위협은 고립이다. 그런데 왜 유독 당신은 혼자만의 시간과 공간이 필요하다고 느낄까?

혼자만의 시간이 필요하다거나 혼자만의 공간이 필요하다고 할 때는 식물 근처에 가까이 가고 싶지 않다는 뜻이 아니다. 키우는 강아지나 고양에게 가까이 가고 싶지 않다는 뜻도 아니다. 당신은 강아지에게 '나 지금 혼자 있고 싶어'라고 말하면서 방문을 닫아걸진 않을 것이다. 그렇다면 당신에게 **타인**은 도대체 강아지나 고양이와 뭐가 그렇게 다를까? 타인과 함께 있을 때는 왜 멀리 떨어져서 혼자 있고 싶다는 생각이 드는 걸까?

혼자만의 공간이 필요하다면, 스스로 혼자만의 시간이 필요한 사람이라고 느낀다면, 그 이유는 당신이 타인에게 진정성 있는 모습을 보여줄 수가 없기 때문이다. 강아지와 사람의 차이는 강아지와 있을 때는 당신이 가진 고유한 욕망, 필요, 관점, 느낌, 생각과 완전히 일치된 상태로 있어도 될 것 같다고 느껴지지만 다른 사람과 있을 때는 그렇지가 않다는 점이다.

이런 느낌이 든다면 다른 사람과 함께 있을 때 당신의 내면적 자기와 외면적 자기 사이에는 커다란 불일치가 존재한다는 뜻이다. 그러면 다른 사람과 함께 있는 것이 부담스럽고 피곤하게 느껴질 수밖에 없다. 진짜 감정을 숨기고 다르게 행동하려면 힘들 수밖에 없다. 원하지 않는 행동을 하려면 힘들 수밖에 없다. 타인의 반응에 맞추어 모든 말과 행동을 맞추려면 힘들 수밖에 없다.

이런 느낌이 드는 이유는 구속 트라우마 때문일 가능성이 있다. 구속이란 자율성을 보장받을 수 없었던 상황을 뜻한다. 구속 트라우마는 개인적인 경계가 인정되지 않고 존중되지 않을 때 발생한다. 개인적인 경계를 침범하는 일은 부모가 자녀를 독립적인 인간이 아니라 그들 자신의 연장선상에 있는 존재라고 생각하는 가정에서 흔히 발생한다.

구속 트라우마가 있는 사람은 누군가 방안으로 들어오는 순간 자신의 모든 생각과 말과 행동을 타인의 욕망, 필요, 관점, 선호에 맞춰주어야 할 것 같은 느낌을 받는다. 연결되고자 하는 욕구 때문에 자신의 진정성을 바로 상실하게 된다. 이는 마치 깨진 유리 조각 위를 걷는 것과 같다. 자연스러운 본연의 모습으로 있을 수 없을 때 곧바로 긴장감과 압박감이 생긴다.

개인적인 경계가 무너지는 과정은 무척 공포스럽다. 다른 사람들과 함께 있을 때는 당신의 진짜 생각, 진짜 욕구, 진짜 필요를 알아차릴 수도 없고 솔직한 모습 그대로 행동할 수도 없다. 개인마다 지닌 고유한 개인적 진실에 접근할 수 없게 되어버린다.

그 결과 당신과 관계를 맺고 있는 사람들은 종종 당신이 자신들을 밀어낸다는 생각에 괴로워한다. 이들이 이런 느낌을 받는 이유는 당신이 실제로 밀어내고 있기 때문이다. 이들은 밀려나고 있다. 타인을 밀어내는 것은 좋지 않다. 더군다나 당신이 밀어내고 있는 사람들이 당신이 사랑하는 사람들이라면 말이다. 이런 행동은 사랑하는 사람들에게 상처를 줄 뿐만 아니라 결국에는 당신 자신도 상처를 받는다. 이런 행동의 이면에는 타인에게 자신이 흡수될지도 모른다는 두려움이 자리한다.

혼자만의 시간은 자기 자신과 시간을 보내는 좋은 도구가 될 수도 있다. 그러나 하나의 도구일 뿐이라는 사실을 잊어서는 안 된다. 혼자만의 시간은 사실 인간에게 반드시 **필요하진** 않다. 방금 이 주장에 거부감이 든다면 이는 자기 자신에 대해서 어떤 사실을 알려주는 신호다. 당신 스스로 다른 사람들 앞에서 진정성 있는 모습을 보일 수 있다고 느낀다면 별다른 저항감이 느껴지지 않을 것이다. 인류가 가장 힘들게 배우는 사실 중 하나가 바로 '**당신과 함께 있어도 나 자신일 수 있다**'는 것이다.

모두 하나로 이어진 우주의 경계

인간관계에서 타인과 거리를 두고 싶은 마음 때문에 고민이라면 가장 먼저 해야 할 일은 경계 설정이다. 알다시피 경계는 자기와 타자를 구분하는 감각에 관한 것이며 물리적 차원에서 볼 때 이는 자연스러운 것이다.

자기 계발 전문가들과 심리학자들은 행복하게 살려면 건강한 경계를 발달시키는 것이 중요하다가 입을 모은다. 그렇다면 경계란 도대체 무엇인가? 경계는 자기 자신을 나머지 세상과 연관시키는 방법에 관한 지침이다. 경계란 신념, 의견, 태도, 경험, 사회적 학습이 뒤섞여 확립된 행동 규칙이다. 그러니 **경계**boundary란 단어를 당신을 정의하는 무언가쯤으로 생각하라. 경계는 울타리가 아니라 선호選好다.

경계는 당신의 개인적인 행복, 감정, 생각, 솔직함, 욕망, 필요, 그리고 무엇보다 가장 중요한 당신의 진실을 나머지 세상과 구분 짓는 상상의 선線이다.

개인적 경계는 양방향으로 사람과 사람 사이에 일어나는 상호작용이 어느 쪽으로 일어나든 모두 영향을 미친다. 개인적 경계는 개인적인 호불호와 옳고 그름의 기준을 정의하는 데 도움을 준다. 호불호와 옳고 그름을 판단하는 기준을 정해두는 것은 다른 사람이 우리를 대할 때 어느 수준까지 허용할지 말지를 결정하는 데 도움이 된다.

다음은 당신의 경계가 건강하지 못하다는 신호이다.

- 그렇다고 하고 싶을 때 아니라고 하거나 아니라고 하고 싶을 때 그렇다고 말한다.
- 아니라고 말할 때 죄책감이 든다.
- 타인을 만족시키려고 당신의 정직함이나 가치에 반하는 행동을 한다.
- 할 말이 있어도 하지 않는다.
- 인정받고 싶어서 다른 사람의 신념이나 주장을 그대로 받아들인다.
- 당신을 학대하는 사람을 고발하지 않는다.
- 신체 접촉이나 성관계를 원하지 않을 때도 수락한다.
- 자신이 하고 있던 일을 제쳐두고 다른 사람의 즉각적인 욕구나 필요를 들어

준다.

- 쓸모있는 사람이라는 평가를 받으려고 지나치게 애쓴다.

- 다른 사람의 문제나 어려움에 지나치게 관여되어 있다.

- 다른 사람들이 당신을 불편하게 만드는 말을 대놓고 해도 가만히 있다.

여기서 가장 큰 문제는 타인이 우리 경계를 침범하는 것이 아니라 우리 스스로 자신의 경계를 침범하는 것이다. 타인이 자신의 경계를 침범하는 것을 방관할 때마다 자기 자신의 경계를 스스로 침범하는 셈이다. 이것은 자기 배신이다. 자신의 경계를 스스로 지키지 않는 것은 자기 자신을 버리고 자기 증오가 일어나게 내버려 두는 것과 같다.

경계는 자칫 이해하기에 매우 복잡한 개념이 될 수 있기에 아주 쉽게 설명을 하려 한다. 당신의 경계를 정의하는 것은 당신의 감정이며, 당신의 감정은 어떤 경계든 당신의 경계가 침범당했는지 여부를 어김없이 알려주는 신호다.

예를 들어 누군가 당신에게 상처를 주는 말을 했다면 그 사람이 정서적 경계를 넘었다는 뜻이다. 상처를 받았다는 것은 곧 상처를 준 사람에게 어디까지가 당신이 허용할 수 있는 경계인지를 더 분명하게 알려줄 필요가 있다는 뜻이다. 또 다른 예로 누군가 당신에게 파티에 함께 가자고 했고 당신은 가고 싶지 않았지만 어쩔 수 없이 갔다면 이 경우에는 당신 스스로 자신의 경계를 침범했다는 뜻이다.

내면적 자기 배신은 우리가 자신을 믿지 못하게 만드는 원인이 된다. 자기 신뢰는 자신의 이익을 최우선으로 삼는 데서 출발한다. 본질적으로는 당신의 최선의 이익이 곧 당신의 개인적 경계가 된다. 개인마다 최선의 이익은 모두 다르며 개인적 경계도 각각 다르다. 따라서 자기 신뢰는 결국 개인적 경계와 관련한 것이다.

대부분 사람은 습관적으로 자기 자신을 유기하는 경향이 있다. 자기 유기는 우리의 최우선 이익과는 거리가 멀다. 자기 유기야말로 우리가 자신을 신뢰하지 못하는 진짜 이유다. 사람들은 안전하지 않다고 느낄 때 자신을 신뢰하지 않는다. 그리고 우리는 기분이 찝찝한 결정을 내리거나 진정한 자기 자신의 모습과 일치하지 않는 행동을 할 때 안전하지 않다고 느낀다.

자신의 진짜 감정을 무시하고 개인적 진실을 유기할 때 우리는 본질적으로 자기 자신을 신뢰할 수 없게 되어버린다. 개인적 경계를 버릇처럼 침범하면서 당신은 거짓 자기를 창조했을 가능성이 높다. 자기 자신에 대한 신뢰를 회복할 수 있는 길은 다시 당신의 감정에 초점을 맞추고 그 감정을 존중하는 것뿐이다.

그렇다면 스스로 거짓 자기를 창조했는지 아닌지를 어떻게 판별할 수 있을까? 자신에게 다음과 같은 질문을 해보기만 하면 드러난다.

> • 내가 정말로 원하는 것이 무엇인지 알고 있는가?
> • 다른 사람들이 내 생각이나 믿음이나 감정에 참견하도록 내버려두는가?
> • 정말로 원하지 않는 일을 억지로 하고, 아니라고 하고 싶을 때 그렇다고 하거나 그렇다고 하고 싶을 때 아니라고 하진 않는가?
> • 다른 사람들에게 내 진짜 감정을 밝히는 게 두려운가?
> • 다른 사람들이 나에 대해 부정적으로 생각할까 봐 두려운가?

건강한 경계 설정

건강한 경계는 본질적으로 적대적이지 않다. 건강한 경계는 타인의 경계를 위협하지 않으므로 일체성과 궤도를 같이한다. 건강한 경계는 타인의 행동을 통제하는 것과는 무관하다. 건강한 경계는 전적으로 당신이 개인적으로 설정하고 개인적인 행복, 욕망, 진실을 따르는 것과 관련이 있다.

정말로 원하지 않았던 일을 떠맡은 바람에 기분이 좋지 않다면 당신의 경계를 다시 주장해야 한다. 주변 사람들이 어떤 식으로든 기분을 나쁘게 만든다면 당신의 경계를 다시 주장해야 할 때이다. 우선 인생에서 지금 이 순간 당신을 가장 불행하게 만드는 열 가지 목록을 작성하라. 그런 다음 다른 사람들이 당신에게 제발 하지 말았으면 하고 바라는 행동이나 말 열 가지를 목록으로 작성하라. 당신의 인생에 큰 영향을 미치는 사람들의 이름을 한 명 한 명 차례로 적고 그 사람 근처에 있으면 기분이 어떤지를 써보는 것도 도움이 된다.

그리고 나서 목록에 적힌 모든 항목을 차례로 짚어나가며 자신에게 물어보아라. "나는 어떻게 나 자신의 경계를 스스로 침범했고, 다른 사람이 침범하게 놔두었지?" 다시 말해, 당신이 정말로 어떻게 느끼는지 그리고 정말로 무엇을 원하는지를 알아보아라. 가령 배우자가 퇴근하고 집에 와서 텔레비전을 보느라 당신을 무시한다고 가정해보자. 당신은 배우자에게 거부당하고 사랑받지 못하는 존재라는 생각에 마음속에서 외로움이 서서히 차오르는 것을 느꼈다.

배우자가 당신의 정서적 경계를 침범한 것이다. 다른 사람들에게 이런 대우를 받는 것이 당신은 무척 불편하다. 그러면 이제 배우자에게 당신의 감정을 표현하는 편지를 쓸 수도 있다. 경계가 침범당했다는 사실을 알아차렸다면 당신은 이제 당신의 진짜 감정에 기반해서 변화를 끌어내야 한다. 당신이 취할 수 있는 구체적인 행동을 정해서 실행에 옮겨라. 시간이 지나면 당신의 경계도 변하므로 업데이트가 필요하다는 사실을 기억하라. 어쩌면 새로운 관계를 시작하거나 부모가 된 후에는 타인에게 할애할 수 있는 시간은 더 제한될 것이다. 인생 전반에 걸쳐서 경계를 재정의하는 일은 자기 자신에게 진실한 사람이 되기 위한 필수적 작업이다.

다른 사람이 당신 옆에 있든 없든 상관없이 자기 자신의 솔직함, 욕망, 감정, 생각, 필요 진실에 다가가려는 의식적인 노력을 서둘러 시작해야 한다. 그러고 나서 스스로 알아낸 이 개인적 진실을 다른 사람과 소통하고 행동 또한 일치시켜야 한다.

타인을 조종하려 들지 않기

연결에 어려움을 겪고 있다면 당신은 지금 자신을 거부하는 입장이며 따라서 자기 자신을 욕구를 충족할 자격이 없는 존재로 바라보고 있다는 뜻이다. 그 결과 당신은 욕구를 억압하고 거부하고 부인한다. 그런 탓에 당신은 지금 정서적으로 굶주려있는 상태이다. 결국 생존 모드가 발동되고 나면 당신은 오로지 당신만을 걱정하기 시작한다. 나르시시즘에 빠져서 당신은 잠재의식 속에서 욕구 충족을 위해 다른 사람을 조종하려 든다. 이렇게 되면 당신은 더더욱 외로워질 뿐이다. 당신이 자신을 조종하려는 한다는 사실을 눈치챈 사람들이 당신과 거리를 두려고 하기 때문이다. 그러면 당신은 더욱더 굶주리게 되는 악순환이 반복된다.

당신은 욕구를 가지고 있다. 지구상에 있는 모든 존재는 욕구를 가지고 있다. 욕구는 살기 위해, 성공하기 위해, 또는 행복하기 위해 꼭 필요한 것이다. 욕구가 불필요하다고 주장하는 것은 어불성설이다. 욕구는 반드시 충족해야 하는 것이지 다른 선택이 없다. 이유는? 의식적으로 욕구를 채우지 않으면 잠재의식 속에서라도 채우려 들기 때문이다. 잠재의식 속에서 타인을 움직여 자신의 욕구를 채우는 것이 바로 조종이다.

조종manipulation은 커다란 오명을 짊어지고 있는 단어로 타인을 악의적으로 조종하려는 의도가 내포된 듯 들린다. 그러나 조종은 깊은 잠재의식 속에서 일어나는 동시에 꽤 결백하다. 조종은 우리가 욕구를 직접 충족할 수 없다고 느껴서 간접적인 방식으로라도 충족하려고 할 때 작동하는 기제다. 타인이 우리가 원하는 방향으로 행동하게끔 유도해서 자신의 욕구를 충족하려는 심리적 작용이다.

예를 들어 안전함을 느끼길 원하지만 보호해달라고 직접 부탁할 수 없는 사람은 구조를 받아야 하는 상황을 만들거나 아니면 거짓으로 위급한 상황에 부닥친 것처럼 꾸며서 보호를 받는다. 또 다른 예로 도움이나 지원을 받고 싶지만 도와달라고 직접 부탁할 수 없는 사람은 다른 사람들이 도와줄 수밖에 없도록 없는 병을 만들어내기도 한다. 인정받길 원하지만 인정해달라고 부탁할 수 없는 사람은 카멜레온처럼 모습을 바꿔가면서 다른 사람들이 자신을 인정하도록 만든다.

우리 모두 조종을 하며 살아가지만, 과연 우리는 그 사실을 얼마나 의식하고 있을까? 다른 사람을 조종하는 가장 흔한 방법으로는 거짓말하기, 넌지시 떠보기, 죄책감 느끼게 만들기, 자기 희생하기, 수동적으로 공격하기, 감정적으로 체벌하기 등이 있다. 거짓으로 아첨하기, 상황에 따라 태도 바꾸기, 유혹하기, 거짓 약속하기, 부탁 들어주기, 피해자인 척하기, 협박하기 등도 포함된다. 기억할 점은 누구나 가진 것을 활용해서 자기 자신에게 유리한 방향으로 타인을 조종하며 살아간다는 사실이다.

조종이라는 행위 자체가 당신을 나쁜 사람으로 만들진 않는다. 그러나 솔직하게 자신의 인생을 한번 돌아보면서 스스로 이렇게 물어보아라. "나는 다른 사람을 어떻게 조종하고 있지? 대놓고 부탁하는 대신에 어떻게 다른 사람을 구슬려서 내가 원하는 것을 얻어내곤 하지? 다른 사람의 욕구를 충족해주면서 그들이 내 욕구를 충족시켜줄 수밖에 없도록 유도할 방법이 뭐라고 생각하지?"

조종은 진실성에서 우러나오는 행동이 아니기 때문에 언제나 양심의 가책을 가져다준다. 조종을 그만두는 것이 어려운 이유는 타인 앞에 연약함을 드러낼 용기가 필요한 일이기 때문이다. 잃을 것이 많을수록 연약함을 드러내기가 쉽지 않다는 사실을 우리는 이미 알고 있다.

당신의 욕구에 다가가는 방법

당신이 원하는 것과 필요한 것을 더 잘 알 수 있는 두 가지 방법이 있다. 첫 번째 방법은 정말로 필요하고 정말로 원하는 게 무엇인지 스스로 물어보는 시간을 갖는 것이다. 도움이 필요하면 인터넷에서 욕구목록list of needs이라고 검색했을 때 나오는 결과를 참고하라. 여기서 욕구는 신체적, 정신적, 정서적 욕구를 모두 포함한다. 인터넷에서 찾은 욕구목록을 참고하여 당신의 개인적인 욕구목록을 작성하라. 이후에 부정적인 감정이 치밀어 오를 때마다 당신이 작성한 욕구목록을 꺼내 지금 느끼는 욕구가 어떤 욕구인지 찾아낸 다음 해당 욕구를 스스로 충족할 방법을 찾거나 아니면 타인에게 건전한 방식으로 표현하라.

두 번째 방법은 당신의 내면에 있는 어린아이에게 필요한 것은 없는지 물어보는 것이다. 떠오르는 모든 욕구를 하나도 빠짐없이 써 내려가라. 그리고 스스로 충족할 방법이나 아니면 다른 사람에게 건강한 방식으로 충족 받는 방법을 브레인스토밍해 보아라. 딱히 좋은 방법이 떠오르지 않는다면 다른 사람에게 도움을 청해도 좋다. 정말로 자신의 필요와 욕구가 무엇인지 모르겠다면 무엇을 원하지 않는지부터 차근차근 생각해보라. 원하지 않는 것을 뒤집어보면 원하는 것이 무엇인지 찾을 수 있을 것이다.

탐욕을 상징하는 걸신乞神에 관한 이야기를 들어보았을 것이다. 걸신 이야기는 욕구에 일단 굴복하면 욕구는 결코 멈출 수 없이 점점 더 커진다는 사실을 보여준다. 그러나 이 이야기는 진실과는 거리가 멀다. 욕구가 지속해서 충족되면 자원을 축적하려는 자기중심적 욕구는 관심 밖으로 밀려나기 때문이다.

욕구목록을 작성할 때는 세상 그 어떤 욕구도 유치하지 않다는 사실을 기억하라. 어떤 욕구는 가지고 있다는 것 자체가 유치하고 창피하게 느껴질 수 있다. 그러나 알다시피 유년기에 충족되었어야 할 욕구가 충족되지 않으면 어른이 되어서도 그 욕구는 그대로 남아있을 수 있다. 과거에 성장했었어야 하는 시기에 제대로 성장하지 못했기 때문이다. 유년기에 충족되지 못한 욕구는 어른이 되어서라도 반드시 충족되어야 한다.

이 모든 욕구를 채워줄 사람은 누구인가?

배우자에게 욕구를 충족 받지 못한다면 "어떻게 해야 하나?" 고민하는 분이 계신다면 그 의문에 대한 해답이 여기에 있다. 사실 욕구는 단 한 사람이 아니라 다양한 사람에게 충족 받을 수 있으면 이상적이다. 욕구를 충족해줄 수 있는 사람이 딱 한 사람일 때 당신은 힘없이 그 사람에게 의존하게 된다. 그러나 연인이나 배우자가 충족해주길 바라는 욕구는 무엇이고 다른 사람이 충족해주어도 괜찮은 욕구는 무엇인지, 자기 자신에게 아주 솔직해져야 한다. 이건 개인마다 차이가 있을 수 있다.

만약 연인이나 배우자가 당신이 채워 주길 원하는 욕구를 충족해줄 수 없다면 다른 사람을 찾아야 한다. 당신이 어떤 욕구를 충족해달라고 말했을 때 상대방이 '거절' 의사를 밝히더라도 이를 존중해주는 것이 정말 중요하다. 그래야 당신 입장에서도 그 사람과의 관계를 명확하게 정리할 수 있기 때문이다.

예를 들어 정서적으로 항상 옆에 있어주길 바라는 정서적 가용성emotional availability의 욕구를 연인이 충족해주지 못한다고 해보자. 이 경우에 당신은 연인에서 친구로 돌아서거나, 만약에 가능하다면 자기 자신의 기대치를 조정할 수 있다. 아니면 욕구를 충족 받지 못한 상태로 연인 관계를 유지할 수도 있다. 서로가 서로에게 줄 수 없는 것에 화를 내며 함께 비참해지느니 그냥 현재 상태를 유지하는 것이 낫다.

사랑에 대한 욕구는 삶의 마지막 날까지 모든 존재가 공통으로 갈망하는 욕구다. 그러나 인생을 살다 보면 우리는 어느새 '사랑 따윈 가능하지 않아' 같은 믿음을 가지게 된다. 사랑 때문에 이런저런 고통을 겪으면서 사랑에 대한 두려움이 생기는 바람에 그토록 간절하게 필요로 하고 원하면서도 사랑을 믿지 않기로 결심해버린다.

그래서 감정을 학습하는 것이 중요하다. 자기 자신의 감정을 읽는 법을 알지 못하면 불안, 불만족, 갈망, 필요, 절박감 등을 인지하지 못한다. 결핍을 느낄 때 우리는 스스로 이렇게 물어볼 수 있다. "지금 느끼는 이 감정은 내가 무엇을 필요로 하고 원한다는 뜻이지?"

충족되지 않은 욕구가 무엇인지 알고 나면 자신에게 던져야 할 질문은 다음과 같다. "이 욕구를 충족하려면 무엇을 포기해야 할까?" 예를 들어 내 경우에 누군가와 같은 방안에 앉아 있을 때 사랑을 느낄 수 있으려면 사랑은 위험하다는 개인적인 믿음을 포기해야 한다. 몸은 방 안에 있지만 마음은 딴 데 가 있게 만드는 끊임없는 잡념 또한 포기해야 한다. 그래야만 방 안에 있는 '진짜 사람들'과 연결될 수 있기 때문이다. 사랑하는 대상을 언제나 잃어버려야만 했던 과거도 포기해야 한다. 내 문자에 절대 답장을 하지 않는 사람에게 문자를 보내는 일도 포기해야 한다.

당신의 욕구를 충족 받기 위해서 **포기**해야만 하는 것이 무엇인지 머리로 이해하면 욕구 충족을 가로막던 장벽을 똑바로 마주할 기회를 얻을 수 있다. 나아가 생각과 행동을 바꿀 기회를 얻을 수 있다. 그러나 그보다 아무리 사소할지라도 당신의 욕구를 실제로 충족 받는 경험을 할 수 있다. 바로 아래에 예시를 실어 두었다. 나는 이 과정을 '욕구 충족 게임'이라고 부른다.

욕구 충족 게임

예를 들어 당신이 연결을 원한다고 가정해보자. 이 욕구를 충족할 방법은 당연히

타인과 같은 공간에 앉아서 서로에게 오롯이 집중하며 마음을 터놓는 것이다. 이때 오직 상대방과 연결되는 일에만 정신을 집중하라. 마음속에 저항심이 떠오르는지 가만히 관찰하라. 머릿속에 떠오르는 생각과 감정을 관찰하라. 저항심이 가라앉을 때까지 가만히 지켜보아라. 어느 부분에서 연결이 느껴지지 않는지 알아낸 뒤에 몸에서 연결이 느껴지는 부분을 어떻게든 찾아내라. 피부나 무릎뿐일지라도 괜찮다. 어디든 연결되었다는 감각이 느껴지는 부분을 찾아서 그 기분 좋은 감각이 온몸으로 퍼진다고 상상해보아라.

또 다른 예로 당신이 풍족함을 원한다고 가정해보자. 그러면 풍족함을 느낄 수 있는 장소로 가라. 화려한 곳에 가서 자리를 잡고 앉아라. 스스로 왕이 되었다고 상상해보라. 온몸으로 부유함을 느껴보아라. 마음속에서 떠오르는 저항심을 관찰하라. 마음속에 떠오르는 생각과 고통스러운 기억과 미래의 내 이야기에 귀를 기울여라. 풍족함을 느낄 수 없는 부위가 어디인지 관찰하라. 풍요로움을 느낄 수 있는 부위는 어디인지 관찰하라. 특정 부위에서 느껴지는 부귀함을 온몸에 퍼뜨리려고 노력해보라.

이러한 테크닉의 한 가지 예를 더 들어보자. 당신이 근접조차 할 수 없다고 느껴져서 현실과는 거리가 먼 무언가를 원한다면 그것과 가장 가까운 당신의 경험을 떠올려보라. 이를테면, 소속감을 느끼고 싶지만 그것이 도달할 수 없는 무언가로 느껴진다면, 내가 경험했던 것 중 소속감과 가장 근접한 것을 떠올려보라. 캠핑 여행 중에 과자를 잘 구워내 찬사를 받았던 기억이라든지… 그때 느꼈던 감정에 최대한 집중해보라. 온몸으로 그리고 심장으로 그 느낌을 충실히 받아들여 보라. 내 온몸의 세포 하나하나가 그 느낌을 만끽하도록…. 경험이든 상상이든 그 무엇이라도 좋다. 내가 진짜 원하는, 그렇지만 다가설 수 없다고 느끼는 어떤 것과 가장 가까운 경험이든, 기억이든, 미래에 대한 환상이든, 노랫말이든, 혹은 영화의 한 장면이든, 사람이든, 사물이든, 어떤 장소이든… 무엇이라도 좋다. 그것을 떠올려라. 그리고 그 느낌을 충실히, 온전히 온몸으로 받아들여 보라.

수치심으로도 같은 게임을 해볼 수 있다. 당신이 생각하는 수치심과 정반대되는 감정은 무엇인가? 예를 들어 자존감이라고 해보자. 자존감과 가장 가까운 감정은 수만 명의 팬 앞에서 노래를 부르는 가수가 느끼는 감정이라고 해보자. 그렇다면 음악을 들으면서 눈을 감고 팬들 앞에 서서 노래를 부르는 가수가 되었다고 5분 동안 상상해보라. 그 순간에 느껴질 기분 좋은 감정과 몸의 감각과 머릿속에 떠오를 생각을 구체적으로 상상해보라. 원하는 것에 가장 근접한 경험을 한다고 상상해보아라.

아니면 당신이 생각하는 수치심과 정반대되는 감정이 '받아들임'이라고 해보자. 당신이 따뜻하게 받아들여지는 상황을 떠올려보라. 상상할 수 있는 것 중 가장 따뜻한 '받아들임'이 할머니 품에 안기는 것이라고 해보자. 그렇다면 5분 동안 눈을 감고 할머니 품에 안겨 있을 때 어떤 기분인지를 상상하라. 당신을 바라보는 할머니의 자애로운 눈빛과 포근한 살 내음을 상상하라. 그 온기가 영원할 것처럼 당신을 따뜻하게 받아들여 주는 사람의 품에 안겨 있을 때 온몸의 감각과 감정을 구체적으로 상상하라. 우리는 스스로 생각하기에 삶에서 결핍되어 있다고 느끼는 감정을 이런 식으로 매일 상상하는 습관을 들여야 한다.

이 방법이 그토록 효과적인 이유는 무엇일까? 바로 우주가 거울처럼 기능하기 때문이다. 당신의 마음속에 무엇이 있든지 간에 그 안에 든 감정은 정확히 외부세계를 투영한다. 그리고 비슷한 것끼리는 주파수가 일치해서 서로 쉽게 결합한다. 부유하게 태어난 사람들이 손쉽게 부를 창출하는 것도 이러한 이치다. 태어날 때부터 부유했던 사람들은 부의 주파수와 모순되는 생각이나 행동이나 경험을 해 본 적이 별로 없는데다가 언제나 부유한 사람들에게 둘러싸여 있다. 이들이 살아가는 현실에는 '부'와 모순되는 외부적인 생각이나 행동이나 증거품 따위는 존재하지 않는다. 모순이 없으니 부를 향한 욕구를 좇는 데 거리낄 것이 없다.

당신의 욕구를 가로막는 것에 저항심을 표출할 때 그 **결핍**에서 나오는 정반대의 진동을 느낄 수 있다. 진동이 점점 커지다가 어느 순간 결핍된 욕구가 충족된다. **결핍**의 진동이 멎는 바로 그 순간 욕구가 충족된다. 그리고 이 진동 속에서 당신은 이제 평소와 다르게 행동하기 시작한다. 즉, 지금껏 결핍 상태였던 욕구를 대놓고 드러낸다. 자연스럽게 욕구를 충족할 방법이 보이기 시작한다. 당신의 욕구를 충족해줄 수 있는 사람들과 진동 주파수가 일치하게 된다. 욕구를 충족하는 데 필수적인 상황과 진동 주파수가 일치하게 된다. 다시 말해 당신의 욕구를 충족할 수 있는 '방법'이 보이기 시작한다.

조율을 통해 연결에 이르기

세상에 갓 태어났을 때 우리는 자기 자신을 타인과 개념적으로 구분하지 못했다. 자아가 아직 형성되지 않았다. 타인의 고통이 자신의 고통처럼 느껴졌다. 그러나 자랄수록 우리는 자신을 자율적인 감정과 욕망을 지닌 존재로 인식하기 시작한다. 세상이 뒤집히는 순간이다. 우리는 여전히 자기 자신과 타인을 완벽하게 구분하지 못한다. 하지만 세상의 연장선상에서 자기 자신을 바라보는 대신 자기 자신의 연장선상에서 세상 모든 것을 바라보기 시작한다.

이 개념을 더 잘 이해하려면 두 살배기 어린아이를 생각해보라. 평균적인 두 살짜리 아이들은 세상이 자신을 중심으로 돌아간다고 생각한다. 우리는 모두 본질적으로 자기중심적인 세계관을 가지고 있다. 우리가 어린아이처럼 모든 것을 자기중심적으로 받아들이는 것도 이런 까닭이다. 외부적인 관점에서 생각하는 법을 터득하지 못했기 때문이다.

두 살배기는 자신이 칭얼거리거나 우는 것이 엄마에게 어떤 영향을 미칠지는 생각하지 않는다. 그저 감정에 충실할 뿐이다. 마찬가지로 두 살배기는 길에서 마주친 새끼 고양이의 관점이나 감정은 생각하지 않고 무작정 목덜미를 잡고 들어 올린다. 그게 가장 편한 방법이기 때문이다. 새끼 고양이가 고통과 공포를 느끼고 비명을 질러도 두 살배기는 지금 고양이에게 무슨 일이 일어났는지를 이해하지 못하기 때문에 내려놓을 생각이 없다. 설사 고양이가 죽는다고 해도 두 살배기는 그저 혼란스러워할 뿐 그 죽음에 자신의 책임이 있다고는 생각하지 못한다. 두 살배기 어린아이는 새끼 고양이에게 **조율**되어 있지 않기 때문이다.

조율Attunement이란 조화로운 상태 또는 타자와 '하나 되는' 경험이다. 조율을 이해할 수 있는 가장 좋은 방법은 라디오 주파수를 조정하는 상상을 해보면 된다. 가령 98.2 FM에서 송출되는 음악을 듣고 싶다면 라디오 주파수를 그 채널에 맞춰야 한다. 라디오 다이얼을 듣고 싶은 라디오 채널의 주파수와 조화되도록 혹은 일치되도록 조정해야 원하는 음악이 흘러나온다.

타자와의 관계도 이와 다르지 않다. 타인을 인식하려면, 보고 듣고 느끼고 이해하고 소통하려면 상대방에게 맞추어 당신을 조율해야 한다. 상대방이 된 것처럼 조율할 때 비로소 상대방의 정서적 경험과 감정에 공감할 수 있다. 그러면 어떤 상황에서든 갈등을 끝내고 상황을 개선하고 상대방을 도우려면 무엇을 해야 하는지가 보일 것이다.

조율은 자연스럽게 공감으로 이어진다. 세상에서 가장 위험한 부류의 사람은 자기중심적인 틀에 갇힌 사람들이다. 본질적으로 이들은 몸은 어른이지만 정신은 새끼 고양이의 목덜미를 무작정 움켜잡고 들어 올리는 두 살배기 어린아이나 다름없다. 그 대상이 새끼 고양이에서 다른 사람으로 바뀌었을 뿐이다. 모두가 자연스럽게 자기중심적인 거품 막을 터뜨리고 나와 조율에 이른다면 더할 나위 없이 좋겠지만 현실은 그렇지 않다. 어른이 되어서도 자기와 타자를 구분하지 못하던 어린 시절 현실에 머물러 있는 사람들이 여전히 존재한다.

이런 부류의 사람과 관계를 맺으면 외로움을 느끼고 공감받지 못하고 이해받지 못하고 정서적으로 학대를 당할 가능성이 높다. 상대방과 완전히 다른 평행 현실을 살고 있다는 느낌이 들 것이다. 실제로도 그렇다. 당신과 그 사람의 주파수는 완전히 어긋나 있으며 상대방은 당신에게 맞추어 주파수를 조율할 생각이 전혀 없다. 당신은 98.2 FM에 주파수를 맞추고 있고 상대방은 94.5 AM에 주파수를 맞춘 상태로 같은 방송을 듣고자 하는 것이나 다름없는 상황이다.

당신은 얼마나 조율되어 있는가?

조율은 타인이 자신과 비슷한 방식으로도 생각하고 다른 방식으로도 생각한다는 사실을 이해하는 것이다. 또한 그에 따른 감정도 느낀다는 사실을 이해하는 것이다.

조율 능력과 건강한 공감 능력은 성장 과정과 관련이 있다. 우리는 주로 누군가를 보고 배우며 자란다. 누군가 우리에게 맞추어 조율을 해주는 모습을 보면서 우리 역시도 조율하는 법을 배운다. 스스로 이런 질문을 해보아라. "어렸을 때 부모님이 날 이해해주시거나 아니면 최소한 이해하려고 노력이라도 하고 계시다고 느꼈나? 부모님이 내 속을 들여다보고 공감하며 내게 행동을 맞추어주셨나 아니면 맞추어주지 않으셨나? 부모님이 내 감정을 인정해주셨나 아니면 그런 감정을 느끼는 건 잘못이라며 인정해주지 않으셨나? 내가 짜증을 내거나 겁에 질리거나 화를 낼 때 부모님은 내게 어떤 반응을 보이셨나?"

어린 시절 부모가 자녀에게 맞추어 조율을 해주지 않으면 자녀는 이때 느끼는 공포감에 대응하고자 다음 두 가지 방법 중 하나를 택한다.

> 1. 부모와 연결을 끊고 진짜는, 중요한 것은 개인적 경험뿐인 나르시시즘의 거품 속으로 후퇴하는 것만이 생존할 수 있는 길이라고 학습한다.
> 2. 지나칠 정도로 조율하여 주변 사람들의 행동을 예상해서 자신의 행동을 맞추는 것만이 화를 피하고 생존할 수 있는 길이라고 학습한다.

이 두 가지 대응 방식에는 저마다 장단점이 있지만 어느 쪽도 건강하다고는 할 수 없다. 자신의 안전을 도모하고자 모든 에너지를 강박적으로 다른 사람들에게 맞추어 자신을 조율하는 데 쓰는 삶은 행복하지 않다. 그런 삶은 결국 자기 자신에게 등을 돌리는 삶이다.

그러나 조율될 때 얻을 수 있는 큰 이점과 조율이 노력할 만한 가치가 있는 목표인 이유를 여기서 설명하려 한다. 부모가 자녀에게 맞추어 조율하면 아이는 나르시시즘이나 동반 의존증을 가진 어른으로 자랄 수가 없다. 누군가에게 맞추어 조율하면 그 사람에게 나쁜 말을 할 수가 없다.

누군가에게 맞추어 조율하면 그 사람의 현실을 부인할 수가 없다. 요점은 다음과 같다. 조율하는 법을 모르면 주변에 있는 모든 사람에게 고통을 주고 그 관계에서 갈등이 생길 것이다. 그리고 결국 그 고통은 고스란히 당신이 떠안게 될 것이다.

조율 게임

조율은 라디오 주파수를 선택하는 것과 비슷한 선택으로 시작된다. 이 개념이 아직 정서적 수준에서 이해되진 않을 것이다. 조율을 일종의 인식이라고 생각하고 주변 세상과 주변 사람들을 모두 이 인식 안에서 관찰하려고 노력해보라. 외부의 어느 누구도 침입할 수 없는 거품 막 속에서 인생을 살아가고 있다고 상상해보라. 당신과 다른 사람들 사이에는 얇은 막이 켜켜이 존재한다. 주변 사람들을 보고 듣고 느끼고 주파수를 맞추려면 거품을 터뜨리고 나와야 한다. 주변 환경과 주변 사람들을 속속들이 감시하는 일이 직업인 미국연방수사국FBI 요원이 된 것처럼 세상을 실제로 **관찰**하는 연습을 시작하라. 마치 게임을 하듯이 임하라.

자기중심적인 거품 밖으로 나오려고 할 때 마음속에서 일어나는 저항심을 마주하라. 어린 시절에는 그 저항심 덕분에 살아남을 수 있었지만, 이제는 그 저항심 때문에 주변 사람들에게 해를 끼치고 장기적으로 보면 자기 자신에게도 해를 끼친다는 사실을 깨달아야 한다. **왜 다른 사람들에게 조율하고 싶은 마음이 들지 않는지** 자기 자신에게 솔직해지는 것에서 출발하자.

자신에게 이렇게 질문해보아라. "다른 사람들에게 조율한다는 건 어떤 의미지? 다른 사람들을 있는 그대로 보고 느끼고 이해하고 그들의 현실을 인지하는 일이 뭐 그리 나쁠 게 있나?"

당신은 자신이 처한 현실을 통제하고자 거품을 만들어 그 안에 머무르고 있다. 그러나 이제는 자신에게 '왜 내 현실을 통제해야 하지?'라고 물어야 할 때다. 자기중심적인 거품이 좋은 것이라고 착각하기 쉽다. 기분 좋지 않은 환경과 사람을 인지하는 것보다 안전하게 거품 속에서 눈과 귀를 닫고 있는 것이 더 나은 선택인 것처럼 느껴지기 때문이다.

그러나 이 거품을 자신이 의도적으로 창조한 현실이라고 착각해서는 안 된다. 현실을 **창조**하는 것과 현실에 **저항**하는 것은 엄연히 다르다. 자기중심적 거품은 중독처럼 일종의 현실 도피다. **존재**what is에 대한 저항이다. 자기중심적 거품에 갇혀 살다 보면 관계에 실패하고 혼자가 되는 등 부정적 결과가 초래될 수밖에 없다.

다른 사람들의 감정과 더불어 자기 자신 안에서 일어나는 강렬한 감정을 온전히 느끼고 받아들일 만큼 연약함을 드러낼 수만 있다면 모든 것이 달라진다. 조율은 억압, 회피, 부인, 방어심 같은 감정과 반대로 강렬하고 진실한 감정을 경험할 수 있게 해준다. 가령 당신은 조율을 통해 누군가의 내면에 깃든 슬픔을 느끼고 엉엉 울지도 모른다. 이 과정이 일어나도록 내버려 두어라. 여전히 연약함을 드러내지 않고 강한 사람으로 남고 싶다는 생각이 든다면 당신만의 평화로운 감정을 위협하는 사람에게는, 그가 누구라도 조율할 마음이 없는 것이다.

조율은 서둘러서 되는 일이 아니다. 사실 올바른 행동이나 해결책이 무엇인지도 알 수 없다. 어항 속 병든 물고기를 바라보고 있다고 상상해 보라. 급하게 물고기를 치료한답시고 먹이를 줄 수도 있다. 먹이를 주면 낫겠지 하고 단순하게 지레짐작한 것이다. 어항 물을 갈아주어야 문제가 해결된다는 사실을 깨달을 만큼 충분한 조율 과정을 거치지 않은 것이다. 타인에게 온전히 집중하고 조율할 때 해결책은 자연스럽게 떠오른다. 그때 떠오른 해결책이 올바른 해결책이다.

조율을 연습하는 법

유년기에 아무도 당신에게 제대로 조율을 해주지 않았다면 당신은 자기 내면적 조율을 경험하지 못한 채 어른이 되었을 것이다. 따라서 가장 먼저 자기 자신의 감정에 조율하는 법을 연습하는 것이 좋다. 감정적 반응을 불러일으키는 어떤 일을 맞닥뜨릴 때마다 자신에게 다음과 같은 질문을 던져보아라. 그리고 최대한, 잔인할 정도로 솔직하게 대답해보아라.

- 그 일이 일어났을 때 나는 그것을 어떻게 인지했나?
- 그 일이 일어났을 때 무엇이 나를 불안하게 만들었나?
- 그 일이 일어나고 나서 나는 어떤 감정을 느꼈나?
- 그 일이 일어나던 바로 그 순간에 나는 어떤 감정을 느꼈나?
- 그 상황에서 나는 다른 사람들이 어떻게 해주길 원했나?

이 질문에 솔직하게 대답하고 난 뒤에 또다시 자신에게 물어보아라. "내 대답을 통해 알게 된 사실에 비추어볼 때 내가 지금 해야 할 일은 무엇인가?"

내면적 쌍둥이와의 연결과 통합

이제 간절하게 외로움을 극복하길 원한다면 반드시 이해해야 할 가장 본질적인 개념 중 하나로 돌아가 보자. 우리는 나 자신을 포함해 우리가 아는 모든 사람이 양육과정 그리고 사회화 과정에서 분열되었다는 사실을 안다. 우리가 분열됐다는 관점을 받아들이면 분열된 자아가 표면으로 떠오를 때 이를 인식해낼 수 있다.

자아가 분열됐다는 관점을 받아들이면 모든 내면적 에너지의 변화, 감정이나 생각의 변화가 우리 내면에 존재하는 서로 다른 분열된 자아 때문이라는 관점 또한 받아들일 수 있다. 우리 안에서 서로 모순적인 감정, 생각, 에너지가 생겨날 때 우리는 이 관점이 사실임을 알 수 있다.

다르게 표현하면 우리는 서로 다른 분열된 자아에 번갈아 빙의된 상태로 살아가고 있다고 생각해야 한다. 한순간도 빠짐없이 우리는 내면적 쌍둥이 중 하나에 '빙의'되어 있다. 내면적 쌍둥이는 우리 자아가 분열하는 순간 생겨난 독립적인 인격체다.

우리 안에서 변화를 경험할 때마다, 가령 격렬한 감정이나 특정한 생각이 들거나 행동이나 몸에 변화가 일어날 때 내면적 쌍둥이 하나가 우리 몸을 차지했다고 생각해야 한다. 그 순간에 어떤 내면적 쌍둥이가 내 몸을 차지했는지를 알아내고 그대로 내버려 두어야 한다. 예를 들어 중요한 결정을 해야 하는 상황에서 내면에서 극심한 갈등이 느껴진다면 당신 안에 존재하는 내면적 쌍둥이 두 명이 싸우고 있는 것이다.

앞서 혼자만 동떨어진 평행 현실에서 살면서 타인과 연결을 맺을 수 없는 이유는 우리 내면에 있는 내면적 쌍둥이들이 서로 다른 현실을 경험하고 있기 때문이라고 이야기했다. 연결을 느끼고 싶다면, 그래서 외로움이 사라지길 바란다면 우리 안에 존재하는 내면적 쌍둥이들이 연결을 맺고 통합해야 한다. 내면적 쌍둥이들이 같은 현실에서 조화롭게 존재할 수 있게 만들어야 한다.

분열된 내면적 쌍둥이 인격들 사이에 신뢰를 구축하고 재통합하기

분열된 내면적 쌍둥이 인격들 사이에 신뢰를 구축하고 재통합할 수 있는 몇 가지 전략이 있다. 그러나 그전에 당신 안에 내면적 쌍둥이들이 존재한다는 사실을 인식하는 것이 먼저다. 내면에서 에너지의 변화가 느껴질 때마다 혹은 어떤 일에 격렬한 반응이 일어날 때마다 내면적 쌍둥이 가운데 하나가 당신의 몸을 차지했다고 생각하라. 그 순간을 특정 자아를 인식하고 재통합을 통해 치유할 기회로 삼을 수 있다.

예를 들어 내면적 쌍둥이 둘 사이에 싸움이 벌어졌는데 그중에 한 명이 당신의 몸을 차지한 상황이라고 가정해보자. 에너지의 흐름에 변화가 느껴질 때마다 눈을 감고 당신의 몸을 차지한 내면적 쌍둥이의 모습을 머릿속에 시각적 형상으로 떠올려보아라. 마음의 눈으로 이 첫 번째 내면적 쌍둥이를 바라보아라. 내면적 쌍둥이가 나타날 때마다 그 시각적 형상이 떠오를 때까지 기다려라. 어린아이나 해골의 형상으로 나타날 수도 있고 형형색색 아지랑이나 말을 탄 전사의 모습으로 나타날 수도 있다. 떠오르는 형상에 이름을 붙이는 것도 도움이 될 수 있다.

이 시점에서 우리는 이 특정한 내면적 쌍둥이를 관찰해나갈 수 있다. 그 행동과 관점과 욕구와 필요와 동기를 살펴볼 수 있다. 몇 가지 질문을 통해 다른 내면적 쌍둥이들과 관계가 어떠한지도 알아낼 수 있다. 이 내면적 쌍둥이가 언제 어떻게 생겨났는지, 우리 삶에서 어떤 목적을 수행하고 있는지도 알아낼 수 있다. 내면적 쌍둥이가 존재하는 목적을 알고 나면 머릿속으로 그 욕구를 충족해주는 모습을 상상하고 실제로 일상 속에서 행동으로 옮길 수 있다.

예를 들어 현재 당신의 몸을 차지한 내면적 쌍둥이 인격이 장군의 형상으로 나타나고 그 대척점에서 제로섬 게임을 벌이고 있는 또 다른 내면적 쌍둥이 인격이 조그만 요정의 형상으로 나타났다고 가정해보자.

앞서 말한 내면적 쌍둥이들을 연결하고 통합시키는 과정을 이 장군 내면적 쌍둥이에게 먼저 시행하고 난 다음에 장군을 불신하는 또 다른 내면적 쌍둥이에게도 반복하여 시행할 수 있다. 장군에게 했던 것처럼 마음의 눈으로 또 다른 내면적 쌍둥이가 어떤 형상으로 나타나는지를 관찰하라. 어떤 형상이 떠오르든지 자유롭게 떠오르도록 가만히 지켜보아라. 필요하다면 이름도 붙여주어라.

이제 이 두 번째 내면적 쌍둥이의 행동, 관점, 욕구, 필요, 동기를 관찰할 시간이다. 이 요정의 형상으로 나타난 내면적 쌍둥이에게 장군 내면적 쌍둥이와 어떤 관계인지, 언제 어떻게 생겨났는지, 우리 삶에 존재하는 목적이 무엇인지 질문할 수 있다. 대답을 듣고 난 다음에는 일단 상상 속에서 요정 내면적 쌍둥이가 지닌 욕구를 충족해주고 실제 일상 속에서 실행에 옮기라.

서로 다른 두 내면적 쌍둥이의 욕구를 충족시켜줄 방법을 찾고 나면 둘은 어느 한쪽이 피해를 볼 때까지 계속되는 제로섬 게임을 그만둘 것이다. 이 방법으로 우리는 우리 안에 존재하는 모든 내면적 쌍둥이들의 관계를 개선해 내면의 평화와 통합을 이룰 수 있다.

이 분열된 내면적 쌍둥이들의 존재를 일단 인식하기만 하면 당신이 할 수 있는 일은 무궁무진하다. 개별적인 내면적 쌍둥이들에게 안도감을 주고 조화와 통합을 끌어내겠다는 마음에 자신을 내맡겨보라.

내면적 쌍둥이들이 더 이상 서로를 밀어내고 분리되지 않는 상태에 이르면 긴장감과 외로움도 사그라들 것이다.

이해를 바탕으로 한 강력한 연결

우리는 상대방과 연결되는 **방법**과 상대방을 행복하게 해줄 **방법**을 알아내는 데 엄청난 시간을 쏟는다. 우리는 상대방이 정말로 사랑받는다는 느낌이 들도록 사랑해주고 싶어 하지만 그 방법을 알지 못한다. 누군가를 자기 자신의 일부로 받아들이려면 (이게 곧 사랑이다) 그 사람을 이해해야 한다.

그렇기 때문에 나는 상대방이 정말로 사랑받고 있다고 느낄 수 있도록 사랑하고 진정한 연결을 구축하려면 먼저 상대방을 이해해야 한다고 주장하려 한다. 여기서 한 걸음 더 나아가 **상대방을 제멋대로 사랑하길 멈추고 대신에 이해하려고 노력해야 한다**고 주장하려 한다.

누군가를 이해한다는 것은 곧 그 사람을 정신적, 정서적, 신체적 수준에서 안다는 것이다. 상대방을 이해할 때 가장 좋은 점은 괜한 추측을 하지 않아도 된다는 것이다. 상대방이 무엇을 필요로 하고 원하는지 지레짐작하지 않아도 된다. 왜냐하면 이미 **알고 있기** 때문이다.

이 말이 생소하게 들릴지 모르겠다. 우리는 서로를 진정으로 이해하고 알기 위해서 시간을 들이거나 에너지를 쏟지 않으려는 경향이 있다. 보통 우리는 친구 사이든 연인 사이든 직장 동료 사이든 단순히 상대방에 대한 호감만으로 관계를 시작한다. 상대방의 존재가 우리 삶에 무언가를 더해준다는 이유로 우리는 그 사람의 **실체**가 아닌 **관념**과 관계를 맺는다. 무의식중에 관계를 구축하는 것이다. 이렇게 무의식적인 과정을 거쳐 형성된 관계의 끝은? **파국이다.**

이렇게 시작된 관계가 악몽으로 끝날 수밖에 없는 이유를 이해하려면 아쿠아리움에서 해파리에게 푹 빠진 아이에게 그 부모가 해파리를 사주었다고 상상해보라. 아이는 해파리에 대해 아무런 지식이 없다. 아이가 아는 것이라곤 해파리가 좋다는 것뿐이다. 그래서 아이는 해파리를 자신이 사랑받는다고 느끼는 방식대로 사랑해준다. 해파리를 물 밖으로 꺼내 담요로 감싸고 자장가를 불러주고 초콜릿을 먹이려 시도한 다음 다시 물속에 넣어준다.

이 모든 장면이 머릿속에 그려지는가? 아이가 해파리를 다시 물속에 넣을 때쯤에 해파리는 이미 죽어있다. 아이는 절망에 빠진다. 아이는 해파리가 왜 죽었는지 이해하지 못한다. 적반하장으로 그토록 사랑으로 돌보아주었는데 죽어버렸다며 해파리를 비난할지도 모른다. 한때 사랑했던 사람과 헤어질 때 우리가 느끼는 감정이나 우리가 보이는 행동이 연상되지 않는가?

그 이유는 다음과 같다. 아이는 우리가 새로운 사람과 관계를 맺을 때 상대방을 이해하지 못하는 만큼이나 새로운 애완동물을 이해하지 못한다. 우리는 친구나 연인을 위한답시고 하는 일들이 어그러지는 이유는 상대방을 이해하지 못하기 때문이다.

게다가 이해하지 못하면 상대방이 정말로 나랑 잘 지낼 수 있는 사람인지도 알 수 없다. 예를 들어 상대방이 나랑 얼마만큼 시간을 보내길 원하는지 알지 못한다면? 가령 결혼을 했는데 배우자는 언제든지 부르면 달려와 줄 사람을 원했던 반면에 당신은 사업이 바빠서 아무리 노력해도 집에 있을 수 있는 시간이 하루의 절반뿐이라고 가정해보자. 그러면 이 관계는 비참해질 수밖에 없다. 갈등이 반복되다가 결국 끝이 날 수밖에 없다.

누군가를 이해하는 일은 고도의 지적 능력을 요구하는 일이 아니다.

어린 시절 무언가에 몰두했던 것처럼만 하면 된다. 상대방에게 완전히 몰두하라. 호기심과 욕망이 이끄는 대로 앞뒤 재지 말고 돌진하라. 어린 시절에는 말에 한 번 빠지면 말과 관련된 책이란 책은 모조리 섭렵하곤 했을 것이다. 몇 시간씩 말을 쳐다보기도 하고 승마를 배우러 다니기도 했을 것이다. 말 전문가가 되기 위해 할 수 있는 일은 모두 다 했을 것이다. 과학자는 아직 밝혀진 것이 없는 주제에 관심이 생기면 해당 주제와 관련해서 모든 것을 밝혀낼 때까지 연구에 골몰한다. 친구나 연인을 이렇게 열정적으로 이해하고자 한다면 관계를 성공적으로 오래 이끌어갈 가능성이 훨씬 높아질 것이다.

진정성 있는 첫걸음

우리가 누군가와 연결되고 싶어 하는 주된 이유는 누군가 우리 내면세계를 보고 듣고 느끼고 이해해주길 원하기 때문이다. 그러나 우리는 불안정한 관계 속에서 상대방을 억지로 설득하느라 시간을 다 보낸다. '나는 네가 결국 받아들이게 될 사람이야.' 우리는 과거에 누군가에게 받아들여졌던 모습이나 대부분의 사람에게 받아들여진다고 알려진 모습대로 연기를 한다. 그러나 호감을 사고 사랑을 받으려는 이런 노력은 결코 사랑받지 못하는 결과를 낳는다는 점에서 모순적이다.

실패한 원인은 다음과 같다. 당신이 진짜 모습을 보여주지 않는다면, 즉 상대방이 진짜 당신을 보고 듣고 느끼고 이해할 기회를 주지 않는다면 상대방이 당신을 진정으로 사랑할 도리가 없지 않겠는가? 이 말은 곧 누군가와 연결을 맺으려고 노력할 때는 솔직하고 진정성이 있어야 한다는 뜻이다. 연결에서는 투명성이 모든 것을 좌우한다.

가식적인 모습을 영원히 유지하기란 불가능하다. 그러니 좋은 모습만 보여주겠다는 생각은 그만두고 **진실성 있는** 모습을 보여주어라. 지금 있는 그대로의 모습을 보여주지 않고 연기를 한다면 당신과 연결을 맺은 사람들은 당신이 아니라 당신이 **연기하는 그 모습**을 사랑하는 것이다. 모든 사람은 스스로 의식하든 의식하지 못하든 에너지에 민감하다. 세상에서 가장 무서운 것은 가식이다. 당신이 아무리 연기를 해도 그 아래 모순된 감정이 숨겨져 있다면 사람들은 바로 알아차릴 수 있다.

그렇기 때문에 누군가와 연결되고자 한다면 솔직해져야 한다고 내가 거듭 주장하는 것이다. 펼쳐진 책이 되어라. **솔직함은 정서적 관대함**이다. 누군가와 연결되길 원한다면 그 사람이 당신 안으로 들어올 수 있게 허락해주어야 하고 당신 또한 그 사람 안으로 기꺼이 들어갈 마음이 있어야 한다. 여기서 또 우리가 지금까지 이야기했던 연약함이라는 주제로 돌아가야 한다. 연약함을 빼놓고는 연결을 이야기할 수 없다. 가령 상대방을 진심으로 칭찬해주는 것도 정서적 관대함의 일부다. 칭찬은 대화나 우정을 시작하기에 아주 좋은 방법이다.

연결에서 핵심은 당신과 온전히 함께할 수 있는 사람, 즉 당신 삶의 모든 측면이 긍정적이어야 당신을 사랑할 수 있는 사람이 아니라 긍정적인 면과 부정적인 면을 모두 받아들여 줄 수 있는 사람을 찾는 것이다. 긍정적인 면만 사랑하는 것은 조건부 사랑이다. 연결을 맺고 싶은 사람을 당신의 인생 안으로 끌어들이는 것을 두려워하지 말라. 상대방이 묻지 않더라도 당신에 대한 정보를 주면 상대방은 당신이 자신을 원하고 있다는 인상을 받을 것이다. 당신의 열정을 상대방과 공유하라. 상대방에게 당신의 진짜 모습을 솔직하게 보여주면 상대방은 영감과 에너지를 받을 것이다.

연결을 도와주는 행동

우리 중에는 연결의 필요성을 알면서도 방법을 모르는 사람들이 있다. 그래서 당신이 만난 사람과 연결을 맺는 방법을 몇 가지 알려드리려고 한다.

당연히 이 방법을 실천에 옮기기에 앞서 자신을 스스로 고립시키지 않아야 한다는 전제조건이 선행되어야 한다. 우리 가운데 상당수가 다른 사람과 함께 있을 때도 외로움을 느낀다. 이 책에서 이야기하는 외로움은 실존적 외로움이다. 그러나 외롭다고 느껴질 때 우리 삶을 찬찬히 살펴보면 물리적으로 고립된 경우도 꽤 있다.

예를 들어 매일 아파트 안에서만 생활하거나 인터넷으로만 관계를 유지한다면 타인과 진정으로 연결되기란 불가능하다. 그렇기 때문에 지금 당장 두 눈을 감고 벽에 앉은 파리가 되었다고 상상해보길 바란다. 그러고 나서 파리의 시선으로 당신의 평소 모습을 관찰해보아라. 매시간 당신의 동선을 관찰하라. 의도와 다르게 행동하진 않는가? 어쩌면 당신은 말로는 누군가와 연결되고 싶다고 하면서도 매일 혼자서 일어나 출근하고 사무실에 앉아서 일하다가 퇴근해서 TV를 보다가 잠자리에 드는 일상을 반복하고 있을지도 모른다. 이런 일상에 타인과 연결될 여지가 존재하지 않는 것은 당연하다.

밖으로 나가 사람들과 어울리거나 쇼핑을 하거나 공원을 산책할 때 대부분의 사람은 누군가 다가와 자기와 연결되길 기다리기만 한다. 우리 모두는 거절당할지도 모른다는 두려움에 사로잡혀 있다. 그러나 연결되길 원한다면 때로는 우리가 먼저 접촉을 시도해야 한다는 건 자명하다. 수동적인 성향에서 벗어나 연결되길 원하는 사람들이 살고 있는 곳으로 찾아가서 접촉을 시도해야 한다. 당신과 마찬가지로 누구나 먼저 다가가 말을 걸기를 두려워한다는 사실을 기억하라.

연결되고 싶은 사람을 찾았다면 그 사람에게 당신의 전부를 아무 조건 없이 온전히 줄 수 있도록 준비하라. 상대방에게 모든 관심을 집중할 때 의식적으로 완전히 함께할 수 있다. 이를 공격적인 적극성과 착각해선 안 된다. 나는 지금 당신에게 상대방을 억지로 밀어붙이라는 게 아니라 당신의 에너지를 선물해주라는 말을 하는 것이다.

이때 몸짓 언어가 유용하다. 예를 들어 미소 띤 얼굴로 상대방의 눈을 들여다보면서 팔다리를 곧게 편 채로 가슴을 활짝 열고, 옆으로 돌아서기보다 상대방을 정면으로 마주 보아라. 상대방에게 모든 관심을 집중한 채 온몸으로 이렇게 말하라. "나는 당신에게 열려 있고 관심이 있어. 당신과 연결되고 싶어. 당신을 받아들이고 싶고 당신에게 받아들여지고 싶어."

연결의 거래적 본질

연결을 목적으로 다가오는 사람들에게 과민하게 반응하는 사람들이 있다. 이런 사람들은 타인이 연결을 원하는 이유는 오직 그들에게서 얻어낼 것이 있거나 아니면 얻어낸 정보를 그들에게 불리한 방향으로 이용할지도 모른다고 생각한다. 특히 매력적인 여성들이 이런 태도를 보이는 경우가 많다. 왜냐하면 남자들이 오직 자신과 한번 잠자리를 할 목적으로 연결을 맺고 싶어 한다고 생각하기 때문이다.

그래서 상대방이 어떤 상처를 지녔는지를 직관적으로 알아차리고 다른 방식으로 연결을 시도하는 것이 중요하다. 예를 들어 당신이 어떤 아름다운 여성과 연결되길 원하는 남자라고 가정해보자. 당신은 그녀가 자신의 외모만 보고 오로지 성관계를 목적으로 접근하는 남자들 때문에 상처를 받았다는 사실을 직관적으로 알아차렸다. 이 경우에 연결을 시도하면서 그녀의 외모를 칭찬하는 것은 오히려 역효과가 날 수 있다.

당신이 진심으로 그녀와 연결되길 원한다면 다른 에너지를 투영하는 방식으로 접근해보아라. 연결을 원하는 당신의 의도를 즉각적으로 불신하는 사람을 만나더라도 당신의 잘못은 전혀 없다는 사실을 기억하라. 그건 그냥 그 사람이 인간관계에서 받은 상처 때문에 나오는 반응일 뿐이다. 예전에 타인과의 연결에서 받은 고통을 두 번 다시 경험하고 싶지 않아서 나오는 반응일 뿐이다.

연결의 '에너지' 이용하기

더 많은 사람을 만나고 싶다면 따뜻하고 긍정적인 에너지를 발산하여 다른 사람들에게 편안함과 환영받고 있다는 느낌을 주어라. 여기 좋은 방법이 있다. 길을 걷다가 전혀 모르는 사람을 지나칠 때 그 사람에게서 당신이 좋아하거나 인정하거나 사랑하는 점을 한 가지씩 찾아보아라. 그리고 마음속으로 '난 당신의 [이런 점]이 좋아'라고 말하라. '그래서 당신이 좋아'라는 말로 마무리를 하라.

머릿속으로 이렇게 말할 때, 마치 눈에 보이지 않는 신호를 보내는 것처럼 당신의 심장에서 지나가는 낯선 사람에게로 에너지가 흘러 들어가는 모습을 상상하라. 예를 들어 어떤 여자를 지나치면서 마음속으로 '난 당신이 아이 손을 꼭 잡고 있는 모습이 좋아. 손을 잡고 있는 모습만 봐도 당신이 아이를 사랑으로 보살피고 있다는 걸 알 수 있거든. 그래서 당신이 좋아'라고 말할 수 있다.

동네를 돌아다니면서 성별과 나이를 가리지 말고 최대한 많은 사람을 대상으로 이렇게 소리 없는 훈련을 해보아라. 그러나 별로 마음이 가지 않는 열두 사람을 골라서 대충하는 것보다는 다섯 사람이라도 진심으로 마음이 가는 사람을 골라서 집중해서 하는 것이 낫다. 이 훈련을 했을 때 부수적인 효과로 집단의식에 파문이 일어난다. 이 훈련 이후에 다른 사람들과 상호작용할 때 일어난 변화에 자신도 깜짝 놀랄 것이다.

공통된 기반 찾는 법

공통된 기반을 찾는 것은 즉각적인 공감대를 형성하는 데 도움이 될 뿐만 아니라, 당신과 매우 다른 관점 및 감정을 가진 사람과 사회적인 연결을 구축하려 할 때도 유용하게 활용할 수 있는 기술이다. 예를 들어 한 사람은 회계를 전공하고 다른 한 사람은 고고학을 전공하지만 둘 다 암벽 등반이 취미라고 가정해보자. 그러면 두 사람 사이에서 암벽 등반이 공통된 기반이 된다. 이때 암벽 등반에 관해 대화를 나누면 빠르게 친밀한 관계를 형성할 수 있다.

다른 사람의 말과 행동을 주의 깊게 관찰하면서 당신과의 공통분모를 찾아라. 상대방을 정말로 이해하고 연결되고 싶다면 이런저런 질문을 해보라.

상대방의 내면세계, 가치관, 좋아하는 것과 싫어하는 것, 신념, 의견, 꿈, 힘든 점 등을 알 수 있게 깊이 있는 질문을 하라. 관계는 공유에서 자라난다. 그러므로 상대방이 똑같은 질문을 당신에게 할 때 대답할 수 있도록 마음의 준비를 하라.

상대방이 당신의 질문에 대답하면서 자기 자신에 대해 이야기를 해준다면 상대방을 고치려 들거나 마음을 바꾸려 하지 말고 있는 그대로 받아들여라. 눈과 귀와 마음을 열고 정신을 집중해서 상대방의 이야기를 들어주어라. 연결을 맺을 때는 서로가 서로에게 연결하기에 안전한 공간을 제공해주는 일이 큰 비중을 차지한다. 상대방이 자기 자신에 관한 진실을 당신과 공유하기 두려워할 수도 있다. 그렇게 했을 때 돌아올 결과를 두려워하기 때문이다. 그러니 상대방이 당신에게 진실을 공유했을 때 어떤 불이익도 돌아가지 않게 하라.

상대방의 의견에 동의하지 않더라도 존중하라. 상대방이 그런 감정을 느끼는 데에는 타당한 이유가 있음을 상기하라. 적대감은 연결을 죽인다. 그리고 상대방의 감정은 무엇보다 중요하게 받아들여져야 한다는 사실을 명심하라.

대화할 때는 상대방에게 자기 자신을 이입하라. 공감해주고 연민 어린 마음으로 상대방이 인정받고 있다고 느낄 수 있게 도와주어라. 정말로 연결되길 원한다면 상대방의 감정을 똑같이 느껴보겠다는 마음이 있어야 한다. 완전히 상대방의 입장이 되어보겠다는 마음이 있어야 한다. 문자 그대로 상대방이 되었다고 상상하고 상대방의 관점을 경험해보면 도움이 된다.

주의할 점은 가끔 우리는 자기 이야기를 할 목적으로 상대방의 이야기에 공감하는 척한다는 사실이다. 상대방의 이야기를 경청하지 않으면서 상대방이 당신의 이야기에 귀를 기울여주기를 바라지 말라. 그러면 상대방은 하찮은 존재가 된 듯한 느낌을 받는다. 상대방이 당신에게 관심을 기울여주길 바란다면 당신도 상대방에게 진정으로 관심을 기울여야 한다.

상대방의 관점을 이해하지 못하겠다는 말은 절대 금물이다. 좋은 의도로 이런 말을 아무렇지 않게 하는 사람들이 있지만 그러면 그 관계는 끝이 난다. 상대방이 외로움을 느끼게 만들기 때문이다. 예를 들어 도무지 가족들을 이해할 수 없다고 말하는 사람에게 당신이 이렇게 말했다고 가정해보자. "저런, 안타까워라. 나는 우리 가족을 정말 사랑하는데. 우리 가족은 정말 최고야. 가족이 없었으면, 특히 우리 엄마가 없었으면 난 어찌 살았을까 몰라." 이렇게 말하는 순간 연결은 끊어지고 분리가 일어난다. 의견이나 감정이 공감을 얻지 못한 상대방은 외로움을 느낀다. 상대방이 먼저 당신의 가족에 관해 물었다면 상대방의 상처에 소금을 뿌리거나 분리된 느낌을 주지 않고서도 솔직히 이야기할 수 있다.

우리 중에는 상대방을 도와줄 수 있는 상태일 때만 연결의 기회를 잡는 사람이 많다. 자존감이 너무 낮아서 상대방이 나에게 도움받을 일이 있을 때만 나와 연결되길 원할 거라고 생각하기 때문이다. 그러나 이는 사실이 아닌 가정을 거듭하다가 틀린 결론에 이르는 일명 '미끄러운 비탈길의 오류'다.

가장 좋은 것은 도움을 줄 수 있을 때만 도움을 주는 것이다. 그러나 누군가를 도와주기 전에 자신에게 다음과 같이 물어보아라. "저 사람을 도와주는 대가로 충성심이나 고마움이나 연결 같은 것을 기대하고 있진 않은가?", "이런 식의 도움을 통해 그 사람에게 당신이 바라는 점을 스스로 알아차리라는 신호를 보내려는 것은 아닌가?" 이 두 가지 질문에 모두 아니라고 대답할 수 있다면 가서 도와주어도 좋다.

일반적인 경험 법칙에 따르면 잠재의식의 조작(우회적인 방법으로 원하는 목적을 달성하는 것)으로 형성된 연결은 언제나 우리가 교묘하게 회피하려는 대상을 확대하는 결과를 낳는다. 예를 들어 내 죄책감을 덜고자 선한 사람과 연결을 맺는다면 그 관계는 내가 끔찍한 인간이라는 느낌과 죄책감을 확대하는 결과를 낳을 수밖에 없다.

마찬가지로 내가 스스로 가치 없는 사람이라고 생각해서 자존감 회복을 위해 누군가를 구해주고 연결을 맺는다면 나는 우회적인 방법으로 그 사람을 통해서만 내 가치를 느낄 수 있는 사람인 것이다. 그렇게 맺어진 관계는 결국 나 자신이 아무런 가치가 없는 사람이라고 느끼게 할 뿐이다.

연결을 방해하는 분리, 수치심, 두려움의 존재를 깨닫고 돌본 뒤에 이 단계를 차례로 밟으면 우리는 외로움의 상태에서 연결의 상태로 나아갈 수 있다. 그러고 나면 이제 연결을 유지하는 일에만 집중하면 된다.

5부

연결 유지하기

모든 생명은

하나의 영혼을 이루는 조각이다.

모든 생명은

누군가의 영혼에서 분열된 조각이다.

서로의 입술을 맛보고

서로의 살결을 느끼고

서로에게 분노하고

우리는 분리의 고통을 느낀다.

우리는 모자이크다.

우리는 갈기갈기 찢긴

명화의 조각이다.

조각난 영혼을 찾아야만

조각난 모자이크를 다시 맞출 수 있다.

조각난 영혼을 찾아야만

난생처음으로

명화를 맑은 눈으로 바라볼 수 있다.

접착제 같은

사랑의 찰기는

우리가 다른 조각과 결합해

다시 하나의 영혼을 이루도록 도와준다…

흩어진 조각들은 모두

우리의 일부이기 때문이다.

〈연결 유지하기〉, 틸 스완

연결 유지하기

연결을 유지하는 일을 두렵게 만드는 가장 큰 원인은 연결이 둘 사이의 관계이기 때문이다. 시간이 지나도 끊어지지 않도록 튼튼한 연결을 유지하려면 양쪽 모두 헌신해야 한다. 무언가 또는 누군가가 우리와 연결되기를 원하지 않는다면 둘 사이에 연결을 유지하기란 불가능하다. 또한 머리로만 연결을 유지하고 싶어 할 뿐 실제로 건강한 관계를 유지하려는 노력을 전혀 하지 않는 사람과도 연결을 유지할 수 없다.

비유를 들어 설명하자면 두 사람이 **연결**의 수영장을 사이에 두고 서로 반대편에 서 있다고 상상해보자. 천진한 어린아이들의 풍선 수영장을 떠올려도 좋다. 두 사람 모두 자유의지로 함께 수영장 안에 들어가겠다고 결심할 때만 서로 튼튼하게 연결될 수 있다. 한 사람만 들어가고 다른 한 사람은 들어가지 않는다면 둘은 서로 연결되지 않는다. 양쪽 모두 수영장 안에 들어가겠다고 결심해야만 한다. 어떤 관계든 마찬가지다. 자신에게 솔직해지자. 서로에게 헌신적인 관계는 우리 모두가 원하는 관계다.

이를 관계에 관한 용어를 사용해서 다시 설명하자면 혹시 지금 누군가와 함께하고 싶은 마음에 당신의 에너지나 말이나 행동을 이용해 의도적으로 상대방을 끌어당기고 있다면 당장 멈추어야 한다. 용기를 내서 상대방을 완전히 놓아주어야 한다. 당신과 연결을 맺을지 말지를 선택할 책임을 상대방에게 돌려주어야 한다. 그렇다고 상대방을 밀어내거나 거절하라는 뜻은 아니다. 당신이 의도적으로 만들어낸 긴장 관계를 해제해야 한다는 뜻이다. 의도적인 끌어당김을 감지한 상대방은 연결에 대한 책임을 지기 싫다며 도망가 버릴 수도 있다. 그러면 당신이 받는 상처는 어마어마할 것이다. 그러나 장기적인 관점에서 보면 수년 동안 낚시하듯 상대방을 끌어당기려 할 때보다는 상처가 훨씬 덜할 것이다. 억지로 상대방을 끌어당기는 일은 가치가 없다. 당신은 그보다 훨씬 더 가치 있는 사람이다.

이 사실을 받아들이면 이제 본론으로 넘어갈 수 있다. 5부에서는 당신이 맺은 연결을 영원히 튼튼하게 유지할 방법을 다루려고 한다.

사랑하는 사람에게 표현하는 법

연인이든 친구든 자녀든 누군가와 연결을 맺었다면 당신의 관심을 아낌없이 표현해야 한다. 다시 말해 당신이 상대방을 이해하고 신경 쓰고 있다는 사실을 겉으로 **표현해야** 한다. 친구나 사랑하는 사람을 배려하고 의식하고 에너지를 쏟아라. 중요한 기념일을 기억해서 챙겨주어라. 그러면 상대방은 당신이 정말 자신들을 항상 마음에 두고 있다는 사실을 알게 된다. 그리고 갈등은 가능한 한 빨리 풀면 풀수록 좋다.

상대방을 인생에서 최우선 순위로 삼아라. 상대방에게 '넌 내게 중요한 사람이 아니야'라는 신호를 보내게 되면 연결을 유지하기가 힘들다. 그러니 누군가와 연결되길 원한다면 상대방이 당신에게 정말 중요한 사람이고 우선순위임을 확실히 하라.

상대방이 원하는 방식으로 사랑을 표현하라. 가령 신체적인 접촉을 좋아한다면 신체적인 접촉으로, 칭찬이나 인정 등 어떤 말을 듣길 원한다면 말로, 요리나 도움 등 행동으로 보여주길 원한다면 행동으로 애정을 표현하라. 선물로도 사랑을 표현할 수도 있다. 상대방은 선물을 애정과 관심의 증표로 생각할 것이다. 온전히 서로에게 집중하는 시간만으로도 사랑을 표현할 수 있다. 깊은 대화를 나누거나 등산을 하거나 맛있는 음식을 먹으러 가는 등 두 사람 모두 좋아하는 일을 함께하면서 시간을 보내면 된다. 이때 명심할 점은 상대방에게 보답을 받을 목적이 아닌 진심으로 상대방을 기쁘게 해주려는 목적으로 사랑을 표현해야 한다는 것이다.

지속적인 연결을 맺을 또 다른 긍정적인 방법은 감사의 표현이다. 누군가 또는 무언가에서 긍정적인 면을 발견할 때마다 마음이 더 끌린다. 분리와는 반대로 가까워진다. 그러므로 누군가와 안정적인 연결을 맺고 싶다면 상대방에게 감사를 표현하는 연습을 해야 한다.

상대방과 관련된 긍정적인 일은 무엇이든 감사할 만한 것이다. 상대방의 존재 자체와 우리 삶에 미친 긍정적인 영향에도 감사할 수 있다. 감사를 표현할 때 관계가 주는 기쁨은 더 커진다. 감사를 표현하는 연습으로 좋은 방법은 기회가 있을 때마다 상대방의 장점과 덕분에 우리 삶이 어떻게 나아졌는지를 찾아서 목록으로 작성하는 것이다. 상대방에게 이런 식으로 집중을 할 때 당신의 몸에서 어떤 변화가 일어나는지를 관찰하라. 저항심이 녹아서 사라지고 마음이 열리고 더 가까이 연결되는 느낌이 들 것이다.

상대방의 존재를 절대 무시하지 않는 것이 정말 중요하다. 누군가가 나를 아예 존재하지 않는 사람처럼 취급하는 것만큼 마음에 상처가 되는 일은 드물다. 순간적으로 화가 나더라도 사랑하는 사람에게 등을 돌릴 이유는 없다. 신체적으로나 감정적으로 마음의 문을 닫아걸어서도 안 된다. 특히나 갈등이 발생했을 때는 말이다. 친밀감과 연결을 두려워하는 사람들은 대응 방안으로 외딴섬이 되는 길을 택하곤 한다. 두려움이 두려워 방어적으로 상대방과 감정적 소통 및 연결을 거부하곤 한다.

당신의 에너지는 실제로 어디로 가는가?

관계가 시작되는 순간 또는 연결이 이루어지는 순간 당신과 상대방 말고도 주체가 하나 더 생긴다. 이 세 번째 주체가 바로 관계 그 자체다. 언제든지 당신은 자기 자신이나 연인이나 관계에 에너지를 쏟을 수 있다. 연인도 마찬가지다. 셋 중에 누구든 이 에너지를 공급받게 된다.

때때로 관계에 집중된 에너지는 확산하거나 둘 중 한 사람에게로 흘러들어간다. 관계에 집중된 에너지가 둘 중 한 사람의 부담을 덜어줄 경우에는 특히 그렇다. 그러나 **그렇지 않은** 경우가 더 많다. 예를 들어 부부 또는 연인으로 상담 치료를 받거나 워크숍에 참석하면 관계는 강화되지만 두 사람 중 누구에게도 에너지가 공급되지 않는다. 두 사람 다 자신의 에너지를 제삼자, 즉 관계 그 자체에 공급하기 때문이다.

관계에서 발생할 수 있는 가장 큰 문제는 둘 중에 어느 한 사람도 충분한 사랑의 에너지를 받지 못하는 경우다. 그 이유는 세 가지다.

1. 관계 자체에만 너무 많은 에너지를 쏟고 관계를 맺은 상대방에게는 에너지를 쏟지 않는다.

2. 우리는 상대방에게 많은 에너지를 쏟고 있다고 생각하지만, 상대방은 사랑받고 있다고 느끼지 못한다. 소통에 문제가 있는 경우다.

3. 둘 중 한 사람이 에너지를 주는 일에는 관심이 없고 관계 자체나 상대방에게 에너지를 받는 일에만 관심이 있다. 이런 관계는 공생 관계가 아니라 기생 관계다.

다행히도 우리에게서 에너지를 **빼앗는** 일에만 관심이 있는 사람을 만나는 일은 드물다. 한 사람이 자기중심적이거나 관계가 일방적으로 보이는 경우 대개는 관계 그 자체에만 에너지를 쏟거나 상대방이 사랑받고 있다고 느끼지 못하는 방식으로 에너지를 쏟고 있는 경우가 많다.

서로 사랑의 에너지를 주고받는 방법을 목록으로 만들어라

관계를 유지하려면 두 가지 과정이 필요하다. 먼저 두 사람이 각자 사랑받고 있다는 느낌, 상대방에게 에너지를 충전 받는다는 느낌이 들게 해주는 일을 써 내려가라. 이렇게 먼저 각자 목록을 작성한 다음에 각 항목에 1부터 10까지 점수를 매겨라. 가장 중요한 항목, 즉 가장 사랑받고 있다는 느낌이 들게 해주고 정서적으로 가장 많이 충전 받는 느낌이 들게 해주는 일에 10점을 매겨라. 점수를 매기고 나면 연인 혹은 친구가 가장 효과가 좋은 방법이 무엇인지 한눈에 알 수 있도록 점수가 높은 항목부터 낮은 순으로 목록을 다시 배열하라.

목록을 작성할 때는 삼인칭으로 작성해야 한다는 점을 명심하라. 여기 어떤 여성이 작성한 예시가 있다. 이 여성은 연인이 크게 소리 내 읽을 때 마치 자신이 작성한 것처럼 느껴지도록 삼인칭 시점에서 목록을 작성했다. 이렇게 하면 연인에게 원하는 바를 명확하게 전달하는 데 도움이 된다.

10	특별한 이유가 없더라도 그냥 사랑하기 때문에 그녀에게 선물을 주면서 '사랑한다'고 말하라.
10	그녀에게 깜짝 데이트를 신청하라.
10	휴가/ 가족 기념일/ 각종 모임을 위해 시간을 내고 가족 간에 교류를 강화할 수 있는 전통을 만들어라. '함께라는 이름의 배'를 조종할 때 도움을 주면서 그녀의 부담을 덜어주어라.
10	그녀가 겪는 불안 증세와 인간관계에서 겪는 고민을 도와주어라.
10	그녀가 소득을 창출할 구체적인 계획을 세우는 일을 도와주어라.
10	신사답게 문을 열어주고 짐을 들어주고 인도 바깥쪽에서 걸어주고 그녀가 외투 입는 일을 도와주고 손을 잡고 이끌어주고 그녀의 '상태'와 욕구에 신경을 곤두세워라.
10	보호받고 있다는 느낌이 들게 해주어라. 불필요한 문제를 겪지 않도록 방패막이가 되어주고 밤에는 문단속하라. 그녀가 어딜 가나 안전하다고 느낄 수 있도록 지켜주어라.
10	그녀에 관해서는 무엇이든 전문가가 되어라. 그녀를 이해하고 그녀의 내면세계를 이해할 수 있도록 세심한 노력을 기울여라.
9	그녀를 발레 공연이나 오페라 공연에 데리고 가라.
9	그녀가 하는 일 또는 열정을 가지고 있는 일에 열성적인 지지로 보내라. '내게도 중요한 일이야'라는 반응을 보여주어라.
7	메시지를 보내라.
8	레스토랑에 데려가라. 단, 그냥 '밥 먹으러 가자'가 아니라 그녀를 생각하면서 신경 써서 고른 레스토랑에 데려가라.
8	아름답다고 세세하게 말해주어라.
8	매일 깔끔하게 면도해서 수염 때문에 그녀 얼굴에 상처가 나지 않도록 노력하라.

8	그녀가 어떤 문제로 씨름하고 있거나 무언가를 하고 싶어 한다면 나서서 도와주어라.
7	그녀와 등산을 하러 가라.
7	그녀가 좋아할 만한 영화를 보여주어라.
7	그녀가 좋아할 만한 요리를 만들어주거나 차를 끓여주어라.
7	그녀의 어깨와 목을 쓰다듬어 주어라.
7	페이스북에 그녀의 칭찬을 써라.
7	뒤에서 그녀를 끌어안아 주어라.
6	그녀만을 위한 로맨틱한 이벤트를 준비하라.
6	그녀가 좋아할 만한 집 꾸미기 프로젝트를 실행에 옮겨라.
5	그녀와 쇼핑을 하러 가서 원하는 걸 사주거나 그녀가 좋아할 만한 가게에 데려가라.
5	그녀에게 사랑한다는 말이 담긴 카드를 보내라.
5	그녀를 댄스 수업에 데려가라.
4	그녀를 그림을 그릴 수 있는 장소로 데려가라.
3	그녀를 위해 장미 꽃잎을 띄운 목욕물을 준비하라.
3	도시락을 싸서 그녀와 소풍을 가라.
3	낮에 그녀에게 사랑스러운 문자를 보내라.
3	필요할 때 그녀의 운전기사가 되어주어라. 그래서 그녀가 혼자가 아니며 '보호받고 있다'는 느낌이 들도록 해주어라.
2	더 좋은 연인이 되는 법에 관한 책을 읽고 TV 프로그램을 시청해라. 그녀와의 관계에 도움이 될 만한 자기 계발 노력을 하라.

각자 목록을 작성하고 나면 두 번째 단계로 넘어갈 준비가 되었다. 두 번째 단계에

서는 연인이든 친구든 가족이든 함께 목록을 작성한 상대방과 서로 목록을 교환하면 된다. 각자 상대방이 작성한 목록을 읽은 다음에 항목별로 대화를 나누며 서로가 원하는 것이 정확히 무엇인지 파악하라.

당신이 생각하기에 상대방을 위해서 하는 일이 무엇인가? 상대방이 눈앞에 없다고 가정하고 제삼자에게 말하듯 당신이 상대방을 위해서 해주는 일을 말해보아라. 항목별로 실제로 상대방이 목록에 적힌 대로 해 주고 있는지 서로에게 솔직하게 이야기해보라.

관계에서 주는 쪽과 받는 쪽 가려내기

친밀한 관계에서 우리 에너지가 실제로 어디로 가고 있는지 알아볼 때 엉뚱한 길로 빠지는 경우가 너무 많다. 그 좋은 예가 바로 성관계다. 연인과 연결을 유지하고자 할 때 성관계는 중요한 문제다. 앞에서도 언급했듯이 대부분의 여성에게 성관계는 안전을 보장받는 일종의 거래일 수 있다. 여자는 남자에게 성관계를 제공하고 그 대가로 안정적인 관계를 얻길 원한다.

이 경우에 남자가 '너랑 잘 때 내가 주는 입장이지'라고 말한다고 가정해보자. 대부분의 여성은 이런 말을 들으면 거래 관계라는 생각에 사랑받고 있다는 기분을 느끼지 못한다. 사실 여성은 만족을 얻으려면 **먼저 주어야** 한다. 이 주장을 놓고 보건·생리학적으로 따져 보는 일은 나중으로 미루자. 아무튼 이 예시에서 남자는 자신이 여자에게 **주는** 입장이라고 느끼지만 여자는 자신이 남자에게 **주는** 입장이라고 느낀다. 그렇다면 서로 받는 입장에서 자신의 선호와 우선순위를 상대에게 명확하게 알려주면 관계를 유지할 가능성이 훨씬 커진다.

성관계가 아니더라도 관계의 다른 측면에서도 이런 혼란이 빚어질 수 있다. 우리는 종종 자신이 주로 상대방을 위해 무언가를 해준다고 생각한다. 그러나 정작 받는 사람은 우리가 스스로 좋자고 하는 일이라고 생각한다. 예를 들어보자. 내가 상담했던 고객 중에 아침마다 함께 조깅을 나가는 부부가 있었다. 남편은 자신이 **아내를 위해** 조깅을 나가 준다고 생각했고 반대로 아내는 자신이 **남편을 위해** 조깅을 나가 준다고 생각했다. 그밖에도 미술 박람회 나들이 등 남편은 자신이 **아내를 위해** 해준다고 생각했던 일들을 아내는 반대로 자신이 **남편을 위해** 해준다고 생각하고 있었다.

하루가 끝날 때쯤이면 두 사람은 서로 상대방 때문에 에너지가 완전히 고갈됐다고 느꼈다. 서로가 원하지 않는 방식으로 서로에게 에너지를 쓰고 있었기 때문이다. 두 사람은 이 사실을 알자마자 당장 아침 조깅을 그만두었다. 그리고 예술 박람회도 어느 한 사람을 위해 자신이 희생한다는 마음이 아니라 두 사람 모두 정말로 가고 싶을 때만 가기로 했다.

이런 식으로 부부는 서로에게 최대 효과를 낼 수 있는 일에만 집중할 수 있게 됐다. 이제 두 사람 모두 상대방에게 더 많은 인정, 관심, 사랑, 이해를 받고 있다고 느낀다. 두 사람의 관계는 이보다 더 좋았던 적이 없었다. 실제 노력은 훨씬 덜 들면서도 두 사람뿐만 아니라 관계 그 자체에도 에너지가 골고루 공급되는 결과를 낳는다.

때때로 상대방을 위해서나 관계를 위해서 하는 일이 우리가 원하는 일이 될 수도 있다. 그러면 관계를 맺은 두 사람과 관계 그 자체에 동시에 에너지를 공급할 수 있다. 요령을 하나 알려주자면 **상대방을 위해 어떤**

일을 할 때 엄마가 태아에게 항상 영양을 공급하듯이 관계에 영양이 공급된다는 사실을 기억하라. 누군가에게 보살핌을 받는 사람은 그 사람과의 관계를 긍정적으로 생각하게 된다. 그러면 두 사람의 관계는 더 안정적으로 지속 가능해진다. 따라서 좋은 관계를 맺는 가장 좋은 방법은 친구나 연인에게 에너지를 주고 간접적으로가 아닌 직접적으로 **상대방이 원하는** 구체적인 방식으로 행동하는 것이다.

간접적인 사랑 표현이 별로 효과적이지 않은 이유

남자들은 흔히 가족들에게 사랑을 간접적으로 표현하는 경우가 많다. 모든 에너지를 경력에 쏟는 남자가 있다고 해보자. 남자는 가족들을 위해 열심히 일해서 돈을 저축하는 것이 가족들에게 사랑을 표현하는 방법이라고 생각한다. 그러나 정작 가족들은 남자에게 사랑받고 있다고 느끼지 않는다. 남자에게는 금전적 성공과 가족들을 부양할 수 있는 능력이 큰 의미가 있다. 결국 남자는 자신이 일하는 분야에서 명성과 재정적인 안정을 얻었다.

따라서 남자가 열심히 일하는 목적은 **가족들을 위해서**라기보다는 **자기 자신을 위해서**인 것처럼 보인다. 남자에게는 일에서 성공하는 것이 간접적으로 사랑을 표현하는 방식이지만 가족들은 다르다. 아내와 아이들은 전혀 다른 방식의 사랑 표현에 최우선 순위를 부여하는 경우가 많다. 가족들이 필요와 욕구를 표현하면 남자는 어쩌면 일주일에 하루는 휴대폰을 멀리하고 온전히 가족들에게 집중하는 것이 사랑을 표현하는 더 직접적인 방식이라는 사실을 깨달을지도 모른다.

여기서 얻을 수 있는 교훈은 우리가 주는 방식 그대로 상대방이 항상 받아들이지는 않는다는 사실이다. 누군가를 위해서 무언가를 해줄 때는 상대방이 원하는 방식대로 해줄 수 있도록 전략을 세우고 삶을 정비해야 한다. 이렇게 하면 일상에 변화가 올 수도 있기 때문에 이 변화에 대한 마음의 준비도 해야 한다.

예를 들어 나는 상대방이 영화관에 데려가 줄 때 가장 사랑받는다고 느낀다고 가정해보자. 하지만 아플 때는 연인이 내게 따뜻한 죽을 가져다주고 소파 위에서 함께 영화를 봐줄 때 사랑받고 있다는 사실을 더 잘 느낄 수 있을 것이다. 만약 내가 아픈데도 연인이 나를 영화관에 데리고 가주겠다고 고집한다면 나는 **불편함**을 느낄 것이다. 연인이 내가 아프다는 사실을 알아차리지도 못할 만큼 연결이 튼튼하지 않다는 뜻이기 때문이다.

여기서 또 하나 이야기하고 싶은 점은 관계에서 누가 얼마만큼 주고받았느냐에 집착하지 말라는 것이다. 좋은 관계는 서로가 에너지를 주고받을 때 지속할 수 있다. 온종일 자기 자신만을 위해 행동할 수도 있다. 그러나 '오늘 연인이나 친구에게 사랑받고 있음을 느끼게 해주려면 무엇을 하면 좋을까?'라는 태도로 하루를 시작한다면, 그리고 상대방도 똑같은 태도로 하루를 시작한다면 두 사람 다 서로에게 에너지를 줄 수 있다. 어떤 날은 내게만 에너지가 집중될 수 있고 또 어떤 날은 상대방에게만 에너지가 집중될 수도 있다. 그러나 어느 한쪽도 사랑에 굶주리는 날은 없을 것이다. 두 사람 모두 관계에서 오는 기쁨을 누릴 수 있을 것이다.

자신의 필요나 욕구에 너그러워지면 상대방과 무언가를 함께할 때마다 영양분을 공급받는다는 사실을 알게 된다. 에너지가 어디로 흐르는지 의식적으로 살피다 보면 가장 조화롭게 서로 영양분을 공급하고 공급받는 관계를 만들어나갈 수 있을 것이다.

상대방이 언제 사랑받는다고 느끼는지를 적은 목록과 새롭게 형성된 상호 이해를 바탕으로 이제 당신이 가진 에너지를 긍정적으로 사용할 수 있을 것이다. 서로를 지지하고 웃고 어울리면서 함께 있음을 즐길 수 있을 것이다. 이런 관계가 꾸준히 이어지다 보면 힘든 시간을 함께 보낸 사람들 사이에 끈끈한 유대감이 형성되는 것처럼 똑같은 유대감이 형성될 것이다.

우리는 본질적으로 기분이 좋은 일을 우선시한다. 우리는 인생에서 그리고 관계에서 기분이 안 좋은 일을 피할 수 없다는 사실을 알고 있다. 그러나 기분 좋은 일을 기반으로 연결을 구축하면 갈등과 다툼이 관계의 밑바탕이 되는 일은 없다.

매일 상대방을 격려하려고 노력하라. 격려를 받으면 더는 외롭지 않다. 세상이 적처럼 느껴지지 않는다. 격려는 비난과 좌절의 반대다. 격려는 강력하다. 상대방이 나에게 자신의 꿈과 욕망을 터놓고 공유할 만큼 정서적인 안정감을 주기 때문이다. 알다시피 꿈과 욕망은 우리 존재의 핵심에서 가장 연약한 부분이다. 이 연약한 부분에 영양분을 공급하고 보살피고 지원해줄 수 있는 것은 재능이다.

다양한 의사소통 방식을 연습하라

친구든 가족이든 연인이든 관계를 맺으면 연결에 헌신해야 한다. 의사소통은 연결에서 큰 부분을 차지하며 꼭 언어만이 아니라 다양한 방식으로 이루어진다. 사실 우리가 주고받는 의사소통에서는 몸짓 언어가 대부분을 차지한다.

효과적으로 의사소통을 하려면 감정을 억눌러서는 안 된다. 주의를 딴 데로 돌려 감정을 피하거나 부인하거나 무시하거나 마비시켜서도 안 된다. 자신의 감정과 속마음을 기꺼이 인정하고 상대방에게 건강한 방식으로 전달해야 한다.

방법을 잘 모르겠다면 머릿속에 있는 생각을 마음속으로 가져온다고 상상해보라. 말 그대로 심장 부근으로 가지고 내려와서 이야기한다고 생각해보라. 일명 '심장으로 말하기' 기술이다. 이렇게 할 때 우리는 연약한 부분을 더 기꺼이 드러내게 된다. 따라서 더 솔직하고 덜 방어적인 또는 덜 공격적인 의사소통이 가능해진다.

감정을 말로 표현하는 연습을 해야 한다. 관계에서 침묵보다 최악인 것은 없다. 침묵은 분노와 단절로 가는 지름길이다. 상대방에게 당신의 감정을 터놓고 이야기하지 않으면 둘 사이에는 깊은 골이 생긴다. 당신이 기분이 상하면 상대방은 바로 알아차릴 수 있다. 그런데 당신이 그 사실을 이야기하지 않거나 부인해버리면 상대방은 미치도록 혼란스러울 것이다.

인간관계에서 상대방에게 당신의 욕구, 필요 기대를 명확하게 밝혀라. 상대방이 당신의 마음을 읽어주길 바라는 것은 불공평하다. 시간을 들여 상대방의 욕구, 필요, 기대를 이해하는 것 또한 중요하다. 당신의 욕구와 필요를 채워달라고 직설적으로 부탁하고 상대방도 그렇게 하도록 격려하라. 그리고 나서 에너지를 쏟아서 상대의 욕구와 필요를 채워주어라.

책임을 다하는 법 배우기

연결을 확립하고 상대방의 욕구와 우선순위를 파악했다면 다음 할 일은 책임을 다하는 것이다. 약속한 것은 반드시 지켜라. 어떤 일을 하겠다고 말했다면 실행에 옮겨라. 한번 뱉은 말은 반드시 지켜라. 취소하거나 잊어버리면 안 된다. 그러면 관계에서 신뢰가 깨져버린다. 신뢰는 정서적 안정감에서 큰 부분을 차지한다.

실수는 피할 수 없다. 하지만 책임을 다한다는 것은 실수를 인정하고 행동을 바꾸려고 노력하는 것이다. 행동은 그대로이면서 사과만 거듭한다면 상대방은 당신이 자신의 기분은 아랑곳하지 않고 그저 간섭을 귀찮게 여길 뿐이라는 인상을 주게 된다. 그러나 관계에서 책임을 다할 때, 특히 연결을 위협하는 행동을 고칠 때는 우리는 연결에 대한 책임을 지는 것이다. 관계를 진실하게 유지하고자 양쪽이 모두 책임을 다할 때 연결이 튼튼하게 유지될 수 있다.

때때로 연결에서 책임을 다할 수 없을 때가 있다. 자신의 우선순위가 무엇인지 명확히 밝히고 헌신하지 않았기 때문이다. 기분이 좋아지는 관계를 원한다면 관계를 최우선 순위로 삼을 만큼 가치 있게 여겨야 한다. 우선순위에 옳고 그름은 없다. 그러나 관계보다 일이나 취미에 높은 우선순위를 부여한다면 그 관계가 유지되기는 힘들 가능성이 높다.

당신이 일이나 취미를 관계보다 중요시한다면 상대방은 자신이 사랑받지 못하며 중요하지 않은 존재라고 느끼게 된다. 그러면 당신과의 정서적 연결이 위태롭다고 느끼게 된다. 이해관계가 충돌할 때 의식적으로 우선순위를 정해야 한다. 서로가 관계 그 자체와 상대방의 감정에 **최우선순위**를 부여할 때 가장 건강한 관계가 이루어진다.

물론 건강한 관계를 유지하려면 헌신이 필요하지만 이를 두려워하는 사람이 많다. 안정적인 연결을 원한다면 헌신해야만 한다. 수많은 사람이 연결을 원하면서도 헌신은 두려워한다. 헌신에 대한 두려움은 심각한 문제다. 회피가 영속적인 상태로 굳어버린 경우이기 때문이다. 관계든 경력이든 결정이든 그 무엇이든 간에 헌신하기가 망설여진다면 기어를 주차 모드에 놓고 운전을 하려고 하는 것이나 다름없다.

헌신은 전념하는 것이다. 그러나 간단하게 어떤 대상에게 당신의 에너지를 주는 것이라고 할 수 있다. 어떤 대상에게 깊이 헌신할수록 에너지가 많이 들어가므로 전념하는 상태가 되는 것이다.

보이지 않는 실 끊기

사랑이란 무언가를 당신의 일부로 받아들이는 것이다. 사랑하면 자연스럽게 상대방의 필요를 채워주고 싶어진다. 왜냐하면 상대방의 욕구를 채워주는 것이 바로 우리 자신의 욕구처럼 느껴지기 때문이다. 그러나 우리 가운데는 진정한 사랑을 경험해보지 못한 부모 밑에서 자란 사람이 많다. 부모는 진정한 사랑을 경험해 본 적이 없기에 어떻게 하면 우리에게 진정한 사랑을 주고 그 사랑을 바탕으로 연결을 유지할 수 있는지도 알지 못한다. 대신에 거미가 거미줄로 파리를 잡듯이 사람과 연결을 맺으려 한다.

사랑받지 못하고 자란 사람들은 지금 자신의 모습이 사랑스럽지 않다고 느낀다. 이들은 내면적으로 끝없는 수치심을 느끼며 살아간다. 사랑은 거래가 되고 연결도 마찬가지다. 사실상 모든 욕구 충족이 거래가 된다.

유년기에 부모에게 욕구를 충족 받을 때마다 역기능 가정에서 자란 아이에게는 눈에 보이지 않는 실이 하나씩 생겨난다. 이런 유형의 거래적 사랑은 거미줄처럼 아이를 옭아매며 전염병처럼 퍼져 나간다. 이런 유형의 관계는 타인을 조종해 자기 뜻대로 움직이게 만들려는 동기에서 출발한다.

이렇게 거래적인 관계에서 자란 사람은 다른 방식의 관계가 존재한다는 사실을 믿지 못한다. 잠재의식 속에서 모든 관계를 사업상 거래로 바라본다. 모든 사업상 거래에는 실이 따라붙는다. 여기서 문제는 그 실이 보이지 않는다는 점이다.

이 거미줄 비유가 극단적이라고 믿고 싶은 사람들은 다시 한번 생각해보라. 에너지 수준에서 이런 거래적 관계가 실제로 일어나고 있다. 거미는 아무것도 모르고 거미줄로 날아드는 파리를 잡거나, 아니면 파리를 거미줄로 유인할 방법을 찾는다. 어린아이가 아무것도 모르고 이 세상에 태어나는 것, 거래 관계에서 한쪽이 다른 한쪽에게 무언가를 제안하여 거래를 유도하는 것도 이와 유사한 이치다.

그러나 어느 경우든지 실이 따라붙는다. 결국 파리는 거미줄에 갇히게 된다. 사람도 파리와 똑같은 방식으로 갇히게 된다. 이제 파리는 거미에게 잡아먹힌다. 이 단계에서 일방은 거래를 통해 욕구를 충족한다. 받아도 마땅한 것을 받고 있다고 생각하겠지만 사실 상대는 애초에 거래에 동의한 적이 없다.

예를 들어 어떤 엄마가 아이를 전문적인 운동선수로 키워야겠다는 결심을 했다. 아이를 통해 자신의 지위와 존재 의미를 충족 받는 것이다. 이 거래에서 엄마는 시간과 돈을 투자해 아이가 운동선수가 될 수 있도록 지원할 것이다.

그러나 아이는 이 거래에 동의한 적이 없다는 사실에 주목하라. 아이가 자유의지를 표현하려 하거나 엄격한 훈련 방침을 따르지 않는다면 엄마는 아이에게 다음과 같이 말하면서 아이가 자신에게 빚을 지고 있다는 사실을 되새겨줄 것이다. "내가 널 위해 이 모든 돈과 시간을 투자했으니 넌 운동선수가 될 수 있어." 아이는 이런 말에 죄책감을 느끼고 엄마의 꿈을 실현해주기 위해 계속 노력할 것이다. 엄마는 아이를 통해 자신의 지위와 존재 의미를 충족 받는다. 엄마는 아이가 자신에게서 태어났고 도움이 필요한 존재임을 내세워 아이를 거미줄에 가두고 그 에너지를 먹는 것이다.

더 나은 길

그렇다면 아이를 보이지 않는 실로 옭아매지 않는 가정은 어떤 모습일까? 부모는 아이를 사랑으로 양육한다. 부모는 아이가 스스로 선택해서 태어난 것이 아니라는 사실을 받아들인다. 아이에게 빚을 지우지 않는다. 아이는 부모에게 주어진 선물이지만 저만의 욕망, 필요, 본질, 목적을 지닌 존재다.

우주는 부모와 자식 관계가 양쪽 모두를 확장과 영적 진보로 이끌 것을 알고 부모에게 아이라는 놀라운 선물을 맡겼다. 이때 부모는 아이를 자신들의 일부로 생각한다. 부모는 자연스럽게 애정, 선물, 함께 보내는 시간, 희생, 감사로 아이에게 사랑을 증명한다.

부모가 보답을 바라고서 아이에게 사랑을 증명하는 것은 아니다. 부모는 오로지 사랑하는 대상에게 사랑을 증명하는 일이 기분 좋기 때문에 하는 것이다. 인센티브는 필요 없다. 아이를 자신의 일부로 생각할 때 아이를 위해 하는 일이 곧 자신을 위해 하는 일이기 때문이다.

모든 존재는 본능적으로 사랑을 받으면 사랑을 돌려준다. 특히 아이들은 언제나 그렇다. 부모가 주는 사랑을 받고자 아이가 부모를 위해 특별히 무언가를 하거나 무언가가 될 필요는 없다. 우리가 부모에게서 바라는 사랑은 이런 종류의 사랑이다. 보이지 않는 실로 옭아매지 않는 이런 종류의 관계야말로 우리가 추구할 만한 관계이다.

이제 일상에서 이런 관계를 갖는 일이 얼마나 아름다운지 깨달았을 것이다. 다른 사람의 행복이 **자신의 행복**으로 느껴진다면 조건 없는 사랑을 찾은 것이다. 조건 없는 사랑은 지구상에서 느낄 수 있는 가장 거대한 감정이다. 순수한 황홀경이다. 그리고 지구상의 모든 존재는 이 황홀경을 누릴 수 있어야 마땅하다.

기대와 가정 구분하기

보이지 않는 실에 얽매이지 않는 사랑을 바탕으로 한 친밀한 관계를 창조하는 일은 **당신 손에 달렸다**. 우선 당신이 잠재의식 속에 어떤 기대를 숨기고 있는지 알아내야 한다. 방법은 다음과 같다. 한 남자와 한 여자가 영화 데이트를 한다고 상상해보라. 두 사람은 각자 영화표를 사고 팝콘 등을 파는 매대를 지나쳐 곧장 영화관으로 들어가 자리에 앉았다. 여자는 남자에게 **까인** 기분이었다. 여자가 정말로 기분이 상한 이유는 남자가 그녀의 기대를 충족해주지 못했기 때문이다. 여자는 남자가 영화표를 사주고 팝콘을 먹고 싶냐고 물어볼 줄 알았다. 여자는 남자에게 전달하지 않은 무언가를 **기대했을** 뿐만 아니라 상대 남자가 여자에게 데이트 신청을 할 때 마음에 드는 여자에게는 으레 그렇게 하리라고 **가정했다**. 그러나 상대방이 이 모든 것을 어떻게 안단 말인가? 두 사람은 이제

막 만났다. 남자 또한 여자는 전혀 알지 못하는 기대를 잔뜩 가지고 있을 것이다.

우리는 모두 어떤 기대를 가지고 산다. 무언가를 기대한다는 것은 어떤 일이 일어나리라고 자신 있게 믿는 것이다. 기대는 종종 어떤 일이 일어나야 한다거나 특정한 방식으로 일어나야 한다는 태도를 내포한다. 가정하는 것은 증거가 없을 때조차 무언가를 당연시하거나 참이라고 넘겨짚는 것이다. 기대와 가정의 정의를 알고 나니 관계에서 이 두 가지가 어떻게 작용하는지가 보이지 않는가?

우리 모두는 관계에서 기대를 가지고 있다. 다만 이것을 의식하고 있을 수도 있고 잠재의식 속에 묻어둔 채 의식하지 못할 수도 있다. 보통은 후자다. 이 말은 곧 당신 스스로 어떤 기대를 가지고 있는지 일부는 알고 일부는 모른다는 뜻이다. 그중에는 건강한 기대도 있을 수 있고 그렇지 않은 기대도 있을 수 있다. 그러나 대부분은 예전 경험과 나고 자란 문화에 뿌리를 두고 생겨난 기대들이다.

관계에서 상대방이 기대를 충족시켜주지 않을 때마다 당신은 기분이 좋지 않다. 당신이 어떤 기대를 가지고 있는지 의식하고 어떤 가정을 내리는지 명확히 살펴보라. 인생에서 만나는 모든 사람이 신선하고 새로운 경험이라고 상상해보라. 상대방이 자라온 배경에 따라 당신과는 다른, 당신이 지금까지 만나온 그 어떤 사람과도 다른 기대를 가지고 있다고 가정하라. 관계가 잘 되길 원한다면 양쪽 모두 상대방이 가지고 있는 기대를 파악하고자 의식적으로 노력해야 한다.

소속감은 인간의 기본 욕구다

우리 가운데는 소속감을 느낄 수 있는 가정이나 사회에 태어나 자라는 행운을 누리는 사람이 있다. 반면에 수치심으로 인해 끔찍한 자기 개념이 발달한 탓에 유일하게 소속된 곳에서 소속감을 느끼지 못하는 사람도 있다. 그런가 하면 소속감 결핍으로 인생이 병들고 원초적인 소외감을 느끼는 사람도 있다. 어디에도, 무엇에도, 누구에게도 소속되지 않은 것처럼 느껴지는 것이다.

소속감은 이 우주에서 가장 주파수가 높은 진동 중에 하나다. 사실상 일체성, 사랑, 소속감은 '채도'만 다른 같은 색상이라고 할 수 있다. 그러나 그렇게 단순하지만은 않다. 소속감은 인간의 기본적인 욕구이기도 하다. 영적 분야에 몸 담그고 있는 사람들 가운데 대다수는 인간의 욕구를 초월하는 것이 가능할 뿐만 아니라 좋다고 믿는다. 우리는 영적인 훈련으로 생물학적 욕구에 저항한다.

그러나 **무언가**를 원하지 않기란 불가능하다. 욕구를 다른 방식으로 충족하는 것만 가능할 뿐이다. 인생에서 완전히 혼자라는 느낌 대신 무언가에 연결되어 있다고 느끼려면 소속감이 필요하다. 우리 인간은 사회적 동물이다. 식물이 물이 없으면 말라죽듯이 우리는 물리적으로 고립되면 죽는다. 그러나 정말로 슬픈 일은 연결과 소속감을 느끼지 못하는 사람은 다른 사람들에게 둘러싸여 있을 때조차 굶어 죽을 것처럼 느낀다는 사실이다.

소속된다는 것은 무언가의 일부가 되는 것이다. 그러나 진정으로 소속된다는 것은 떼어낼 수 없을 정도로 무언가의 일부가 되는 것이다. 예를 들어 어떤 동아리에 소속되려면 그저 회원으로 가입하면 된다. 그러나 동아리 가입이 진정한 의미에서 소속되는 것은 아니다. 동아리에 탈퇴하겠다고 결심하면 탈퇴할 수 있기 때문이다.

진정으로 소속된다는 것은 당신이 떠나느냐 마느냐 혹은 일부가 되길 원하느냐 원하지 않느냐와는 상관이 없다. 진정으로 소속되는 순간 당신은 어딜 가나 보편적 일체성의 일부로서 존재한다. 당신이 인간이라는 사실을 가지고 설명해보자. 당신이 인간이길 원하는지 원하지 않는지는 상관없다. 당신은 그냥 인간이다. 당신은 인류에 소속되어 있고 그 소속에서 벗어날 방법은 죽음뿐이다.

또 다른 방법으로 이 개념을 완벽하게 이해해보자. 종이 한 장을 꺼내서 종이의 어떤 부분이 종이의 일부가 되길 거부한다고 상상해보자. 종이를 반으로 찢어라. 반으로 찢어진 종이 두 장을 책상 끄트머리에 각각 놓아라. 이제 두 종잇조각은 분리된 상태다. 그러나 종이를 종이가 아닌 다른 무언가로 만들 수 있는가? 그건 **불가능하다**. 종이를 종이가 아니게 만들 방법은 없다. 이 수준에서의 연결은 당신이 끊을 수 없을 만큼 안정적이다.

진정으로 소속된다는 것은 무언가에 붙들리고 포함되는 것이다. 진정으로 소속되는 것은 존재에 대한 소유권의 가장 긍정적인 표현이다. 이런 종류의 소유 관계에서는 모든 부분이 전체에서 분리될 수 없다. 그래서 **일부분**에만 해를 끼쳐도 전체가 해를 입는다. 예를 들어 누군가를 당신의 일부로 받아들였다면 그때부터는 그 사람에게 상처를 주면 당신 자신도 상처를 입을 수밖에 없다.

그림자 소속

이제는 아시겠지만, 사랑한다는 것은 자신의 일부로 받아들이는 것이다. 그래서 소속감과 사랑은 항상 같이 다닌다. 어떤 대상을 당신의 일부로 받아들이면 그 대상은 당신에게 소속된다. 오늘날 문제는 우리가 소속감이 없는 관계에 뛰어든다는 것이다. 우리 관계는 완전히 조건부다. 상대방을 자신의 일부로 받아들이지도 않기 때문에 상대방의 최우선 이익을 자신의 이익으로 생각할 수도 없다. 소속의 반대는 배척, 고립, 추방이다.

일부 사람들이 소속에 거부감을 느끼는 이유는 소속을 실제로 경험해본 적이 없기 때문이다. 기독교에는 '악마의 가장 큰 변장은 예수인 척하는 것이다'란 말이 있다. 모순적이지만 이 말은 다른 여러 가지 경우에도 적용이 된다. 당신이 원하는 대상과 가장 반대되는 진동을 지닌 대상이 당신이 가장 원하는 바로 그 대상인 것처럼 변장해서 다가올 때가 많다. 다시 말해 가장 나쁜 악당이 피해자처럼 변장하고 다가올 수 있다.

소속도 마찬가지다. 고립과 소속의 부재가 소속으로 변장하고 다가올 때가 많다. 일명 **그림자 소속**shadow belonging이다. 그림자 소속의 가장 좋은 예는 사이비 종교 단체다. 이 같은 사이비 종교 단체에 소속되면 자유를 구속당하고 소유물처럼 취급받게 된다. 개인이 행복하고 말고는 단체 전반에 영향을 끼치지 않는다. 오히려 개인의 불행이 단체의 이익이 되는 경우가 많다.

이런 단체에서 소속은 배척으로 결정된다. 즉, 소속된 사람과 소속되지 않은 사람이 누구냐에 따라 정의된다. 단체에 순응하지 않으면 추방을 당한다. 이 **그림자 소속**은 진정한 소속이 아니다. 많은 종교 단체가 이 그림자 소속을 강요하는 경우가 많다.

가정에서 그림자 소속이 가장 흔하게 발생하는 경우는 부모가 나르시시즘, 즉 자아도취적 성격 특성이 있을 때다. 한 아이가 나르시시즘을 가진 부모 밑에서 자라면서 부모의 기대를 충족하지 못했기 때문에 가족 구성원으로서 소속감을 느끼지 못한 채 추방을 당했다. 이 아이를 미운 오리 새끼 또는 희생양이라고 하자. 또 다른 아이는 자신의 이익을 지우고 모든 정체성을 부모가 원하는 모습에 맞추어야 부모를 만족시킬 수 있다는 사실을 터득했다. 이 아이를 금지옥엽이라고 부르자.

미운 오리 새끼에게 인생은 끝없이 소속을 찾아 방황하는 여정이다. 금지옥엽에게 소속은 자기 상실 및 자기 배신과 동의어다. 현실에서 소속은 부모를 만족시킬 때만 따라오는 조건부이기 때문에 둘 중 어느 아이도 소속되지 못한다. 한 아이는 아예 소속을 제안받지 못하고 다른 한 아이는 **그림자 소속**을 제안받는다.

지금부터 내가 하는 이야기는 소속을 바라보는 당신의 관점을 송두리째 바꾸어 놓을 것이다. 어떤 식으로든 분리가 원인이 되어 어디에도 소속될 수 없다면 애초에 소속이란 존재하지 않는 것이다. 예를 들어 종교가 원인이 되어 추방을 당할 수도 있다면 애초에 종교 자체에는 소속이란 개념이 존재하지 않는 것이다.

갈등이나 불순종 때문에 가족에게 소속되지 않거나 분리될 수 있다면 처음부터 그 가족 안에는 소속이란 개념이 존재하지 않는 것이다. 진정으로 소속될 경우, 소속되기 위해서 혹은 현재 소속을 유지하기 위해서 아무것도 할 필요가 없다.

당신은 근원 의식의 일부이기 때문에 근원 또는 신에게 소속된 존재라고 할 수 있다. 근원 또는 신에게서 탈퇴할 수 없다. 무엇을 하더라도 혹은 무엇을 하지 않더라도 소속되지 않는 것은 불가능하다. 그러나 물리적인 삶 속에서 우리에게 필요한 것은 타인과의 관계 안에서 진정한 소속의 경험이 실현되는 것이다.

소속감을 키우는 법

소속감을 높이는 방법의 하나는 소속되길 원하는 대상과의 유사점을 찾는 것이다. 소속이 없어서 괴로울 때 우리는 추방당하는 원인이 될지도 모르는 차이점을 지나치게 경계한다. 그 결과 우리는 내가 얼마나 다른지와 우리가 얼마나 어울리지 않는지에 너무 많은 신경을 쏟게 된다.

우리가 해야 할 일은 '내가 이것과 얼마나 같은가?'라는 관점에서 모든 것을 바라보는 것이다. 예를 들어 내가 연인에게 소속되길 원한다면 이 사람과 내가 얼마나 비슷한가를 보아야 한다. 관계 초반에 우리는 상대방에게 강한 소속감을 느낀다. 그러나 시간이 흐를수록 이 소속감은 희미해지기 시작한다. 그 이유는 관심이 가는 사람을 처음 만날 때 우리는 그 사람과 나 사이에 닮은 점에만 주목하기 때문이다. 닮은 점을 기반으로 우리는 연결을 맺는다.

예를 들어 어떤 사람이 말을 사랑하는데 나도 말을 사랑한다고 하자. 말을 사랑한다는 공통점으로 두 사람은 소속감을 느낀다. 그러나 관계가 진전될수록 서로의 차이점이 눈에 보이기 시작하면서 분리된 느낌은 커지고 연결된 느낌은 작아진다. 처음에 느꼈던 소속감은 희미해지기 시작한다. 여기서부터 우리는 적극적으로 노력해서 소속감을 키워야 한다. 닮은 점을 인식하고 활성화하는 데 에너지를 쏟아야 한다. 그러면 서로의 다른 점이 연결에 위협이 되지 않는, 함께하는 삶을 만들어나가는 데 도움이 된다.

소속감을 키우는 또 다른 방법은 **받아들이는 것**이다. 받아들이는 것은 부인과 회피의 정반대이다. 무언가를 받아들인다는 것은 어떤 의미인가? 받아들이는 것은 타당하거나 옳다고 인정하는 것이다.

누군가를 받아들이는 것은 의견이나 감정이나 관점이 같든 다르든 상관없이 그 사람의 모든 부분을 인정하는 것이다. 예를 들어 한 아이가 우리 사회에 소속감을 느낀다고 해보자. 그런데 아이는 동성애자다. 사회에서는 아이가 지닌 이 동성애 성향이 받아들여지기 힘들다. 본능적으로 동성애를 밀어내고 저항하려 한다. 그러나 현실, 즉 아이가 동성애자라는 사실을 받아들이고 인정하는 방법을 찾으시길 권한다. 그러면 이제 어떻게 해야 할지가 보일 것이다. 동성애자들의 인생 경험, 감정, 관점을 들여다보면 그들이 동성애자가 된 데에는 타당한 이유가 존재한다.

타인을 인정하고 받아들일 때 소속감이 형성된다는 사실을 발견하게 될 것이다. 타인을 인정하고 받아들일 때 상대방 또한 **우리가 자신을 받아들였다는 사실을 알게 된다**. 타인을 인정하고 받아들일 때 당신은 비로소 그들의 내면적 경험이 이해가 될 것이다.

인간은 나 홀로 살아갈 수 없는 존재다. 혼자서는 번영할 수 없다. 우리는 배척당하길 원치 않는다. 진실은 우리가 서로에게 소속되길 절실하게 원한다는 것이다. 그중에서도 으뜸가는 진실은 일체성이 최고의 진리인 이 우주에서는 우리가 소속되지 않은 것은 아무것도 없고 존재하는 것 중에 우리에게 소속되지 않은 것 또한 아무것도 없다는 사실이다.

관계에 금이 가자마자 고치기

서로 다른 두 사람이 연결되려 할 때 각자 다른 필요, 욕구, 관점, 감정,

과거의 경험이 만난다. 항상 두 사람의 의견이 일치할 가능성은 아주 낮다. 이 말은 곧 어떤 관계라도 금이 갈 수 있고 언젠가는 금이 간다는 뜻이다. 관계에 금이 간다는 것은 두 사람 사이에 연결이 느슨해지거나 끊어진다는 뜻이다. 그래서 분리의 고통을 느끼게 된다는 것이다.

우리는 어떤 관계에서든 금이 가는 경험을 할 수 있다. 나를 꼭 안아주었으면 하고 간절히 바랄 때 연인이 침대를 벗어나 혼자 조깅을 나가는 일 정도는 실금에 해당한다. 결별처럼 관계가 두 동강이 날 수도 있다.

연결이 안정적으로 지속하느냐는 상대방이 우리를 보고 느끼고 듣고 이해해주느냐에 달려있을 뿐만 아니라 이를 **지속하게** 만들 수 있냐에 달려있다. 관계에 금이 간 것이 느껴지면 연결을 재건하는 데 **헌신**해야 한다. 안정적인 연결을 재건하려면 두 사람 모두가 금이 간 관계를 고치는 것을 최우선 과제로 삼고 헌신해야 한다. 양쪽이 모두 동일선상에 있어야 한다.

이것을 진동 수준에서 해석해보자. 우리는 영적인 에너지가 특정 시공간 현실에서 인간의 형상으로 나타난 존재기 때문에 인생을 함께 살아가는 사람들과 진동 주파수를 맞추어야 한다. 특히 중요한 관계, 보통 독점적인 연인 관계에서는 이 진동 주파수를 맞추는 일이 더욱 중요하다.

진동 주파수를 맞추려면 동시에 변화하고 진보해야 한다. 서로 다른 주파수에서 진동하고 상대방에게서 다른 것을 욕망하기 시작하면 결국에는 서로 방향이 갈리게 된다. 연결을 재건하거나 금이 간 관계를 고칠 길을 찾지 못하면 관계는 끝이 날 수밖에 없다.

앞서 이야기했지만 동일선상에서 벗어난 관계의 가장 고통스러운 형태가 물리적으로는 같은 공간에 있으면서 서로 다른 평행 현실을 살아갈 때다. 헬스장에 가면 이러한 분리를 실시간으로 생생하게 목격할 수 있다. 사람들은 같은 공간에서 각자 좋아하는 음악을 들으면서 각자 운동 일정과 일상에 따라 제각기 움직인다. 나란히 서서 걷고, 서로를 바라보고, 가끔 운동 기구에 관해 물어보기도 한다.

이 중에는 최근에 교통사고로 배우자를 잃은 사람이 있을 수도 있다. 내일 결혼하는 사람도 있을 수 있다. 그러나 헬스장에 함께 있는 사람 가운데 이 사실을 아는 사람은 아무도 없다. 이들은 같은 공간에 있으면서도 서로 다른 지각 현실을 살아간다. 우리가 헬스장에 갈 때는 이런 경험을 하게 되리라는 사실을 예상하고 가지만 만약 집에서 가족들 사이에서도 이런 일이 일어난다면 어떨까? 사랑하는 사람이 완전히 다른 지각 현실을 살아가고 있다면?

동일선상의 의미

관계가 지속하고 연결이 존재하고 부부가 가까워지려면 서로 다른 지각 현실을 살아가는 상태를 방관해서는 안 된다. 이 문제에 대한 해결책은 **동일선상**으로 돌아가는 길을 찾는 것이다. 부부 상담을 할 때마다 나는 모든 갈등이 단순한 문제 하나로 귀결된다는 사실을 알아차렸다. 문제는 두 사람이 동일선상에 있지 않다는 데 있었다. 관점과 욕망이 서로 다르다 보니 어느 한 주제를 둘러싸고도 생각과 행동이 갈렸고, 결과적으로 두 사람의 진동 주파수 사이에는 엄청난 간극이 생겨났다.

관계에서 둘 중 어느 한쪽이 초콜릿 아이스크림을 좋아하고 다른 한쪽이 바닐라 아이스크림을 좋아하는 건 문제가 되지 않는다. 관계에 아무런 영향을 미치지 않는 의견 차이는 셀 수 없이 많다. 그러나 관계에 심각한 영향을 미칠 수 있는 의견 차이 또한 존재한다. 가령 둘 중 한쪽은 여러 사람과 동시에 관계를 맺을 수 있는 자유연애를 원하지만 다른 한쪽은 일대일의 배타적인 독점 관계를 원한다고 해보자. 아니면 한쪽은 아이 없이는 관계가 완성되지 않는다고 생각하는 반면에 다른 한쪽은 관계의 테두리가 두 사람 이상으로 넘어가는 것을 극도로 반대한다고 가정해보자. 이런 차이를 조정하지 않으면 그 관계는 끝이 날 수밖에 없다. 서로 전혀 공존할 수 없는 차이이기 때문이다.

오늘날 세상에서 사회적 가치는 다름에 대한 관용을 중시한다. 우리는 '그 문제만큼은 합의점을 찾지 않기로 동의했어'라고 말하길 좋아한다. 마치 이렇게 말하는 것이 일종의 계몽된 형태의 '받아들임'이라도 되는 것처럼 말이다. 그러나 사실은 그렇지 않다. 이 말은 그저 서로를 진정으로 이해하고 논의를 시작할 수 있는 공통 기반을 찾기 귀찮다는 뜻일 뿐이다. **게다가** 합의하지 않기로 동의하는 것은 현재 당신의 선택뿐만 아니라 미래의 방향에까지 실질적인 영향을 미쳤지만 정작 관계에서는 통하지 않는다.

진동 주파수 수준에서 보면 중요한 문제에 관해 합의하지 않기로 동의하는 것은 관계의 자살이나 다름없다. 그렇기 때문에 연애하거나 친구를 사귈 때 관계 초반에 서로의 차이점이 공존 가능한가를 평가하는 것이 정말 중요하다. 당신을 고통스럽게 만드는 차이점을 참고 견디는 것은 고립을 자처하는 것이나 다름없다.

그렇다면 **동일선상에 있다**는 건 무슨 의미일까? 두 사람이 같은 방향으로 나아갈 수 있게 나란히 서 있다는 뜻이다. **합의에 이르고** 같은 지각 현실에 머무른다는 뜻이다. 어떻게 해서라도 마음을 모은다는 뜻이다.

그래서 두 사람 사이의 관계가 나아갈 방향에 대한 이해와 합의가 기꺼이 이루어져야 한다는 뜻이다. 이렇게 되려면 효과적인 의사소통이 끊임없이 이루어져야 한다.

타협은 희생이 아니다

대부분의 사람이 말하는 **타협**은 상대방이 희생하고 싶어 하지 않은 무언가를 자신들이 **희생**하겠다는 뜻이다. 이런 종류의 타협은 결코 좋은 결과를 낳지 못한다. 합의하지 않기로 동의하는 것보다 나을 바가 없다. 당신에게 중요한 무언가를 포기하고 받아들이고 싶지 않은 것을 받아들일 수는 없다. 그러면 관계에서 정서적 긴장감만 고조되고 분노만 쌓일 뿐이다.

따라서 관계에서 상대방과 동일선상에 서려고 노력할 때 타협이란 단어는 잊어라. 대신에 두 사람 중에 누구도 중요한 것을 포기하지 않아도 되는 방법을 찾아라. 이 방법을 **세 번째 선택지**라고 부르자. 서로를 이해하고 관점이 달라서 생기는 의견 차이를 이해하려고 노력하다 보면 그 문제에 관한 우리 관점이 변할 수도 있다. 그래서 필연적으로 생각지도 못했던 선택을 하고 완전히 다른 방향으로 가게 될 수도 있다.

배우자나 연인이 나에게 자신의 관점을 공유할 때 마음속에서 그의 관점이 맞는다고 느껴질 때가 있다. 그러면 그와 나는 동일선상에 서게 된다. 반대로 배우자나 연인이 내 관점을 수긍할 때도 있다. 이때도 역시 우리는 동일선상에 서게 된다. 두 사람 모두 완전히 새로운 동일선상에 서게 될 때도 있다. 그리고 서로 참되고 옳다고 생각하는 것이 너무 달라서 결국 물리적인 결합에 종지부를 찍을 수도 있다. 즉, 헤어지기로 합의할 수도 있다.

서로 동일선상으로 돌아가려고 노력할 때 우리는 이 모든 잠재적 결과를 염두에 두어야 한다. 그러나 함께 있길 진정으로 원한다면, 그리고 마음과 마음이 만날 수 있는 길을 찾으려 노력한다면 어떤 경우라도 상대방과 동일선상으로 돌아갈 수 있을 것이다.

두 사람이 함께 있으면서 연결을 다시 확립하는 일에 동의한다는 건 아름다운 일이다. 천재적인 우주의 섭리다. 우주는 우리가 정신을 인식하고 확장하며, 창의적 사고로 처음 생각했던 것보다 잠재적으로 더 나은 대안을 찾아보라고 등을 떠민다. 그렇기 때문에 두 사람이 동일선상에 있고자 노력할 때 외부의 관점을 경청해보는 것도 좋다. 관계에 발 담그고 있는 두 사람에게는 보이지 않는 대안이나 해결책을 관계의 외부에 있는 사람이 발견할 때가 많다. 그러니 필요하다면 상담 전문가나 심리학자 등 외부에서 도움을 구하는 일을 두려워하지 말라.

동일선상으로 돌아가는 방법

관계가 삐걱거릴 때 동일선상으로 다시 돌아가고 싶다면 먼저 인생의 어떤 측면 또는 어떤 주제가 당신을 고통스럽게 하는지를 알아내야 한다. 그런 다음 아래에 적힌 단계적 절차를 따라 다시 동일선상으로 돌아갈 수 있는지 시도해보라.

1. 상대방이 어떤 문제에서 당신과 동일선상에 있는 것처럼 느껴지지 않는다면 상대방에게 그 문제가 무엇인지 정확히 말로 표현해서 알려주어라. 그런 다음 상대방과 동일선상에 있고자 하는 당신의 욕구와 그 이유를 설명하라. 공

격적이거나 자기 방어적인 의사소통 방식은 자제하라. 대신 양쪽 모두가 긍정적인 기분으로 해결책을 찾는 데 집중할 수 있는 방식으로 걱정을 공유하라. 두 사람 이 문제로 대화를 나누는 데 동의해야 한다. 배우자나 연인은 당신만큼이나 동일선상에서 벗어나는 것을 불편하게 느끼기 때문에 기꺼이 응할 가능성이 높다.

2. 합의에 이르려고 노력할 때 상대방을 이기거나 굴복시키고자 하는 마음이 아니라 진심으로 마음을 모으길 원하는 마음으로 대화를 시작해야 한다. 자기 자신을 버리지 말고 마음속에 있는 진실을 이야기하면서 동시에 상대방도 진실을 말할 수 있도록 배려하는 것이 중요하다. 처음에는 서로를 완전히 이해하는 것이 목표다.

3. 이제 여기서 당신의 관점을 표현해야 한다. 나는 사람들에게 상황에 대한 개인적인 관점을 적으라고 조언하곤 한다. 두 사람 모두 현재 자기가 어느 선상에 있는지를 명확하게, 아주 명확하게 알아야 한다. 그리고 나서 두 사람이 함께 앉아서 각자 글로 작성한 관점을 나누도록 한다. 여기서 가장 중요한 점은 각자 이 상황에서 원하는 것과 필요한 것이 무엇인지를 분명히, 아주 분명히 인식하는 것이다. 그러면 이제 명확하게 인식한 각자의 욕구와 필요를 상대방과 소통하라. 가능한 한 서로에게 많은 질문을 던져서 상황을 보다 정확하게 인식하라.

4. 두 사람 모두의 합의를 끌어낼 수 있는 다양한 방법을 생각해보라. 두 사람의 필요를 모두 만족시키는 해결책 또는 선택지(세 번째 선택지)를 찾아내는 것이 목표가 되어야 한다. 해결책은 양쪽 모두에게 유리해야 한다. 실제로 이렇게 하면 두 사람의 에너지가 동일선상에 있을 때 어떤 느낌이 드는지를 이해할 수 있다. **합의할 때 양쪽 모두 승리한 듯한 기분이 들어야 한다.** 동일

선상으로 돌아가려면 양보를 해야 할 경우 양보를 해도 정말로 괜찮은 것인지 반드시 확인해야 한다. 그렇지 않으면 동일선상으로 돌아간 지 3초도 지나지 않아서 모든 노력이 물거품이 될 것이다. 때때로 이 과정에 제삼자를 개입시켜 또 다른 대안적 관점이나 해결책을 고려할 수도 있다.

신뢰, 신뢰, 더 큰 신뢰

'신뢰'라는 단어는 '사랑'이라는 단어만큼이나 추상적으로 느껴질 가능성이 크다. 신뢰는 추상적 개념이다. 신뢰가 무엇인지 말로 정확히 묘사할 수는 없어도 느낄 수는 있다. 신뢰라는 개념은 우리 관계에서 커다란 역할을 한다. 기분 좋은 관계가 되려면 우리는 상대방을 신뢰할 수 있어야 한다. 그러나 상대방을 신뢰한다는 것이 도대체 무슨 뜻이란 말인가? 대부분의 사람이 신뢰를 중요하게 생각한다. 하지만 실제로 신뢰라는 추상적인 개념을 형성하려면 어떻게 해야 한단 말인가? 오늘 이 문제를 해결해드리려고 한다. 지금부터 관계를 영원히 바꿀 수 있는 단순한 방식으로 신뢰가 무엇인지를 설명하려 한다.

그렇다면 신뢰란 정확히 무엇인가? **신뢰한다는 것은 상대방이 당신의 최선의 이익을 고려해줄 것이라 믿고 의지하는 것이다.** 이 정의를 가만히 곱씹어보아라. 신뢰가 무엇인지 직관적으로 이해가 될 것이다. 여기서 주목할 점은 상대방이 자신의 최선의 이익보다 당신의 최선의 이익을 **우선으로** 고려해줄 것이라고 말하지 않았다는 사실이다. 상대방이 당신의 행복을 **전적으로** 책임지는 것이라고도 말하지 않았다. 신뢰란 상대방이 당신의 최선의 이익을 고려해줄 것이라는 사실을 믿고 의지할 수 있는 것이다. 이것만으로도 관계를 맺고 유지할 가치가 있다.

우리 인식은 계속해서 각성되고 우리에게 최선의 이익이 무엇인가에 대한 관점은 계속해서 바뀐다는 사실을 명심하라. 그러나 이를 근거로 상대방의 최선의 이익을 침해해서는 안 된다.

관계에서 상대방에게 '넌 네게 최선의 이익이 무엇인지 잘 모르니까 내 마음대로 할게. 그게 궁극적으로는 너한테도 좋은 거야'라고 말해선 안 된다. 이는 많은 부모가 저지르는 실수이자 우리가 불신에 빠지게 되는 주요 계기다. 우리는 뭔가 크게 배신당하는 데서 불신이 생긴다고 생각하는 경우가 많다. 그러나 현실에서는 내 이익과 상대방의 이익이 충돌할 때 상대방이 내 기분을 존중해주지 않을 경우 불신이 굳어진다.

불신이라는 개념이 개인적인 맥락에서는 추상적으로 보일 수 있으므로 비즈니스적인 맥락에서 생각해보자. 합병을 논의하는 중에 한 회사가 이렇게 말했다고 가정해보자. "글쎄요, 여러분은 무엇이 여러분의 회사에 최선인지 잘 모르시는 것 같군요. 제 생각엔 그 쪽에게 최선은 내 팀이 되는 거예요. 그러니까 우린 이렇게 할 예정이니… 여기에 서명만 하세요." 그러면 다른 회사는 받아들이지 못하고 짐을 싸서 떠나버릴 것이다. 합병은 무산될 것이다. 그러나 사적인 관계에서는 이렇게 떠나버리기가 쉽지 않다. 너무 많은 것들이 얽혀 있기 때문이다. 그래서 경계가 침범당하고 불신이 싹트고 분노가 생긴다.

이해를 돕기 위해 A와 B라는 부부가 있다고 가정해보자. A는 방금 만난 사람과 잠자리를 갖는 것이 자신에게는 최선의 이익이라고 결정한다. 그러나 B에게 최선의 이익은 A와 서로 배타적이고 헌신적인 관계를 유지하는 것이다. 이 말은 곧 A는 의사 결정을 할 때 B의 최선의 이익을 고려하지 않는다는 뜻이다. 따라서 B는 A를 신뢰할 수 없다. A는 지금 승자가 모든 것을 독식하는 제로섬 게임을 하고 있다. A의 욕구와 B의 욕구가 충돌할 때 A는 B에게 최선의 이익이 무엇인지를 고려하지도 않을뿐더러 대화를 통해 두 사람의 욕구를 모두 고려하는 방향으로 욕구 충돌을 해결할 방안을 찾을 생각도 없다.

관계는 연결이다. 진정한 연결은 (어떤 사람들이 호도하듯이) 부담이 아니라 선물이다. 사랑한다는 것은 자신의 일부로 받아들이는 것이다. 물리적 형태로 일체성을 경험하는 것이다. 사랑으로 일체성을 경험하는 순간 당신의 행복과 상대방의 행복은 이제는 떼려야 뗄 수 없는 관계가 된다. 상대방을 상처 입히면 당신도 상처 입는다. 따라서 자기 자신만 이익을 얻고 상대방에게는 손해를 끼치는 것은 불가능하다. 본질적으로 관계가 시작되고 연결이 이루어지는 순간 상대방은 자신의 가장 연약한 자기를 당신 손에 맡기는 것이나 다름없다. 어떤 사람들은 연약한 자기를 타인의 손에 맡기는 것을 두고 권력 박탈이라고도 한다. 그러나 나는 오히려 정반대라고 말씀드리고 싶다. 자신의 연약한 자기를 맡기고 상대방의 연약한 자기를 보듬는 위험을 감수할 수 있다는 건 가장 높은 수준의 용기가 필요한 일이다.

신뢰라는 개념을 좋아하지 않는 사람이 많다. 이들은 자기중심적인 두 사람이 만나 각자 자신의 행복을 스스로 책임지며 가끔 만나서 성관계를 하고 영화를 보는 것이 좋은 관계라고 주장한다. 나는 이런 식으로 성공적인 관계를 유지하는 사람을 본 적이 없다. 불신에 기반한 이런 관계가 가능한 이유는 오직 분리된 상태를 유지하며 상대방에게 내 최선의 이익을 고려해줄 것을 기대하지 않는다는 **상호** 합의가 있었기 때문이다.

신뢰는 진정으로 연결된, 성공적인 관계의 기초다. 신뢰에 기반한 관계에서는 두 사람 사이에 통합이 일어나기 때문에 자신의 최선의 이익뿐만 아니라 상대방의 최선의 이익에도 책임이 있다는 합의가 이루어진다.

관계가 무너지는 이유는 신뢰가 무너졌기 때문인 경우가 많다. 연결의 좋은 점은 관계에서 신뢰가 무너지더라도 다시 쌓을 수 있다는 점이다. 관계에서 상대방이 당신에게 신뢰를 잃었을 경우 상대방의 최선의 이익이 무엇인지를 인식하고 고려하겠다는 사실을 입증해 보이면 신뢰를 **다시 쌓을 수 있다**. 반대로 당신이 상대방에게 신뢰를 잃었을 경우에도 용감하게 당신의 최선이 이익을 상대방 손에 넘겨주고 상대가 이를 진심으로 고려할 욕망과 의지가 있음을 입증해 보이면 다시 신뢰를 쌓을 수 있다.

관계에서 신뢰를 쌓거나 잃어버린 신뢰를 되찾고 싶다면 말이나 행동에 앞서 자신의 말이나 행동이 상대방의 최선의 이익에 부합하는지 스스로 먼저 물어보아라. 만약 당신의 말이나 행동이 상대방의 최선의 이익에 반한다면 상대방이 당신을 신뢰할 수 없는 것은 당연하다.

정말로 안정적이고 기분 좋은 관계는 두 가지 헌신에 기초한다. 첫 번째는 당신의 모든 에너지를 영속적인 연결을 유지하는 데 사용하겠다는 헌신이다. '난 내 모든 걸 다 바치겠어'라는 헌신이다. 두 번째는 신뢰를 주겠다는 헌신이다. '내 모든 것을 다 바쳐서 당신의 최선의 이익을 내 최선의 이익 일부로 받아들이겠어'라는 헌신이다. 두 번째 헌신 없이 첫 번째 헌신만으로는 상대방을 괴로운 관계 속에 구속하는 결과를 낳는다. 첫 번째 헌신 없이 두 번째 헌신만으로는 상대방에게 어느 때고 어떤 압박이 와도 관계가 끊어지지 않으리라는 안정감을 줄 수 없다. 압박이 불가피한 세상에서는 더욱더 두렵다.

모든 것을 다 바쳐서 상대방에게 최선의 이익이 무엇인지 알 수 있을 정도로 친밀감을 쌓고 관계를 조율하는 데 헌신하라. 그런 다음 상대방의 최선의 이익을 당신의 최선의 이익 일부로 받아들여라. 관계에서는 상대방에게 최선의 이익이 돌아가도록 하는 것이 항상 자신에게도 최선의 이익으로 돌아온다.

모든 인간에게는 접촉 위안이 필요하다

사람들은 생물학적 본성을 따르면 안 된다는 강박 관념에 사로잡혀 있다. 오늘날 현대 사회가 딱 그렇다. 종교는 성욕, 식욕, 욕망 등 우리 안에 있는 모든 본능적 에너지를 억압하기에 급급해 보인다. 현대 사회에서는 서른 살부터 마흔 살 사이에 정신적·정서적으로 아이를 낳고 기를 준비가 되어 있어야 한다는 암묵적인 규칙이 존재한다. 사실 삼십 대는 우리 몸의 생식능력이 꾸준히 감퇴하는 시기다.

우리 사회는 불로장생할 수 있는 길을 찾는 데 혈안이 되어 있다. 우리는 인간의 한계를 모두 초월하고 싶어 한다. 그러나 생물학적 본성을 거스르려 할 때 연결에서 심각한 문제가 발생한다. 분리, 수치심, 두려움, 심지어 사랑조차 우리가 거스를 수 없는 원초적이고 본능적인 수준에서 일어나는 감정이기 때문이다. 반면에 현대 사회는 과거에 관계에서 경험한 트라우마 때문에 독립성을 지나치게 강조하게 되었다.

우리는 혼자서도 물리적으로 존재할 수 있다고 믿고 싶어 하지만 그럴 수 없다. 안전이나 충족감을 모르는 사람은 건강한 자율성을 누릴 수 없다. 건강한 자율성은 연결에서 오는 안정감을 통해 학습되는 것이기 때문이다. 우리 몸이 접촉 위안 및 연결에 반응하여 방출하는 화학 물질과 두려움 및 수치심에 반응하여 방출하는 화학 물질은 성질이 정반대다. 따라서 우리는 연결이 해독제라는 사실을 받아들여야 한다. 우리가 처한 이 현실을 빨리 받아들일수록 좋다. 우리는 사회적 동물이다. 우리는 무엇보다 **접촉 위안**contact comfort이 필요한 사회적 동물이다. 그렇다, 나는 지금 사람의 손길에 대해 이야기를 하고 있다.

나는 1950년대에 해리 할로우Harry Harlow라는 남자가 실행한 일련의 실험을 결코 잊어본 적이 없다. 할로우 박사는 사랑을 향한 인간의 욕구와 영장류와 인간의 발달 과정에서 사랑의 중요한 역할을 이해하고자 했다. 그래서 한 무리의 붉은 털 원숭이 새끼들을 태어나자마자 어미에게서 분리했다.

할로우 박사는 새끼 원숭이들을 실험실에 있는 우리 안에 한 마리씩 가두었다. 새끼 원숭이는 실험실에서 일하는 인간이나 다른 새끼 원숭이들을 볼 수는 있었지만 물리적 접촉은 일절 금지됐다. 새끼 원숭이들은 자기 자신을 끌어안고, 몸을 흔들고, 멍하니 허공을 바라보고, 자신의 몸과 우리를 입으로 물어뜯는 등 즉각적으로 고통스럽다는 신호를 보내기 시작했다. 놀지도 않고 몸단장도 하지 않았으며 불안과 우울 증상이 번갈아 나타났다.

그런 다음 새끼 원숭이들을 가짜 대리모가 있는 우리 안에 배정했다. 가짜 대리모는 두 종류였다. 하나는 철사로 만든 틀에 부드러운 헝겊을 씌워서 만든 어미 원숭이 모형이었다. 얼핏 보면 원숭이처럼 보였다. 이 대리모 모형은 새끼 원숭이들에게 먹이를 제공하지 않았다. 다른 하나는 철사로 만든 같은 틀에 헝겊을 씌우지 않은 어미 원숭이 모형이었다. 이 두 번째 원숭이 모형은 악어를 닮은 머리 모양에 몸에는 빨면 우유가 나오는 우유병이 달려 있었다.

새끼 원숭이들이 헝겊 원숭이 모형을 선호했다는 표현은 지나치게 절제된 표현이다. 새끼 원숭이들에게는 신체적인 배고픔보다 접촉을 통해 받는 위안이 훨씬 더 중요했다. 영양을 공급받는 것보다 연결이 훨씬 더 필요했던 것이다. 이 같은 결론은 원숭이뿐만 아니라 인간에게도 똑같이 적용된다. 음식에 대한 욕구가 연결에 대한 욕구보다 강하다면 이 세상에 사랑하는 사람과의 이별로 고통스러워하며 먹지도 못하고 자지도 못하는 사람은 구경도 하지 못했을 것이다.

인간으로서 우리는 연결이 필요하다. 연결이 **반드**시 필요하다. 그리고 무엇보다 사람의 손길에 대한 욕구를 충족하려면 접촉 위안이 꼭 필요하다. 타인과의 연결을 가장 두려워하는 사람조차 접촉 위안이 필요하다. 그래서 가장 외롭고 가장 깊이 상처 입은 사람들조차 극심한 고통을 경험하는 것이다. 연결이 필요 없다면 인간관계에서 상처받았을 때 우리는 아마도 즐겁게 제 갈 길을 떠나 다시는 타인에게 말을 걸지 않을 것이다. 그러나 우리는 그럴 수 없다. 대신에 인간관계에서 상처를 받으면 우리는 타인을 원하는 내면적 자기와 타인과 얽히기를 원하지 않는 내면적 자기 사이에 일어난 전쟁 때문에 고통스러운 시간을 보내게 된다.

기술은 물리적 연결을 대체할 수 없다

오늘날 우리는 기술에 지나치게 집착한다. 어디를 가도 진정한 인간관계를 찾기란 힘들다. 대신에 대부분의 사람은 기기와 관계를 맺는다. 요즘은 어딜 가나 사람들이 컴퓨터나 휴대폰에 코를 박고 있다. 소셜미디어 덕분에 어디에 있든지 전 세계 사람들과 연결될 놀라운 기회가 생겼지만, 소셜미디어상에서의 연결은 **한계**가 있다.

우리에겐 기기 이상의 것이 필요하다. 우리가 세상에 태어나 첫 숨을 들이쉬던 순간부터 숨을 거두는 마지막 순간까지 이런 필요는 사라지지 않는다. 인생에서 접촉 위안이 필요하지 않은 순간이란 존재하지 않는다. 물리적 연결은 대체가 불가능하며 그 중요성은 축소할 수 없다. 기기 화면이나 원격으로는 물리적 접촉이 이루어질 수 없다. **우리는 접촉이 필요하다.** 우리는 근접성이 필요하다. 우리는 타인과 물리적으로 접촉할 때 느낄 수 있는 위안이 필요하다. 인생에서 연결을 발전시켜나갈 때는 이 사실을 반드시 고려해야 한다.

접촉이 줄어들어서 고통이 찾아왔다면 우리는 신뢰할 수 있는 사람과 함께 우리 삶으로 접촉을 서서히 되찾아와야 한다. 타인을 사적인 인간관계 안으로 끌어들여 일상에서 접촉 위안을 받기에 앞서 신체 치료가 선행되어야 하는 사람도 있을 수 있다. 사랑 없는 접촉, 가장 대표적으로 (성적)학대로 상처를 받았다면 재활이 필요하다. 세상과 화해하고 정서적으로 충족된 상태에서 진정으로 타인과 연결된 삶을 살고 싶다면 이 재활이 꼭 필요하다.

접촉 위안이 반드시 성적일 필요는 없다. 누군가와 몸을 맞대고 앉아 있는 것만으로도 충분하다. 포옹하거나 손을 잡거나 부드러운 손길로 애정을 표현할 수도 있다. 이 정도의 접촉만으로도 연결을 강화하고 두려움을 줄일 수 있다. 우리는 접촉 위안을 받을 기회를 찾아야 한다. 그리고 이 기회가 우리 인생 안으로 들어올 수 있도록 허락해야 한다. 그리고 생물학적 본성을 거스르며 싸워봤자 아무런 소용이 없다는 사실을 받아들여야 한다. 서로에게서 접촉 위안이 필요하지 않은 날은 단 하루도 없다. 우리의 행복은 물리적 접촉에 대한 욕구를 서로 채워줄 수 있느냐에 달려있다.

연결 느끼기

13세기 전설적인 이슬람 신비주의자 루미는 이런 말을 했다. "당신이 할 일은 사랑을 쫓는 것이 아니라 당신이 내면에 스스로 쌓은, 사랑을 가로 막는 모든 장벽을 찾아서 허무는 것이다." 칭찬을 들었는데 그 칭찬이 당신의 몸을 뚫고 들어와 기분이 날아갈 듯 좋아지는 대신 마치 갑옷을 입은 듯 아무런 감흥이 느껴지지 않는 경험을 해본 적이 있을 것이다.

　이러한 경험으로 우리는 무언가가 주어져도 받아들일 수 없을 때가 있다는 사실을 알 수 있다. 연결과 사랑 역시 마찬가지다. 다른 사람들이 우리에게 주는 모든 긍정적인 것들은 **사랑**이라는 카테고리 안에 넣을 수 있다. 관심도 사랑의 한 형태다. 선물도 사랑의 한 형태다. 도움도 사랑의 한 형태다. 나열하자면 끝이 없다. 이런 선물을 받을 수 없을 때 우리가 받아들이지 못하는 것이 **사랑**이라는 사실을 인정해야 한다. 우리가 사랑을 받아들이지 못하는 이유는 단 한 번도 조건 없는 사랑을 받아보지 못했기 때문이다. 경험상 사랑에는 언제나 조건이 따라붙었다. 무언가를 받을 때는 언제나 조건이 따라붙었다. 그래서 우리는 연결이라는 감정을 경계하게 된 것이다.

　사랑과 연결을 경계할 정도로 사랑을 신뢰할 수 없다면 언젠가 신뢰하게 될 거라 기대하지 말고 그저 마음의 문만 열어두어라. 사랑을 신뢰할 수 있다는 생각은 좋지만 **신뢰는 마음먹는다고 되는 일이 아니다.** 게다가 자기 자신에게 사랑을 신뢰하길 기대하는 것은 공평하지 않다. 당신은 현실에서 주변 사람들이 마음속으로 당신의 최선의 이익을 고려해주지 않는 상황을 반복해서 겪었기 때문에 신뢰하는 법을 배울 기회가 없었다. 그러므로 당신이 '나는 내가 받는 이 사랑을 신뢰할 수 있어'라고 말한다면 자신을 속이는 것이나 다름없다. 당신의 내면적 자기는 아마도 이렇게 말할 것이다. "내가 천하의 바보로 보이나 본데." 사랑을 받아들이는 법을 배우고 싶다면 물을 처음 만져보는 사람처럼 사랑을 느껴보겠다는 자세로 호기심, 욕망, 의지를 가지고 접근해야 한다.

사랑을 받아들이는 법과 진정으로 연결을 느끼는 법을 배우기 위한 첫 단계는 스스로 세워 놓은 **장벽**을 인식하는 것이다. 사랑을 받아들이기 힘들어하는 사람들에게서 가장 많이 볼 수 있는 장벽은 **사랑을 주는 사람의 동기를 불신하는 것**이다. 상대방의 동기를 믿지 못하면 방어를 풀었을 때 닥칠 결과가 두려움으로 다가온다. 그래서 어떤 것도 마음을 열고 받아들일 수 없다.

무언가를 진정으로 준다는 것은 그 이면의 동기가 순수하다는 뜻이다. 그러한 사랑을 받아들이길 힘들어하는 사람들 가운데 대다수는 유년기에 조건 없는 순수한 사랑을 받지 못하고 대신에 상처를 입었던 사람들이다. 그래서 사랑을 보지도, 느끼지도 못하게 된 것이다. 누군가 사랑과 연결을 주겠다고 제안하면 기분이 좋아지는 대신에 공포나 연약함을 느끼게 된 것이다.

우리 스스로 본연의 모습 그대로 사랑받고 가치를 인정받으려면 우리가 결함이 있는 존재라고 믿는 사람들의 부당한 선고를 따르지 말아야 한다. 불행히도 우리에게 결함이 있다는 그들의 믿음을 그대로 받아들인 우리는 부당한 대우를 받으면서도 우리 자신이 희생자임을 자각하지 못하고 그런 대우를 받는 것이 당연하다고 믿게 된다.

받을 줄 모르는 사람은 특히 도움을 받는 걸 힘들어한다. 우리는 도움을 요청하지도 않고 많은 도움을 받지도 않는다. 도움의 손길이 존재하지 않아서가 아니라 우리 스스로 세상이 호의적이지 않다고 느끼기 때문이다. 우리에게 원하는 것을 얻기란 외롭고 힘든 싸움처럼 느껴진다. 이러한 믿음은 다가오는 도움의 손길조차 보이지 않게 가로막는다. 어쩌다가 도움의 손길을 보았다고 하더라도 그 이면에 어떤 위험한 동기가 숨겨져 있으리라는 생각에 불신한다. 다시 말해 도움의 손길이 도움을 가장한 함정일 뿐이라고 생각한다. 마음속 깊은 곳에서 우리는 도움을 받을 가치가 없다고 느끼거나 도움을 받는 것은 무능함을 입증하는 일이라고 생각한다.

당신을 가로막는 장벽은 무엇인가?

우리가 사랑을 받아들이고 연결을 느끼는 것을 가로막는 장벽의 종류는 다양하다. 그중 첫 번째 장벽은 사람들이 우리에게 무언가를 줄 때 그들이 권력의 우위에 있고 우리는 연약한 존재라고 느끼는 것이다. 살면서 다른 사람에게 사랑을 담보로 이용당한 경험이 있다면 더욱 이런 감정을 느끼게 된다. 사랑에 죄책감, 의무감, 부채 의식이 뒤따르는 경우에도 이런 장벽이 생긴다. 이 첫 번째 장벽을 가진 사람에게 사랑은 안쪽에 부정적인 무언가를 감추고 있는 트로이 목마와 같다.

사랑받는 것을 가로막는 또 다른 장벽은 우리가 스스로 사랑받을 만한 가치가 없는 존재라고 느끼는 데서 생겨난다. 부모에게 온전한 사랑을 받지 못한 경우 우리는 자신에게 무슨 문제가 있다는 결론에 이르게 된다. 우리에게 문제가 없다면 부모가 우리에게 온전한 사랑을 주지 않을 이유가 없지 않겠는가? 이런 생각 때문에 우리는 자신이 누군가에게 사랑과 에너지를 받기에 부족한 사람이라고 생각하게 된다.

이런 경우에 우리는 원초적인 수준에서 스스로 사랑받을 자격이 없다고 느낀다. 사랑받으려면 **사랑을 쟁취**하거나 **무언가를 성취**해야 한다고 생각한다. 사랑받을 만큼 무언가를 충분히 이루지 못하면 죄책감을 느끼고 천벌을 받아 마땅하다고 생각한다. 자신은 아무것도 한 게 없는데 누군가에게 무언가를 받으면 당황하기 시작한다. 이 두 번째 장벽을 가지고 있다면 이렇게 자문해보길 권한다. "무언가를 받을 때 꼭 어떤 자격이 있어야만 하는가?"

사랑을 받아들이는 것을 가로막는 또 다른 장벽은 되갚음의 원칙에 중독된 사람들에게서 찾아볼 수 있다. 되갚음은 받은 은혜만큼 꼭 돌려주어야 한다는 생각이다. 되갚음의 원칙에 중독된 사람들은 사랑이 평등해야 한다고 믿는다. 좋은 말처럼 들리지만, 사랑이 어떻게 작동하는지를 제대로 알지 못하는 데서 비롯된 오해다. 게다가 그 이면에 숨겨진 이유는 별로 좋지도 않다. 예를 들어 사랑에 이용당할까 봐 두려워하는 사람에게 되갚음의 원칙은 상대방이 관계의 우위를 점하지 못하도록, 사랑을 표현했다가 뒤통수 맞는 일이 생기지 않도록 보장해주는 안전장치다. 누군가에게 무언가를 받을 때 자동적으로나 의식적으로나 또는 잠재의식 속에서 '난 보답으로 난 뭘 해주지?' 혹은 '빚이 생겼네?'라는 생각이 든다면 이런 장벽을 가지고 있는 것이다.

상실에 대한 두려움은 사랑을 받아들이는 것을 가로막는 또 다른 장벽이 될 수 있다. 사랑하는 사람을 잃거나 헤어진 경험 때문에 사랑을 받아들이지 못하게 된 경우가 흔하다. 우리가 인생에서 겪을 수 있는 가장 고통스러운 경험 가운데 하나는 사랑을 상실하는 경험이다. 어떻게 사랑을 상실했는지는 중요하지 않다. 누군가 당신을 인정하지 않았을 수도 있고, 당신을 떠나버렸을 수도 있고, 헤어졌을 수도 있고, 세상을 떠나버렸을 수도 있다. 이유가 무엇이든 사랑을 상실한 경험은 상처를 남긴다. 사랑을 잃느니 아예 처음부터 하지 않는 게 낫겠다는 생각이, 빼앗길 수도 있으니 아예 처음부터 받아들이지 않는 게 낫겠다는 생각이 잠재의식 속에 자리 잡는다.

이런 종류의 장벽이 있다는 사실을 알고 나면 우리가 구체적으로 어떻게 **사랑을 받아들이기를 거부하는지**를 인식하려고 노력하라. 여기 예시가 있다.

- 뭐든지 내가 먼저 준 적 있는 사람에게만 받는다.
- 다른 사람이 안아줄 때 몸이 뻣뻣하게 굳는다.
- 감정을 외면하거나 회피한다.
- 내게 관심이 집중되면 관심을 다른 데로 돌리려고 주제를 바꾼다.

여기서는 네 가지 사례만 제시했지만, 사람들이 사랑을 받아들이기를 거부하는 방법은 셀 수도 없이 다양하다. 사랑을 받아들이기가 힘들다면 자신에게 이렇게 물어보아라. "나는 어떻게 사랑과 지원을 받아들이기를 거부하는가? 나는 어떻게 사랑을 약화해버리는가?"

모든 사람이 어떤 식으로든 사랑을 받아야만 한다는 사실을 아는 것이 중요하다. 사랑을 받을 수 없다면 우리는 뒷문을 이용해서라도 어떻게든 받아내려 한다. 우리는 받으려면 먼저 주어야 한다고 생각한다. 그래서 우리는 사랑받으려고 남을 도와주거나 사랑받으려고 겉모습을 꾸미거나 사랑받으려고 성공을 하거나 사랑받으려고 지나친 친절을 베푼다. 당신은 사랑받으려고 무엇을 하고 있는가?

받는 법 배우기

받는 법 배우기는 기본적으로 세 단계로 이루어져 있다. 첫 번째 단계는 사랑을 인식하는 것, 두 번째 단계는 사랑을 받아들이는 것, 마지막으로 세 번째 단계는 사랑을 꼭 붙잡는 것이다.

나는 첫 번째 단계를 특히 사랑을 인식할 줄 모르는 사람들에게 다음과 같이 설명하길 좋아한다. 사랑과 연결을 인식하려면 자신이 새를 관찰하는 조류 관찰자처럼 사랑과 연결을 관찰하는 사랑 관찰자라고 상상해보아라. 온종일 그 수를 헤아리고 기록해야 할 의무가 있는 것처럼 당신에게 주어지는 사랑을 관찰하라. 사랑과 연결을 인식할 때 필요하다면 다른 사람의 도움을 받아라. 때때로 우리가 사랑이나 연결을 인식하지 못할 때 우리를 가까이서 지켜보는 친구가 도움이 된다. 친구는 '그 사람이 너랑 연결되고 싶어 하잖아'라거나 '난 너랑 연결되려고 노력 중이야'라고 말해줄 수 있다. 그러면 사랑이나 연결을 인식하는 데 도움이 된다.

꽤 오래전에 나는 친구에게서 도움을 받아 사랑을 인식한 적이 있다. 누군가 내게 다가와 나를 꼭 안아준 날이었다. 나는 포옹을 받으면서 평소처럼 무의식적으로 움찔했다. 그러자 친구가 나지막이 말했다. "그게 사랑이야." 친구가 도와주지 않았다면 나는 그 포옹이 사랑의 표현인 줄 결코 알지 못했을 것이다.

당신이 알아차리지 못할 뿐 사람들은 수많은 방식으로 연결과 사랑을 제안한다. 우리에게 선물을 주기도 하고, 작은 도움을 주거나 작은 부탁을 들어주면서 친절을 베풀기도 한다. 칭찬해주기도 한다. 시간을 함께 보내기도 한다. 우리와 함께 무언가를 함께하고 싶어 한다. 우리에게 말을 걸기도 한다. 이런 행동은 본질적으로 연결되고자 하는 노력이다. 우리는 이런 노력을 무시하기도 하고 밀쳐내기도 하고 받아들이기도 하고 심지어 상대방이 우리와 가까워지고 싶어 한다는 사실을 알아차리지 못하기도 한다.

일단 사랑이나 연결을 인식하면 두 번째로 해야 할 일은 사랑을 받아들이는 것이다. 그러려면 사랑을 받아들일 때 일어나는 신체적 변화를 느끼는 연습을 해야 한다. 신체적으로 무언가를 느끼려면 마음이 아닌 몸의 변화에 집중해야 한다. **감각**에 몸을 맡겨라. 이 말은 누군가 당신에게 사랑을 표현하거나 연결이 이루어질 때 당신의 몸이 느끼는 감각을 온전히 느껴보라는 뜻이다. 다음과 같은 질문으로 시작할 수 있다. "[무엇무엇]을/를 느낄 수 있다면 어떤 느낌일까?"

그런 다음 자신에게 이렇게 질문해라. "칭찬을 느낄 수 있다면 또는 나로 인해 상대방의 몸이 반응하는 것을 느낄 수 있다면 어떤 느낌일까?" 당신의 몸에서 주어진 사랑을 받아들이는 감각이 생생하게 느껴지는 부위는 어디인가? 이런 질문을 하는 이유는 가슴은 사랑을 받아들이길 거부하더라도 손이나 발은 사랑을 원하고 받아들일 수도 있기 때문이다.

사랑과 연결을 받아들일 때 느낌이 온몸으로 스며들도록 놓아두어라. 이 말은 손이 사랑을 원하고 받아들이는 부위라면 의식적으로 손에 느껴지는 그 감각이 온몸으로 퍼지는 상상을 해보라는 뜻이다. 이때 느껴지는 기분 좋은 감각에 몸을 맡겨라. 사랑이 주는 충만한 감각을 경험하는 시간이 길수록 당신의 뇌에 이 감각이 더 깊이 각인된다. 그래서 나중에 사랑을 받아들이기가 훨씬 수월해진다.

사랑한다는 신호를 받아들이는 또 다른 좋은 방법은 의식적으로 사랑을 받아들이는 상상을 하는 것이다. 누군가 당신에게 선물을 준다면 눈을 감고 그 에너지를 곧바로 당신의 심장으로 끌어당긴다고 상상해보라. 누군가 당신을 칭찬한다면 깊이 숨을 한 번 들이마시고 그 칭찬의 말을 공기에 실어 존재의 핵심으로 빨아들인다고 상상해보라. 누군가 당신을 안아준다면 몸에 긴장을 풀고 포옹이 주는 감각이 몸 안으로 들어온다고 상상해보라. 의식적으로 마음속에 있는 장벽을 허물고 사랑이 들어올 수 있게 해주어라.

사랑과 연결이 느껴진다면 이제 **사랑을 붙잡는** 연습을 해야 한다. 우리 중에는 사랑은 잠시 스쳐 지나가고 연결은 자꾸 끊어지는 것처럼 느끼는 사람들이 있다. 마치 우리 존재의 어딘가에 구멍이 나서 사랑이 들어오는 족족 그 구멍으로 새어나가는 느낌이다. 마치 연결이라는 사슬을 이루는 고리들이 가장 약한 압력에도 툭툭 끊어지는 느낌이다.

이런 느낌이 들 때 우리는 본능적으로 후퇴하려고 한다. 그러나 후퇴해버리면 사랑을 받아들일 수 있는 능력은 차단되고 우리 안에 저장되어 있던 모든 사랑은 밖으로 빠져나가 버린다. 이런 느낌이 들 때는 후퇴하거나 자신을 고립시키는 대신 연결을 찾아 나서라. 그러면 당신의 내면에 있는 사랑이 담긴 그릇이 사하라 사막 한가운데 놓인 우물처럼 되는 일을 방지할 수 있다.

사랑을 붙잡을 수 있는 또 다른 좋은 방법은 사랑의 존재를 떠올리게 해주는 물건을 가까이에 두는 것이다. 누군가 죽거나 사귀다가 헤어질지라도 사랑만큼은 진짜였다. 사랑은 시간이 흐르거나 상황이 변한다고 해서 없었던 일이 되지 않는다. 사진이나 물건이나 격언 등 사랑받았던 기억을 떠올리게 하는 것들을 생각해보라. 이 물건들은 사랑은 드물거나 잠시 스쳤다가 사라지는 것이 아니라는 사실을 보여주는 시각적 증거가 될 것이다. 당신의 인생에 영원한 사랑이 있다면 이를 떠올리게 해주는 것들을 주변에 두어라. 누군가 사랑을 철회했다면 다른 누군가가 그 빈자리를 채우고 더 큰 사랑을 줄 수도 있지 않은가? 이 가능성에 항상 마음을 열어두어라.

황금 질문

연결 강도는 항상 일정한 것은 아니다. 어떤 날은 다른 날보다 상대방과 유난히 가깝게 느껴질 수 있다. 우리 인생에서 중요한 몇몇 사람들과 연결이 희미해진 느낌이 들거나 사이가 멀어진 느낌이 들 때 우리는 외로움에 빠진다. 이때 자신에게 할 수 있는 매우 강력한 질문이 하나 있다. "이 사람과 가까워지려면 나는 무엇을 해야 하는가?" 아니면 상대방에게 질문할 수도 있다. "나랑 가까워지려면 당신은 무엇을 해야 하는가?"

돌아올 대답은 무궁무진하다. 가령 '난 당신이 나의 이런 점을 이해해주었으면 좋겠어'라는 대답이 나올 수 있다. '동거했으면 좋겠어'라는 대답이 나올 수도 있다. '내 감정을 부인하지 말아줬으면 좋겠어'라는 대답이 나올 수도 있다. '육체적인 사랑이 필요해'라는 대답이 나올 수도 있다.

이 질문을 통해 더 깊고 안정적인 연결로 가는 길이 드러나는 과정은 놀라움을 자아낼 것이다. 이 질문을 통해 당신이나 배우자 또는 연인이 서로의 관계에서 친밀감이 결여됐다고 느끼는 영역 또는 영역들을 명확하게 바라보고 인정하게 될 것이다.

묻고 답한 뒤에는 어떤 조치를 취할 기회가 생긴다. 통증만 있고 통증의 원인을 모를 때는 할 수 있는 일이 거의 없다. 그러나 통증의 원인이 팔에 입은 골절상 때문이라는 사실을 알게 되면 필요한 조처를 할 수 있게 된다.

이때 상대방이 당신과 가까워지기 위해 필요하다고 생각하는 일을 해주고 싶지 않다면 자신에게 그 **이유**를 물어보아야 한다. 어떤 이유에서든 자아의 일부가 당신이 원한다고 말한 친밀감이나 상대방이 당신과 가까워지려면 필요하다고 생각하는 일을 원하지 않는다는 사실을 고려해야 한다. 원하지 않는 일을 했다가는 오히려 상대방과 더 멀어지고 상대방이 원하는 것을 더 주고 싶지 않아질 위험이 있다.

관계에서 갈등이 발생할 때마다 두 사람 모두 이런 질문을 던져야 한다. "상대방과 가까워지려면 당신에게는 무엇이 필요한가?" 높은 친밀감을 바탕으로 한 견고한 연결을 원한다면 이 질문을 달고 사시길 권한다. 예를 들어 부부는 하루에 한 번씩 서로에게 이 질문을 하자고 다짐할 수 있다. 부모는 자녀에게 일주일에 한 번씩 이 질문을 하자고 다짐할 수 있다. 친구끼리는 한 달에 한 번씩 서로에게 이 질문을 하자고 다짐할 수 있다. 사람들은 구할 수 있는지 없는지를 떠나서 자신에게 무엇이 필요한지를 잘 모른다.

친밀감과 연결의 가장 좋은 점 중 하나는 상대방이 당신의 어떤 점에 친밀감을 느끼든지 간에 연결은 더 많은 연결로 이어진다는 사실이다. 따라서 누군가와 연결되고 싶다면 가장 빠른 길은 상대방이 어떤 점에서 친밀감을 느끼는지를 찾아서 제공해주는 것이다.

강하고 신뢰할 수 있는 연결을 형성하는 일에 집중하라. 당신과 상대방을 잇는 연결 고리를 유지하고자 맡은 바 책임을 다하라. 연결을 끊지 말고, 관계에 금이 가면 바로 금이 간 부분을 고쳐라. 마지막으로 당신만큼 용감하게 연결에 헌신할 수 있는 사람을 선택하라.

우리가 지구상에서 할 수 있는 경험 중에 정신적으로나 정서적으로나 물리적으로나 모든 수준에서 연결될 수 있는 사람과 함께하는 것보다 더 좋은 경험은 없다. 이러한 연결은 누구에게나 행복을 가져다준다. 인간으로서 우리에게 연결보다 필요한 것은 없다. 그리고 연결을 찾기에는 너무 어리다거나, 너무 나이가 많다거나, 너무 망가졌다거나, 너무 고집이 세다거나 따위의 제약은 존재하지 않는다.

연결에는 공간적 제약도 없고 시간적 제약도 없다. 언제 어디서든 연결될 수 있다. 연결은 다른 사람의 영혼을 보고 듣고 느끼게 해주는 선물이다. 그리고 이 선물은 언제나 양쪽 모두에게 주어진다. 우리에게 이 선물을 주고받을 용기만 있다면 말이다.

결론
용감하게 사랑하라

우리 삶은 시작되었다. 우리는 고통의 수습생이다. 우리의 아름다움과 목적과 확장은 고난의 불길 속에 단련된다. 고통은 대장장이처럼 우리의 울퉁불퉁한 이음새를 두드린다. 고통이 찾아오고 우리는 이내 부서져 열린다. 그 순간 우리의 생각과 말과 행동을 통해 물처럼 쏟아져 나온 영혼이 고통의 불길을 끈다. 저주가 축복으로 바뀐다. 마침내 우리는 **자유로워진다.**

이 세상 모든 고통은 분리에서 시작된다. 우리는 이 세상에 태어나는 순간부터 분리를 경험한다. 근원에서 분리되고, 본질에서 분리되고, 엄마에게서 분리되고, 자기 자신에게서 분리되고, 두려워하는 것에서 분리되고, 사랑하는 것에서 분리된다. 그러다 결국 외로움에 휩싸인 자기 자신을 발견하게 된다.

우리는 분리를 통해 세상에 태어났기 때문에 연결을 회복하는 길을 찾을 수 있다. 고통을 마주할 때마다 우리는 갈림길에 선 자기 자신을 발견한다. 어느 길을 선택해야 하지? 마음을 닫고 우리 자신을 더 분리해야 하나? 아니면 마음을 열고 우리 자신과 우리를 둘러싼 모든 생명을 하나로 통합해야 하나?

모든 순간이 마음을 닫느냐 여느냐를 결정해야 하는 선택의 순간이다.

모든 순간이 분리되느냐 연결되느냐를 결정해야 하는 선택의 순간이다. 주변에서 마음을 열기로 선택한 사람들을 찾아라. 연결되는 길을 선택한 사람들을 찾아라. 그리고 그 사람들이 당신에게 다가와 손을 잡고 함께 세상 밖으로 걸어 나갈 수 있도록 자신을 내맡겨라. 용감하게 연결을 맺어라. **용감하게 사랑하라.**

여기는 지구다.

이곳에서 모든 숨결과 모든 걸음은 죽음으로 가는 행진일 뿐이다.

이곳에서 고통은 평화를 낳기 위한

소음과 피로 가득한 분만실이다.

결코 용기를 선택하지 않는 세상에서

겁쟁이에게 구원은 없다.

땀구멍의 땀처럼 새어 나온 용기는 이내

살고자 하는 불타는 의지 아래 바싹바싹 마른다.

시간당 수천 킬로미터의 속도로

목적지도 없이

수많은 영혼이 우주를 소용돌이친다.

우리 신념은

짭짤한 눈물 안에, 핏빛 안에 자리한다.

망가진 심장은 여전히 예전처럼 뛰고 있지만

신이 존재한다는 유일한 증거는 어디에도 없네.

오직 사랑뿐.

우리보다 큰 존재가 보이지 않아

우리는 더듬거리며 인생을 살아간다.

결코 용기를 선택하지 않는 세상에서

겁쟁이에게 구원은 없다.

아무리 신중하게 살아도 결국에는 죽는다.

우리 중에 일부는 죽음까지 안전하게 도착하겠지만

그러나 반쪽짜리 삶을 살았으니

사실상 실패다.

땀에 흠뻑 섲은 겁쟁이는 온전한 삶을 살아내지 않았다.

저 멀리 사막에서 피어난 꽃 한 송이가

세상에 연약함을 드러낸다.

바로 그 안에 강인함이 있다.

겁쟁이는 사랑할 수 없다.

그러니 신이 존재한다는 증거를 볼 수도 없다.

자신보다 큰 존재를 볼 수 없다.

결코 용기를 선택하지 않는 세상에서

겁쟁이에게 구원은 없다.

그러니 사랑하라.

왜냐하면

여기는 지구니까.

여기는 지구니까.

〈여기는 지구다〉, 틸 스완

옮긴이의 말

이 책은 자신이 왜 외로운지 고민할 시간적 여유는커녕 외로움을 온전히 느낄 수 있는 마음의 여유조차 없는 현대인들을 위해서 그 고민을 대신 해주는 책이다. 직관적이지만 심오한 통찰로 가득한 이 책은 제목 그대로 외로움을 낱낱이 해부한다.

저자는 이 세상에 존재하는 모든 개인적 고통과 사회적 병폐 이면에는 외로움이 있다고 말한다. 외로움은 어머니에게서 (궁극적으로는 하나의 에너지로 이루어진 이 우주에서) 분리되어 세상에 태어나는 순간부터 인간이라면 누구나 필연적으로 겪게 되는 감정이라고 말한다. 나라는 존재(자아)를 인식하는 순간부터 다른 사람이나 사물(타자)과 분리가 일어나기 때문이다. 자아와 타자가 구별되는 순간 타인의 시선에 대한 두려움과 자기 자신에 대한 수치심이 파생된다. 그 결과 우리는 서로에게 진정성 있는 모습을 감추고 적당한 거리를 유지하며 '실체actuality가 아닌 관념idea'에만 의존해서 피상적인 관계를 맺는다. 이렇듯 서로에 대한 진정한 이해가 결여된 관계 즉, 진정한 연결이 이루어지지 않은 관계에서 이 책에서 다루는, 흔히 군중 속의 고독이라고 부르는 종류의 외로움이 생겨난다.

이런 종류의 근원적인 외로움은 우리 삶을 고통 속으로 몰아넣는다. 이러나저러나 '삶은 시작되었'고 우리 모두는 '고통의 수습생'이다. 그러나 인체 해부학만 배워서는 질병을 치료할 수 없듯이 외로움을 해부하는 데서만 그치면 오늘날 현대 사회에 전염병처럼 퍼져 있는 이 근원적인 외로움 또한 해소할 수가 없다. 그래서 저자는 처방전 또한 함께 제시한다.

이 처방전의 골자는 사랑으로 연결을 회복하는 것이다. 자기 자신을 진정으로 사랑할 수 있을 때 비로소 다른 사람을 사랑할 수 있다. 뻔한 이야기처럼 들리지만 실제로 그 방법을 알려주는 사람은 드물다. 어린 시절 부모에게서 신체적, 정신적, 성적으로 학대를 당했다는 저자는 자기 자신을 사랑하게 되기까지 누구보다 고통스럽고 치열한 시간을 보냈던 것 같다. 그래서인지 책 속에는 자기 자신을 사랑하고 나아가 다른 사람을 사랑함으로써 진정한 의미의 연결을 회복하는 실질적인 방법이 누구라도 마음만 먹으면 지금 당장 실천할 수 있도록 세세하게 제시되어 있다. 오랜 경험과 성찰에서 얻은 지식을 거저 받아먹는 기분이 들지만, 막상 소화를 시키기란 쉽지 않다. 저자는 자기 자신을 사랑하는 일은 자기 자신에게 솔직해지는 데서 출발한다고 말하지만, 개인적으로는 그 출발점에 서는 일조차 버겁게 느껴졌기 때문이다.

그러나 《외로움의 해부학》은 나를 돌아보고 남을 이해하고 싶은 마음이 들게끔 하는 책이다. 독자에게 이런 마음을 불러일으키는 것만으로도 저자가 꿈꾸는 진정성과 사랑으로 모든 사람이 연결에 이르고 외로움이라는 고통이 끝나는 세상에 한 걸음 더 가까워지지 않을까 생각한다.

2018년 11월
김지연

번역: 김지연

KAIST 경영과학과 졸업 후 미국 듀케인대학교 커뮤니케이션학과를 졸업하였다. 다년간 번역가로 활동하였으며, 현재 번역에이전시 엔터스코리아에서 전문 번역가로 활동하고 있다. 주요 역서로는 《더미를 위한 밀레니얼 세대 인사관리-더미를 위한》, 《발견의 시대: 신 브네상스의 새로운 기회를 찾아서》, 《영향력과 설득: 말솜씨가 없어도 사람의 마음을 얻는 법》이 있다.

「이 도서의 국립중앙도서관 출판예정도서목록(CIP)은
서지정보유통지원시스템 홈페이지(http://seoji.nl.go.kr)와
국가자료공동목록시스템(http://www.nl.go.kr/kolisnet)에서 이용하실 수 있습니다.
(CIP제어번호: CIP2019016620)」